· 经 典 润 泽 生 命 ·

周易

于江山◎主编
佚名◎著
王效平◎编译

中国纺织出版社

内容提要

《周易》为儒家重要经典之一，又称《易经》，包括经和传两部分。本书将《周易》的六十四卦分别予以详细解读，每卦独立自成一体，各节皆有原文、译文、启示，每卦之后附有中外著名事例，以期深化理解，达到抛砖引玉之效。

图书在版编目(CIP)数据

周易：插图版/佚名著；王效平编译. —北京：中国纺织出版社，2015.1（2024.1重印）

（国学今读）

ISBN 978-7-5180-1146-9

Ⅰ. ①周… Ⅱ. ①佚… ②王… Ⅲ. ①《周易》—译文 Ⅳ. ①B221.4

中国版本图书馆 CIP 数据核字（2014）第 242408 号

责任编辑：李　猛　　特约编辑：王生云　　责任印制：储志伟

中国纺织出版社出版发行

地址：北京市朝阳区百子湾东里 A407 号楼　邮政编码：100124

销售电话：010—67004422　传真：010—87155801

http：//www. c-textilep. com

E-mail：faxing@ c-textilep. com

中国纺织出版社天猫旗舰店

官方微博 http：//weibo. com/2119887771

北京兰星球彩色印刷有限公司　　各地新华书店经销

2015 年 1 月第 1 版　2024 年 1 月第 5 次印刷

开本：710×1000　1/16　印张：20

字数：352 千字　定价：59.80 元

总序

国学的本来与未来

对于中华民族来说，迄今为止的大事因缘，莫过于国家的命运——诞生、跋涉、传衍和弘扬，当然也包括国破家败与绝处逢生。从这个意义上讲，国学的命运也就是中华民族的命运。

国学潮之所以汗漫于21世纪初叶的中国，是因为其内生的属性契合了民族复兴的强烈诉求。这一波潮涌不是返祖而是进化，承载着一系列厚本厚生、资治化民、与时偕行的历史使命，其目标麾指人类文明的又一巅峰。

红尘滚滚的世俗显然对国学大潮的浪迭涛涌缺乏理性的应对预案。于是在价值多元的当下社会，国学便被推向了纷纭披拂的“春秋战国”。红艳艳的国学大旗随风飘扬起来，却鲜有人去理性思索其背后的动因。

今天我们传承着国学的本来，于是就有了这套插图版的国学经典系列。

我们知道国学经典浩如烟海，“累世不能通其学，当年不能究其礼”。所以我们选择了一个力所能及的方向和规模。当然也可以做得更大，但我们宁愿选择做得更精。我们像双手掬捧着祖先的遗惠，虔诚而勤勉地加以拂拭、点饰、悟析和解读，力图让这些千年经典焕发出时代的清辉。从这十几本入选经典中，我们不难看到国学经典为我们提供的精神资源和思维向度：

一、生生不息的变易之道；

二、居安思危的忧患意识；

三、安贫乐道的幸福观；

四、自强不息的进取观；

五、厚德载物的道德观；

六、民为邦本的政治哲学；

七、和而不同的和谐理念；

八、阴阳互生的发展观；

九、义利统一的价值观；

十、天人合一的宇宙观；

十一、知行合一的学统；

十二、资治化民的宗旨和践行。

而这些，都已化成了中华民族的文化基因，成为中华民族伟大复兴的精神渊薮。

至于国学的未来，我们认为：就是践履国学智慧的大众化、现代化和生活化。这同时是我们推广国学的最终目标，当然也是我们推出本书系的重要宗旨。能以本书系的出版来助推国学潮的澎湃，是我们莫大的荣幸。

参与这项工程的诸多同人的敬业精神不止一次让我感动倾情。我一直认为我们这一书系在众多同类出版物中毫不愧恧，因为在统稿的过程中我读出了底蕴、良知和用心。没有什么能比得上这样强大的支撑了。所以我满怀欣悦地向读者推荐我们的插图版经典读本。这是一套继往开来的书系，伴随着国学的本来走向未来。

于江山　甲午之秋

朝秦暮楚地　巴山夜雨中

导言

《周易》是流传至今最古老的一部占筮书，神秘的形式中却蕴藏着极其丰富的智慧。初萌芽于上古至殷商，成形于周代，内容包括重叠八卦而成的六十四卦，每卦有六爻（爻的顺序由下而上，依次称为初、二、三、四、五、上），爻分阴（以“六”来表示）阳（以“九”来表示），共三百八十四爻，此外还有解释卦与爻的卦辞与爻辞。

《周易》产生后，大约从春秋战国至汉代，出现了一些解释、阐发易理及卦辞、爻辞的专题论文，重要的有七种十篇，故称《易传》，又称“十翼”，相应地改称原本的《周易》为《易经》了，后人又将《易经》与《易传》合称为《周易》。“十翼”是:《象》上下篇、《象》上下篇，《系辞》上下篇及《文言》《说卦》《序卦》与《杂卦》，其中《象》与《象》中的大传解说卦辞，《象》中小传解说爻辞，《文言》专门解说《乾》《坤》两卦的卦辞、爻辞。

《周易》都是用阴阳的对立统一对天、地、人进行说明，并推知过去，预见未来，在不同条件下阐述事物的绝对性，并肯定事物的相对性，包含了深刻的哲学道理。

老子曾有“祸兮福所倚，福兮祸所伏”

的说法，得到古今中外广大学者的推崇。但《周易》却比他高明得多。《周易》认为，任何事物都有与之相对立的事物，同一事物也有对立的两方面，这是绝对的。两个相互对立的事物，同一事物的对立面是相互依存、相互转化的，是有条件的、具体的。如：第一卦先肯定为“大吉大利”卦，然后告诉人们，要像潜龙一样，苦心修炼，等待时机。时机一旦成熟，便干大事，这是吉利的。相反，就有凶险；上九的爻辞告诉我们，龙飞起的高度达到自己的极限，会有灾祸之困，但这并不是没有回旋的余地，紧接着用九的爻辞提出了解决的办法：把自己看成一群龙中的一条，并且在这群龙中，不知谁是首，即让各方英杰各尽其能，把“一枝独秀”换成“百花齐放”。

万事万物都是运动变化的，人有从弱小的幼儿——健壮的青年——衰弱的老年——痛苦的死亡——回归自然的过程，植物也有从幼芽——开花——结果——死亡——回归自然的过程，就是对称为恒星的太阳来说，也是遵循这一规律。所以我们应用发展的观点看问题。屯卦告诉我们，当事物处于萌芽状态时，是不堪一击的，并有各种现象表明创业的道路是曲折的，创业的历程是艰辛的，但我们不能被困难吓倒，因为没有永远的低谷，珠穆朗玛峰也是从海的底部一点点地上升起来的。泰卦告诉我们，当事业处于顶峰时期，要时时以“人无千日好，花无百日红”提醒自己：凡事量力而行。否卦鼓励处在危机四伏中的人们要消除不利的因素，锐意进取，大胆改革，创建合理的新秩序。

事物是相互联系的，我们要用全面的、一分为二的观点看问题。凶吉并提的既济卦暗示我们，成功是件值得庆祝的事，但成功中往往潜伏着危机，所以应在安定中窥探出不稳定的因素，防微杜渐，才能确保事物顺利发展。

《周易》所蕴含的道理非常丰富。其中有一些道理非常深刻，非常有实用价值。它是怎样把这深刻的道理阐述清楚的呢?

它是通过平易质朴的卦辞、爻辞叙写种种不合常理的现象，或对同一现象下完全矛盾的判语，让读者感觉不通，然后因不通而苦苦思索，从而找出它所具备的条件与使常理成立的条件的不同之处，推导出常人难以想到的哲理。这也许是《周易》的高明之处：先给读者一个悬念，让读者苦苦在智慧门口徘徊，最后灵光一闪，触到了隐藏在不通之处的玄机的开关，那光芒四射的智慧便呈现在读者面前。如：“群龙无首，吉”。按照一般的常理，群龙无首是凶险的。读者读到这，不禁疑团四起：一个单位没有领导，还是吉的？左想想不通，右想也想不通，是不是自己有哪一个条件没考虑到，是不是误解了它在此处的含义？往上一看，上爻是：“亢龙有悔。”此时，不禁又生出疑问：难道一个人的事业已发展到顶峰，就一定要走下坡路吗？就没有避免的办法吗？此时，民主决策的智慧的光芒突然在眼前一闪：哦，原来“群龙无首”是防止“亢龙有悔”的办法。它在此处的真实含义是：在事业达到顶峰时，作为一个领导不居功自傲，在决策上，让大家畅所欲言，提出好的行动方案。像这样让每一个人尽其才的单位又怎么会走向衰败呢？

前面已提及《周易》非常有实用价值，为什么这么说呢？

《周易》每一卦、每一爻都蕴含一个人或一个团体所处的具体环境，并根据具体环境写卦辞、爻辞，暗示人们在实践中该怎么具体运用它所包含的深刻哲理。

《周易》被誉为“青年人必读的一本书”，同时，它又为群经之首，是中国经学中最高深的一门学问，十分难以理解。针对这种情况，我们查了诸多资料，探讨了多时，编写了这本书。其主要特点有：

一、原字为首释经文。《周易》离当今时代非常遥远，难免会产生一些有争议的字、词。对于这些解释有争议的字、词，我们一方面查阅原注，另一方面根据卦画、上下文进行解释。

二、新字在心写启示。这本《周易》，侧重于对经的部分进行深入而详细的解析，并以现代杰出人物特有的新视角看问题。古代有许多学者挖掘了《周易》所蕴含的智慧，给予了封建社会的英雄们莫大的启迪，促使他们在中华文明史上创造一个又一个的奇迹，它虽然是在封建王朝的具体应用，但今天我们仍可得到许多有益的历史借鉴。

三、透字当头阐疑难。一方面根据《周易》的奇特的引导方式，对《周易》的不通之处作重点解析，在解析中如发现爻辞有难懂的地方，便参阅卦画，以求挖掘其最闪光的智慧。如大过卦中九二爻辞：

“枯杨生稊，老夫得其女妻，无不利”的大意是：枯萎的杨树生出新的嫩芽，老头子娶了一位年轻的女子做妻子，这没有什么不利的。而九五爻辞“枯杨生华，老妇得其士夫，无咎无誉”的大意是：枯萎了的杨树一反常态开起了花，老妇人得到年轻男子做丈夫，这既没有灾难，也不值得称道。这明显有三处不通之处：

1. 按一般的常理来说，枯杨生稊，老夫得其女妻，都是违背了自然规律，应是不吉利的，而这却说“无不利”，这是为什么呢?

2. 如果说“枯杨生稊，老夫得其女妻，无不利”是正确的，那为什么说“枯杨生华，老妇得其士夫，无咎无誉”呢?

3. “枯杨生华，老妇得其士夫，无咎无誉”中的“无咎”之处在哪里，“无誉”之处又在哪里呢?

“大过”有动荡不安的意思，这就表明在动荡不安的年代要突破常规地用奇人。为什么要这样做呢?

一方面是奇人思维的角度与常人不一样，能开发常人不曾涉及的领域，能从常规中推出常人不能推出的结论，采取不同常人的策略，从而出奇制胜。另一方面是这个社会之所以动荡不安，是因为原有的运行模式已不能适应新的时代了，要想转危为安，就必须起用奇人，用奇招。

“老妇得其士夫”是反常的事，而且不为当时的人所认可，是违背当时的道义的，是违背当时的政策的。再联系上下文，就知它的无咎是因为在非常时期，正义往往不能通过正常的手段维护，对当时而言，采取非常手段伸张正义是最明智的选择。

但由于它违背了当时的政策，所以不值得提倡。而且，提倡违背政策的事，就会给社会造成更大的混乱。首先，不是每一个人的素质都达到很高的层次，能辨别是非，这样做错事的可能性就很大，便善意地颠倒黑白，造成混乱；其次，由于人是有感情的，往往难以摆脱感情的羁绊，以致明知是错，还是要去做；最后，让小人有了混进来的空隙，他们趁机干有损他人利益的事。所以说，它又是不值得称誉的。

四、通字为本举事例。本书选取名人、名企业的事例来加深读者对书中所阐释的道理的理解。

本书的经文部分为读者提供了详细的注释及解析，部分传文只取原文，尽管如此，内容仍十分广泛，涉及领导、政治、军事、管理等方面的智慧。它将帮助我们纵横政坛、驰骋商海，处理复杂的人际关系，将指引我们成为各种竞争领域内的“善之善者”。由于作者水平有限，书中难免有不足之处，望同行们不吝赐教。

编译者

2014 年 9 月

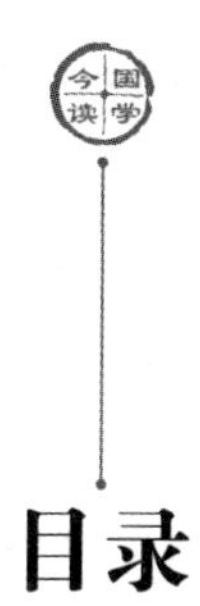

目录

上经

下经

上经

乾卦第一

【原文】

乾：元，亨，利，贞。

《象》曰：大哉乾元！万物资始，乃统天。云行雨施，品物流形。大明终始，六位时成，时乘六龙以御天。乾道变化，各正性命。保合太和，乃利贞。首出庶物，万国咸宁。

《象》曰：天行健，君子以自强不息。

《文言》曰：元者，善之长也；亨者，嘉之会也；利者，义之和也；贞者，事之干也。君子体仁足以长人，嘉会足以合礼，利物足以和义，贞固足以干事。君子行此四德者，故曰："乾，元、亨、利、贞。"

《文言》曰："乾，元"者，始而亨者也；"利，贞"者，性情也。乾始能以美利利天下，不言所利，大矣哉！大哉乾乎！刚健中正，纯粹精也；六爻发挥，旁通情也；时乘六龙，以御天也；云行雨施，天下平也。

【译文】

乾：乾为卦名，象征天。元，亨，利，贞为卦辞，由某种仪式演变而来。洋溢着无穷生命力的你排除万难，到达目的地，自然是大吉大利的。

《象传》说：象为解释卦辞的话，称《象传》。《象传》认为，伟大的上天，是万物之母，万物都依靠它产生。云行雨施，滋润万物，宇宙间的一切都发展成形，具备不同的特征。太阳落了又升，《乾卦》的六爻的位置也应时变化，其变化发展反映了自然变化发展。自然界有其固有的规律，万物只有遵循这一规律，才能保持平衡，从而茁壮成长。天的非凡之处在于能凌驾于万物之上，使天下安宁。

《象传》说：天的运行是刚健有力的，有志向的人应自强不息。

《文言传》说：元始，是众善的首位；亨通，是美的集合；有利，是义的和谐；正固，是万事的根本。君子用仁心作为根本，可以当人们的尊长；寻求美好的会合，就符合"礼"；施利于他物，就符合"义"；坚持正固的节操，就可以办好事务。君子就是施行这四种美德的人，所以说："《乾卦》，元，亨，利，贞。"

《文言传》说："《乾》卦象征天、元始"，说明天的美德在于首创万物并使之通顺自然；“和谐有利，贞正坚固”，是天所蕴含的本质和内情。天一开始就能用美好的事物来恩及天下，却不说出它所施予的利惠，这是极大的利惠啊！伟大的天啊！刚强劲健、居中守正，通体不杂、纯粹至精；《乾》卦六爻的运动变化，曲尽万物的发展情理；犹如顺着不同时节套上六条巨龙，驾驭着大自然而奔驰巡行；行云降雨，给天下带来安康和太平。

【启示】

《乾卦》为六十四卦之首，为纯阳卦，象征天。天的特点是刚健有力，运动不息，并且其运动是有规律的。所以我们不仅要奋发图强，为实现自己的理想而积蓄力量，而且要遵循客观规律办事。

【原文】

初九：潜龙勿用。

《象》曰：“潜龙勿用”，阳在下也。

《文言》曰：初九曰“潜龙勿用”，何谓也？子曰：“龙，德而隐者也。不易乎世，不成乎名；遁世无闷，不见是而无闷；乐则行之，忧则违之，确乎其不可拔，‘潜龙’也。”

《文言》曰：君子以成德为行，日可见之行也。“潜”之为言也，隐而未见，行而未成，是以君子弗用也。

【译文】

初九：初九为爻名，或称爻题。其中“九”表示阳爻。潜龙勿用为爻辞，意思是在机会还未成熟时，龙应潜伏在水底，韬光养晦，切不可冒进。

《象传》说：“潜伏在水底的龙不能有所行动”，是因为时机还未成熟。

《文言传》说：初九爻辞说“巨龙潜伏水中，暂时不施展才用”，这是什么意思呢？孔子说：“这是比喻像龙一样，有品德而隐居的人。他不会受污浊的世俗玷污而改变节操，不会贪图功名利禄；远离世俗而隐居不感到苦闷，不被世人称赞也一样不为之苦闷；高兴的事就付诸实施，不遂心愿的事决不实行，而且拥有坚定不可动摇的意志，这就是‘潜龙’。”

《文言传》说：君子把成就德业作为行动的目的，每天都可以看得出来他的行为。初九爻辞所讲的“潜”，意思是隐藏不显现，行动尚未显著，所以君子暂时不施展才华。

【启示】

这一爻告诉我们，在时机未成熟时，我们应勤练本领，切不可贸然出击。

【原文】

九二：见龙在田，利见大人。

《象》曰："见龙在田"，德施普也。

《文言》曰：九二曰"见龙在田，利见大人"，何谓也？子曰："龙德而正中者也。庸言之信，庸行之谨；闲邪存其诚，善世而不伐，德博而化。《易》曰：'见龙在田，利见大人'，君德也。"

《文言》曰：君子学以聚之，问以辨之，宽以居之，仁以行之。《易》曰"见龙在田，利见大人"，君德也。

【译文】

九二：龙出现在大地上，有利于会见德才兼备的人，或是有地位的贤人。

《象传》说：龙已出现在大地上，君子已具备成就大事的才能，应积极会见王公贵族，求得将恩德普遍施与人的机会。

《文言传》说：九二爻辞说"巨龙出现田间，利于出现大人"，这里讲的是什么意思呢？孔子说："这是比喻像龙一样，有品德而立身中正的人。他的平凡言论说到做到，他的日常举动谨慎有节；防止邪恶的言行而保持诚心，净化世俗的行为伟大而不自夸，道德博大以感化天下。《周易》说：'巨龙出现田间，利于出现大人'，正是说明会出现具备君主品德的贤人。"

《文言传》说：君子通过不断的学习来积累知识，靠不断地发问来解决疑难问题，胸存仁心而居于适当之位，心存仁爱并以此付诸行动。《周易》说"巨龙出现田间，利于出现大人"，这种"大人"具备了君主的德行。

【启示】

这一爻告诉我们，一个人如已具备相当丰富的学识，但还处在"女在深闺人未识"，应向其他人推销自己，或是请求有才德的人指引自己。

【原文】

九三：君子终日乾乾，夕惕若，厉无咎。

《象》曰："终日乾乾"，反复道也。

《文言》曰：九三曰"君子终日乾乾，夕惕若，厉无咎"，何谓也？子曰："君子进德修业。忠信，所以进德也；修辞立其诚，所以居业也。知至至之，可与言几也；知终终之，可与存义也。是故居上位而不骄，在下位而不忧。故乾乾因其时而惕，虽危无咎矣。"

《文言》曰：九三重刚而不中，上不在天，下不在田，故乾乾因其时而惕，虽危无咎矣。

【译文】

九三：君子整天努力不懈，时时刻刻警惕着，这样即使遇到危险，也无凶险。

《象传》说：一天到晚勤奋努力，不断地用道来充实自己。

《文言传》说：九三爻辞说“君子整天强身健体，振作精神，乃至深夜依然警惕慎行，这样即使面临危险也会免遭灾祸”，这里讲的是什么意思呢？孔子指出，“这是比喻君子要提升自己的修养和美德、建功立业。忠诚信实，就可以提升修养；修饰言辞出于诚挚的感情，就可以建功立业。明确自己进取的目标，进而努力实现它，这种人可以跟他预测事物发展的征兆；知道进退的时机而及时终止，这种人可以跟他共同保全事物发展的合宜状态。若能如此居上位而不骄傲，处下位而不忧虑。所以能够恒久保持不断前进的状态，随时警惕慎行，即使面临危险也可免遭灾祸了。”

《文言传》说：九三是多重阳刚叠成的，但是居位不正中，上不达于高天，下不立于地面，所以要不断奋起振作、时刻保持警惕，这样即使危险来临也会免遭咎害。

【启示】

这一爻告诉我们，一个胸怀大志的人要一直努力学习，时时刻刻提防灾难的到来，这样即使遇到危险，也会逢凶化吉。

【原文】

九四：或跃在渊，无咎。

《象》曰：“或跃在渊”，进无咎也。

《文言》曰：九四曰“或跃在渊，无咎”，何谓也？子曰：“上下无常，非为邪也；进退无恒，非离群也。君子进德修业，欲及时也，故‘无咎’。”

《文言》曰：九四重刚而不中，上不在天，下不在田，中不在人，故“或”之。“或”之者，疑之也，故无咎。

【译文】

九四：龙已在深渊里，或跃动，或静观，进退有据，不会有灾难。

《象传》说：龙要么一跃而起，要么潜入深渊里，表示可以有所行动而没有灾难。

《文言传》说：九四爻辞说“或上进腾跃，或退处在渊，必无咎害”，这里

讲的是什么意思呢？孔子说："这是比喻贤人的上升或下降是没有定数的，并非出于邪念；他的进取、引退也是未知数，并非脱离众人。这就好比君子提升道德、建功立业，是想抓住时机进取，所以'必无咎害'。"

《文言传》说：九四是多重阳刚叠成的，但是居位不正中，上不达于高天，下不立于地面，中不处于人境，所以强调"或"。强调"或"的意思，就是说明疑而未定，所以这样就能免遭咎害。

【启示】

这一爻说明君子已到了跃跃欲试的阶段，只要决策谨慎，就能做到"进可攻，退可守"。

【原文】

九五：飞龙在天，利见大人。

《象》曰："飞龙在天"，大人造也。

《文言》曰：九五曰"飞龙在天，利见大人"，何谓也？子曰："同声相应，同气相求；水流湿，火就燥；云从龙，风从虎；圣人作而万物睹。本乎天者亲上，本乎地者亲下，则各从其类也。"

《文言》曰：夫大人者，与天地合其德，与日月合其明，与四时合其序，与鬼神合其吉凶。先天而天弗违，后天而奉天时。天且弗违，而况于人乎？况于鬼神乎？

【译文】

九五：龙得到天时、地利，飞上天空，有利于会见德才兼备的人，或有地位的贤人。

《象传》说：龙飞上了高空，意味着君子到了大展宏图的时候。

《文言传》说：九五爻辞说"巨龙腾飞在天，利于出现大人"，这里讲的是什么意思呢？孔子指出，"这是比喻同类的声音互相应和，同样的气息相互求取；水会流向湿处，火会趋向干处；景云随着龙吟而出，谷风随着虎啸而生；圣人奋发立业而万物皆仰望可见；依存于天的亲近于上，依存于地的亲近于下，各以其类别跟从而发挥作用。"

《文言传》说：九五爻辞中所说的"大人"，其德行与天地覆载万物相吻合，他的圣明如同日月一样普照大地，他的恩威如同四时转换一样井然有序，他判断吉凶、指示赏罚如同鬼神一样奥妙莫测。他先于天象而行动，天不违背他；后于天象而处事，也能遵循天的变化的基本法则。天尚且不违背他，何况人呢？又何况鬼神呢？

【启示】

这一爻告诉我们，时机已成熟，万事俱备，只欠那帮他成就大业的东风——贤人，此时的首要任务是去求见贤人。

【原文】

上九：亢龙，有悔。

《象》曰："亢龙有悔"，盈不可久也。

《文言》曰：上九曰"亢龙有悔"，何谓也？子曰："贵而无位，高而无民，贤人在下位而无辅，是以动而'有悔'也。"

《文言》曰："亢"之为言也，知进而不知退，知存而不知亡，知得而不知丧。其唯圣人乎！知进退存亡，而不失其正者，其唯圣人乎！

【译文】

上九：龙飞到一定的高度就达到极点了，若继续向上飞，可能会招来灾祸，导致悔恨产生。

《象传》说：龙飞到一定的高度就达到极点了，若继续向上飞，可能会招来灾祸，导致悔恨产生，因为凡事过了头就不会长久。

《文言传》说：上九爻辞说"巨龙升腾高飞到极端，终将有所悔恨"，这里讲的是什么意思呢？孔子说："这是比喻有些人尊贵而没有实位，地位崇高却无力治理百姓，贤明的人身居下位却无人辅助他，所以一旦轻举妄动必将'有悔'。"

《文言传》说：上九爻辞中所说的"亢"，是说明有些人只知进取而不知及时引退，只晓得生存而不明白终将衰败，只晓得得到利益而不知其所得终将失去。大概只有圣人才是明智的吧！深知进取、引退、生存、灭亡的道理，行为不偏失正确途径的，大概只有圣人才能做到吧！

【启示】

这一爻说明，胸怀大志的人，在取得了最高的成就之后，不要急于继续向上爬。

【原文】

用九：见群龙无首，吉。

《象》曰："用九"，天德不可为首也。

《文言》曰："潜龙勿用"，下也；"见龙在田"，时舍也；"终日乾乾"，行事也；"或跃在渊"，自试也；"飞龙在天"，上治也；"亢龙有悔"，穷之灾也；乾元"用九"，天下治也。

《文言》曰："潜龙勿用"，阳气潜藏；"见龙在田"，天下文明；"终日乾乾"，与时偕行；"或跃在渊"，乾道乃革；"飞龙在天"，乃位乎天德；"亢龙有悔"，与时偕极；乾元"用九"，乃见天则。

【译文】

用九：群龙聚集在一起，不知道龙头在哪，都自由地飞翔，是非常吉利的。此爻为特有爻题，只在《乾》、《坤》两卦中出现，《坤》卦为"用六"。

《象传》说：六爻全阳，这正是阳集中的地方，天下英杰集中的地方，天的品德的集中反映，不能有头目。

《文言传》说："巨龙潜伏水中，暂时不施展才华"，说明地位低下卑贱；"巨龙出现田间"，指暂时屈藏于低势，时势已开始舒展；"整天奋起振作"，说明事业付诸实践；"或腾跃上进，或退处在渊"，说明正在自我检验；"巨龙高飞上天"，说明形成最好的政治局面；"巨龙高飞穷极，终将有所悔恨"，说明穷极带来的灾难；天有元始之德而"用（阳刚化为阴柔的）九数"，说明天下大治是势所必然。

《文言传》说："巨龙潜伏水中，暂不施展才用"，说明阳气潜藏未现；"巨龙出现田间"，说明天下文采灿烂；"整天奋起振作"，说明追随时光向前发展；"或腾跃上进，或退处在渊"，说明"天道"转化、出现变革；"巨龙高飞上天"，说明阳气旺盛正当天位，具备"天"的美德；"巨龙高飞穷极，终将有所悔恨"，说明随着时节的不断变化而穷尽衰落；天有元始之德而"用（阳刚化为阴柔的）九数"，这是体现大自然的基本规律。

【启示】

这告诉我们，一个人的事业到达巅峰时，就应该集思广益，以防止"亢龙有悔"。

【总论】

《乾卦》作为《周易》六十四卦之首，以"天"为象征形象，揭示了"阳刚"元素、"强健"气质的本质作用及其发展变化规律。《周易》的辩证哲学体系，在此铺下了第一块基石。要是进一步从"《易》者，象也"（《系辞下传》）这一特征细加考究，还可以发现，本卦的卦体取"天"为象，固是比喻；六爻的爻辞取"龙"为象，也是比喻。大旨无非揭明"阳刚"的内在气质。朱熹说："《易》难看，不比他书。《易》说一个物，非真是一个物，如说'龙'非真龙。"（《朱子语类》）这种假象寓意，一直贯穿于《周易》全书，也是这部现存最古老的哲学著作的重要特色。

【疑难解析】

“亢龙有悔”和“见群龙无首，吉”

“亢龙有悔”是乾卦上九（乾卦最高、最后一爻，其位置也到了最高点）的爻辞，这表明一个人的事业已到了巅峰，为什么这时很可能有悔恨产生呢？

首先，我们可以把一个人经营自己的事业比作登山，当一个人已登到山的顶点，如再往前走，就会走下坡路。其次，当一个人登上山的顶峰时，回望自己辉煌的历程，一种自豪的感觉涌上心头：没有自己干不了的事，瞧，这么高的山也爬上来了。于是，就可能不听别人的劝阻，贸然去登另外一座山，谁知，山峰之间没有桥梁可通，这就造成一落千丈的结局。再次，高处不胜寒，在下的老百姓也难以理解他的举动，这便失去了铺垫的基石，自然容易往下跌。所以，一个人登上了最高峰时，容易做错事，导致悔恨产生。

为了永远没有悔恨产生，我们干脆永远停止不前，对吗？我们看看“见群龙无首，吉”的具体含义，就知道这是大错特错的。

因为“群龙无首”是防止“亢龙有悔”的有效措施。“群龙无首”的意思是不知道龙头在哪，大家都自由自在地飞翔，这就好比一个总经理创办了一个企业，该企业已走上了极其兴盛的道路，在那里聚集了相当多的贤明的人，他们各有千秋，都对企业的壮大立下了汗马功劳，虽说有总经理在，但总经理的意见只能代表他个人的意见，真正的决策权在大家，这就表明“群龙无首”的实质是不独断专行，不自满，这自然能带来几大好处：

一、一个人在自己已进入事业的高峰时，不会贸然向前走，因为他的周围有许多贤明的人，他们的合力足以阻止他一个人的错误行动。

二、由于他不以主子身份自居，不但他身边贤明的人都愿意为他出力，而且在另外一峰的贤明的人也愿意归附他，于是，在内的和在外的合力构筑连通两峰的桥梁，使他登上了更高的山峰。

三、在下的老百姓也愿意在这种民主的气氛中生活，自然不会擅自离职。

所以，我们应用“群龙无首”来防止“亢龙有悔”。

【事例】

“潜龙勿用”告诉我们，在自己的实力还不足以与恶势力相抗衡时，一定要等待时机，即等到“飞龙在天”，才能有所行动。康熙就深谙这个道理，终成大业。

小皇帝少年老成稳江山

中国的小皇帝大部分都因年幼无知而被叛贼夺了政权，而康熙皇帝即位时只

有8岁，不但稳住了自己的江山，还立下了不可磨灭的功勋，这是为什么呢？这与他的少年老成，遇事沉稳分不开。

他刚即位时，由索尼、苏克萨哈、遏必隆、鳌拜4位大臣辅政，康熙本身并没有多少实权。

特别是鳌拜，曾为清朝的建立立下汗马功劳，任辅政大臣以后，以功高自居，一点也不把年幼的康熙放在眼里。朝中文武官员，尽出自他的门下。他们结党营私，党同伐异，朝中大臣都不得不对鳌拜俯首帖耳。因为稍有不满，就招来杀身之祸。作为辅政大臣的苏克萨哈长期受鳌拜抑制，一直闷闷不乐，于是提出辞去辅政大臣之职。他这一举动惹恼了鳌拜。于是鳌拜先声夺人，罗列了苏克萨哈24条罪状，判处他死刑。康熙知道此案是鳌拜伙同他的党羽挟私陷害，坚决不同意。鳌拜竟然卷起袖子上前，连日厉声上奏，康熙在万般无奈的情况下，同意按鳌拜的意思办理。甚至在朝中议事，大臣们稍有违背鳌拜的意愿之处，鳌拜就当着康熙的面大声呵斥这些大臣。

鳌拜的种种擅权恣肆行为，严重地威胁着皇权的稳固。康熙亲政后，一方面不断给辅政大臣加官晋爵从而稳住局势；另一方面采取各种措施在群臣中树立自己的威信。

鳌拜不甘心退出执掌权力的舞台，和康熙间的斗争越来越激烈。康熙八年，鳌拜托病不上朝，要康熙去他家里看他。康熙坦然去了。康熙的侍卫发现鳌拜神色有变，急奔至鳌拜床前，揭开席子，露出了一柄利刃。康熙笑道："刀不离身，乃满洲故俗，不足异也。"非常机智地将一触即发的斗争化解了。康熙回去后当机立断，下定决心要杀掉鳌拜。

鉴于鳌拜把持朝政，康熙决定智取。他在宫内挑选了十几个尚武有力的小太监，让他们整日在一起练习摔跤。就是鳌拜有时入内奏事，康熙也不让他们避开，鳌拜对此不加防范，还以为是康熙年少好玩而这样做的。

一天，鳌拜又入内奏事，康熙非常热情地请鳌拜坐下，提出自己训练了几个摔跤手想让鳌拜指教指教。鳌拜自认为武艺高强，想都没想就答应了。

没提防十几个小太监一拥而上，把他给捉住了。鳌拜使出浑身的力气也挣脱不出，只好束手就擒。康熙将鳌拜抓住以后，立即把他给杀了，随即封锁消息，将鳌拜的死党全部捉拿归案。由于事出突然，鳌拜集团来不及反叛就被一网打尽了。

康熙铲除鳌拜以后在政策上又进行了一系列调整，最终稳固了自己的统治，为清朝以后的稳定繁荣打下了坚实的基础。

试想想，如康熙不先对鳌拜的专横采取容忍的态度，能有日后的胜利吗？

坤卦第二

【原文】

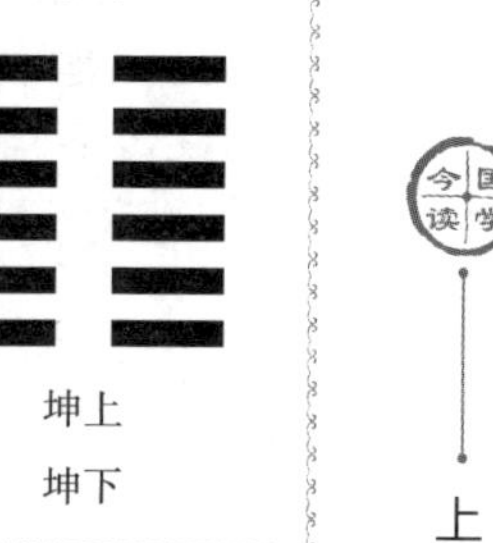

坤：元，亨，利牝马之贞。君子有攸往，先迷；后得主，利。西南得朋，东北丧朋，安贞吉。

《象》曰：至哉坤元！万物资生，乃顺承天。坤厚载物，德合无疆；含弘光大，品物咸亨；牝马地类，行地无疆；柔顺利贞。君子攸行，先迷失道，后顺得常。西南得朋，乃与类行。东北丧朋，乃终有庆。安贞之吉，应地无疆。

《象》曰：地势坤，君子以厚德载物。

《文言》曰：坤至柔而动也刚，至静而德方。后得主而有常，含万物而化光。坤道其顺乎！承天而时行。

【译文】

《坤卦》：大大亨通。有利于占问母马的吉凶。君子有所行动，如不遵循客观规律，则会迷失方向。相反，则会到达目的地，吉利。如往西南方，则会得到朋友。如往东北方，则会失去朋友。卜问是否平安，得到吉兆。

《象传》说：多么崇高啊，大地滋生了万事万物，遵守着大自然的规则。厚实的土地孕育了万物，大地的品德无比美好。大地内涵丰富，辽阔无边，万物顺利成长。像母马这样柔顺的动物，和地属同类，善于在无边的大地上任意驰骋，性情温和，动作敏捷，做事执着。君要有所行动，虽然刚开始迷失了方向，但只要顺从天道，就能找到正确的路。如果往西南方，会得到朋友，与他共创伟业。如果往东北方，可能失去朋友，但最终还是可能获得成功。遵循客观规律办事得到吉祥。正如无边无际的大地随处伸展一样。

《象传》说：大地地势顺天而行。君子应效法大地，凭着宽厚的德行来容载万物。

《文言传》说：大地本是极为柔顺的，但变换时却显露出刚强，安静且柔美的品德才能得以流传四方。随从人后、有人做主，于是保持福庆久长；包容一切、普载万物，于是焕发无限光芒。大地之道是多么柔顺啊！它秉承天的意志按四时而运行得当。

【启示】

坤象征地，地的特点是顺从、宽厚。这说明宽厚为怀是做人的基础，并强调了遵循客观规律办事的重要性。

【原文】

初六：履霜，坚冰至。

《象》曰："履霜坚冰"，阴始凝也。驯致其道，至坚冰也。

《文言》曰：积善之家，必有余庆；积不善之家，必有余殃。臣弑其君，子弑其父，非一朝一夕之故，其所由来者渐矣！由辩之不早辩也。《易》曰："履霜，坚冰至"，盖言顺也。

【译文】

初六：踏踩在霜上，就预示将有坚硬的冰块出现。

《象传》说：踏踩在霜上，就预示将有坚硬的冰块出现。说明阴气开始聚集、凝结，根据自然规律便可推知，寒冷的冬季就要到来。

《文言传》说：积德行善的家族，必然留下许多吉庆；作恶多端的家族，必然留下许多祸害。臣子弑杀君主，儿子弑杀父亲，并非是一朝一夕之事，作恶的由来是逐渐萌发的！是由于君父不曾早日辨清真相。《周易》说："踩上微霜，将要迎来坚冰"，大概是比喻阴恶事物往往按照一定的趋向发展。

【启示】

这告诉人们，当有坏苗头出现时，我们要积极采取防护措施。

【原文】

六二：直、方、大，不习，无不利。

《象》曰：六二之动，直以方也。"不习，无不利"，地道光也。

《文言》曰："直"其正也，"方"其义也。君子敬以直内，义以方外。敬义立而德不孤。"直、方、大，不习无不利"，则不疑其所行也。

【译文】

六二：正直、方正、宏大，不玩弄花招，没有什么不吉利的。

《象传》说：六二的爻象是正直且端正的。不沾染别的习气，不会有什么不利；因为地顺从天道，值得发扬光大。

《文言传》说："直"说明品德纯正，"方"说明行为得当。君子恭敬不苟，所以内心才会正直，行为得当便可促使外形方正。做到恭敬不苟、行为得当，就能使美德遍布而不会被孤立。"正直、端方、宏大，不学习也未必不获利"，说明美德充沛、一切行为都无须怀疑。

【启示】

这强调自然的品质，反对虚伪矫饰，即要顺从事物发展的客观规律，顺从大众的利益。

【原文】

六三：含章，可贞。或从王事，无成有终。

《象》曰："含章可贞"，以时发也。"或从王事"，知光大也。

《文言》曰：阴虽有美，含之以从王事，弗敢成也。地道也，妻道也，臣道也。地道无成而代有终也。

【译文】

六三：胸怀才华而不向外张扬，则可得到吉庆的占卜。如果去为君王做事，能恪尽职守，虽然没有什么成就，但也能善始善终。

《象传》说："胸怀才华而不表现出来"，等时机一到来，其才华便显现出来了。"如果为君王做事"，其才智会全部显露出来，其德行便得到发扬光大。

《文言传》说：阴柔而身居下位，纵然有美德，只是含藏不露，辅助君王的事业，不敢自己占有成功的地位。这是地顺天的道理，妻从夫的道理，臣忠君的道理。地顺天的道理表明成功不归己有而要替天效劳、侍奉至终。

【启示】

这告诉我们，不可因自己有才智，就骄傲自满，只有更加谦虚努力，才能使自己的才能得到更好的发挥，从而有一个比较好的结果。

【原文】

六四：括囊，无咎无誉。

《象》曰："括囊无咎"，慎不害也。

《文言》曰：天地变化，草木蕃；天地闭，贤人隐。《易》曰："括囊，无咎无誉。"盖言谨也。

【译文】

六四：像扎着的袋口，不轻易说话，不会遭遇灾难，也不会得到赞赏。

《象传》说："像扎着的袋口，不轻易说话，可以免遭祸患"，说明谨慎行事，不会有坏处。

《文言传》说：天地变换运行，草木茂盛衍生；天地闭塞阴沉，贤人引退匿

迹。《周易》说："束紧囊口，免遭咎害，不求赞誉。"大概是比喻谨慎处世的道理吧。

【启示】

六四位于上卦，这就暗示我们，地位很高的人的每一句话都能产生非同小可的影响，这就更需谨言慎行。

【原文】

六五：黄裳，元吉。

《象》曰："黄裳元吉"，文在中也。

《文言》曰：君子黄中通理，正位居体，美在其中，而畅于四支，发于事业：美之至也！

【译文】

六五：黄色的衣服，是大吉大利的。

《象传》说："黄色的衣服，是大吉大利的"，由于黄色的衣服象征身份高贵的人有美好的品德。

《文言传》说：君子的美好品德好比黄色中和、通达文理，端正所处的地位而守礼，将才美蕴存在内心，畅流于四肢，发挥于事业，这才是最美的品德啊！

【启示】

一个人虽说身居高位，但不自傲，为人谦虚，待人和善。这样，会赢得人民的信任，得到人民的帮助，从而为成功铺平道路。

【原文】

上六：龙战于野，其血玄黄。

《象》曰："龙战于野"，其道穷也。

《文言》曰：阴疑于阳必战。为其嫌于无阳也，故称"龙"焉；犹未离其类也，故称"血"焉。夫玄黄者，天地之杂也；天玄而地黄。

【译文】

上六：两条龙在野外战斗，到处淌着黄黑色的血。

《象传》说：两条龙在野外战斗，说明双方的道路都被对方堵塞，谁也不愿意谦让，只有拼死一战，这对双方都不利。

《文言传》说：阴气凝结于阳气必然势均力敌，相互争斗。作《易》者是怕读者对《坤》卦没有阳爻而感到困惑，所以在爻辞中称"龙"代表阳；又因为阴不曾离失其配偶阳，所以在爻辞中称"血"代表阴阳交合。至于血的颜色为青黄相间，正是说明天地阴阳的血相互交合，所以天色玄而地色黄啊。

【启示】

这一爻告诉我们，当双方的力量都非常强大，并且一方的发展将阻碍另一方的发展，为了达到双赢，必须有一方能够从大局出发，包容对方，先退一步，让出大道让对方先过。

【原文】

用六：利永贞。

《象》曰："用六永贞"，以大终也。

【译文】

用六：永远保持顺从天道，这是吉利的。（此爻为特有爻题，只在《乾》、《坤》两卦中出现，《乾》卦为"用九"）

《象传》说：用六表示纯阴，即永远顺从天道，这样就会有好的结果。

【启示】

人们像地一样，永远顺从天道，具有柔顺、宽容等高贵品质，则会一帆风顺。

【总论】

《周易》以《坤》卦继《乾》卦之后，寓有"天尊地卑"、"地以承天"的意旨。全卦，在于揭示"阴"与"阳"既相对立、又相依存的关系。《周易》一书发端于《乾》、《坤》两卦，正反映了作者对阴阳辩证关系的具有一定深度的认识；换言之，作者要表达的是这样的观点，阴阳的相互制约和交合，正是宇宙间事物运动、变化、发展的动力和源泉。

【疑难解析】

含章，可贞。或从王事，无成有终

"含章，可贞"的意思是才华不外露，则可得到吉祥的预兆。为什么才华不外露的人总能得到吉祥的预兆呢？首先，"含章，可贞"是六三爻的爻辞，从爻位来看，六三是阴爻阳位，是半刚半柔，所以这里的才不外露，指的是谦虚，谨慎，而不是指自卑。再说，"满招损，谦受益"是经许多人证明的真理。所以，才华不外露的人永远得到吉祥的预兆。

"或从王事，无成有终"的意思是才华不外露的人去为君王做事，即使没有什么成就，也会做到善始善终。这是为什么呢？

一般才华不外露的人很容易过分的谨慎，以至于难以替君王抓到有风险的大机会，但由于他天生谦虚，愿意改正自己的缺点，愿意听从君王及下属的意见，所以不会执迷不悟，自然不会导致大的灾祸。再说，从最终的决策权来说，他是属于君王的，自然不会由于他的优柔寡断而坏大事。其次，才华不外露的人天生

谨慎，做事细心，自然而然对事物的考虑十分周全，在一般情况下，不会出差错，不会让一件事半途而废。再次，他的才华不外露会使他的行为是谦恭的，这样就会赢得君王的信任，于是，他的忠言往往容易进入君王的心里。

因此，有才华而不张扬的这种行为是值得提倡的。

【事例】

虽然施乐公司曾经一度占据着世界复印机市场上的垄断地位，但是当日本的复印机涌入市场时，它却视而不见，结果施乐公司在市场上节节败退。这是因为施乐公司不懂得“履霜，坚冰至”这个道理，没有做到防微杜渐。

施乐公司“大意失荆州”

施乐公司现在面临着严峻的挑战，即使在自己的传统优势领域，也就是大型的超高速复印机领域，施乐公司也面临着来自德国海得堡印刷机械股份公司的强力挑战，对手通过推出以“开放式体系结构”为特征的复印机来向施乐公司发起进攻，这种复印机体积小，可以接受多种格式的电子文件，相对于原来的复印机在性能上改进了不少。

施乐公司是美国复印机领域的巨人，20 世纪 60 年代和 70 年代初期在世界复印机市场上一直保持着垄断地位。然而，到了 20 世纪 70 年代中后期，复印机领域的竞争非常激烈，日本厂商尤其是佳能公司不断涌入复印机行业，施乐公司却对此采取漠视的态度，这直接导致了施乐公司在市场上的节节败退，份额也从起初的 82% 下降到 35%，从而失去了复印机的垄断地位。

从 1976 年以来，日本厂商一直大举入侵施乐公司原有的市场，但施乐公司并没有意识到竞争的存在，由于长时间的麻痹大意，最终导致施乐公司已逐渐失去了市场上的优势地位。那一年，日本厂商佳能、NEC 等公司，都以施乐的成本价格销售复印机，并从中获利，它们的产品开发周期和开发人员比施乐要少 50%。面对困境，施乐公司并没有太有效的办法来应对，只能眼看竞争对手一点一点地蚕食自己的市场份额。

尽管施乐公司以前有着很好的技术，还拥有帕洛阿尔托研究中心，很多计算机领域最具革命性的技术都是在这里产生的，例如，鼠标、激光打印机等。然而，施乐公司长期以开创者自居，以占尽先机为乐，似乎并没有想到充分运用这些技术来求进一步发展，导致公司多次丧失良机。面对新一代传真机、打印机和扫描仪的挑战，施乐公司的复印机业务正在遭遇前所未有的危机。

施乐公司因“麻痹大意”而遭受惨重的损失。竞争对手却丝毫不生怜悯之情，手下也不留情，佳能公司在数字彩色复印机上咄咄逼人，不断在市场上获得巨大成功。尽管施乐公司希望可以收购Tektronic公司，以增强自己在彩色激光印刷业务上的实力，然而，事实和愿望之间的差距总是很大，在惠普公司和利盟公司的双重夹击下，该公司在这个有利可图的市场上，所占的市场份额已经急剧下滑到11%，这几乎只是原来的一半。

施乐公司“失去的荆州”能不能夺回，还是一个很大的未知数。

屯卦第三

【原文】

屯：元亨，利贞。勿用有攸往，利建侯。

《彖》曰：屯，刚柔始交而难生。动乎险中，大亨贞。雷雨之动满盈，天造草昧。宜建侯而不宁。

《象》曰：云雷，屯。君子以经纶。

【译文】

《屯卦》：广大、亨通，去占卜能得吉卦。不能有所行动。有利于树立伟大的志向。

《彖传》说：《屯卦》是阴阳开始相遇，交汇在一起而生成险象，在艰难险阻中勇往直前，奋力扫除障碍，就会顺利。雷雨的动荡充满宇宙，使万物滋生，草木茂盛，生机盎然。宜于建国封侯，但这不是安宁的生活。

《象传》说：《屯卦》的上卦是坎，坎为云，下卦是震，震为雷，即一阳陷于两阴之间，此为屯卦。君子看到这个卦象，就应该立下壮志，规划实现目标的大体步骤。

【启示】

《屯卦》告诉我们，创业伊始的困难扑面而来时，我们既不能无视困难，也不能被困难吓倒，应坚信只要志坚不变，只要不盲目行事，就一定会迎来黎明的曙光。

【原文】

初九：磐桓、利居贞，利建侯。

《象》曰：虽磐桓，志行正也。以贵下贱，大得民也。

【译文】

初九：巨石压住草木。只要意志坚定、品行端正，就会吉利。这时，立下凌

云壮志是大吉大利的。

《象传》说：虽然徘徊不前，但志向正确和品行贞正。认为亲近比自己地位低下的人是可贵的，这样会深得民心。

【启示】

处在创业的初期，困难重重，不要轻举妄动，应坚守正道，礼贤下士，以获得广大民众的帮助。

【原文】

六二：屯如邅如。乘马班如，匪寇婚媾。女子贞不字，十年乃字。

《象》曰：六二之难，乘刚也。"十年乃字"，反常也。

【译文】

六二：一群人骑着马却不行进，老在路上徘徊。不是前来抢劫的强盗，而是为了迎娶新娘的娶亲队伍。占卜预测女子近期不能生孩子，十年后才有孩子生。

《象传》说：六二爻的困难，是由于阴爻在阳爻之上。婚后十年才有孩子生，这是违反常理的。

【启示】

这说明创业的道路是曲折的，十分艰难，要想成就大业，就要耐心等待时机成熟。

【原文】

六三：即鹿无虞，惟入于林中。君子几，不如舍。往吝。

《象》曰："即鹿无虞"，以从禽也。君子舍之；"往吝"，穷也。

【译文】

六三：在捕捉野鹿时，没有管山林之人的帮助，独自一人跑进树林中去。君子认为继续追赶不如放弃猎物。因为如果继续追踪，很可能遭遇灾祸。

《象传》说：在捕捉野鹿时，即使没有管山林之人的帮助，也随鹿跑进树林。君子应放弃追捕野鹿，如继续追赶，很可能因找不到回去的路而遭遇灾祸。

【启示】

在主客观条件都不成熟的条件下，我们不能为利所惑，盲目行动。

【原文】

六四：乘马班如，求婚媾，往吉，无不利。

《象》曰：求而往，明也。

【译文】

六四：骑马的人聚集在路口，准备去求婚。若继续前往，是吉祥的，并没有什么不利。

《象传》说：求婚者为了娶到自己心爱的女子而有所行动，是明智之举。

【启示】

这一爻告诉我们，找到了能帮助你成就大业的指路人，尽管遭到拒绝的可能性很大，但是为了自己事业的成功，就应该勇敢地迈出第一步。

【原文】

九五：屯其膏，小贞吉，大贞凶。

《象》曰："屯其膏"，施未光也。

【译文】

九五：囤积肥肉为祭祀做准备。囤积大量的肥肉占问小事则吉利，占问大事则凶险。

《象传》说：囤积了大量的肥肉，是说明没有真正把恩惠施给广大民众。

【启示】

这一爻指出做大事的人要广施恩泽。

【原文】

上六：乘马班如，泣血涟如。

《象》曰："泣血涟如"，何可长也？

【译文】

上六：骑着马在路上转来转去，眼睛哭出了血，血和泪混在一起，涟涟而下。

《象传》说：眼睛哭出了血，血和泪混在一起，涟涟而下，这怎么能维持长久呢？

【启示】

这一爻告诉我们，穷则变，变则通。

【疑难解析】

即鹿无虞，惟入于林中。君子几，不如舍。往吝

这是六三爻（阴爻阳位，与上六不相应）的爻辞。它的大意是，如一个人在没有别人的帮助下，独自去追赶猎物，这是错误之举。就好比一个人在没有别人的指引下，独自去开创自己的事业。在一般情况下，这应是勇敢之举，为什么在这里变成了错误之举呢？

我们从卦画上看，这是阴爻阳位，表明他没有坚守正道。联系上下文，这里的正道是指在主客观条件都不具备的情况下，为了防止迷不知返，应断然放弃。

"即鹿无虞，惟入于林中"表明他对自己要进入的林子不熟悉，他之所以要进去，是受到眼前的猎物的诱惑。这样贸然地进去，其结果会怎样呢？显然是凶多吉

少。也许你会觉得太言过其实了，不就是进林子追捕猎物吗？大家想想看，鹿也算珍贵的猎物，它在普通的林子里能藏身吗？显然不能。它必须找一个比较隐蔽的地方去藏身。所谓“隐蔽”是指地势复杂，状貌复杂，让人难以辨别，普通的人不敢进入。如果一个人进入一个自己分不清东、南、西、北的地方，能不迷路吗？最糟糕的是，独自一个人去，想找个指点迷津的人都找不到，想回头都没有机会啦！

如果把它与现实联系起来，“即鹿无虞，惟入于林中”就好比一个人为了追逐名利，贸然进入一个自己不熟悉但回报丰厚的领域，而且就他个人实力而言，他是在创业的初期，拥有的资本非常有限。此时，他既无钱雇用内行作指导，又无耐心等待与他合作的内行的到来。很明显，无论是主观条件还是客观条件，都不成熟，结果自然是血本无归，再也没有翻身的机会。

从上述可知，如一个人在主客观条件都不成熟的情况下贸然行动，这是意气用事，不是勇敢之举。

屯其膏。小贞吉，大贞凶

“屯其膏。小贞吉，大贞凶”的大意是：囤积大量的肥肉为祭祀做准备，去卜问小事是吉利的，去卜问大事是凶险的。为什么做了同样的准备，去卜问大事和小事的结果不一样呢？

首先，我们可以把这里的祭祀比作施恩惠。如囤积了大量的肥肉去祭祀某路神仙，那么就会造成不能广施的恩惠，因为根据能量守恒定律，在一定时期、一定范围内，财物是有限的，能让人施舍的恩惠也是有限的，有人得到大量的恩泽，就必定有大部分人得不到恩泽。

再说，干小事只需几个人帮忙，就能干成，而干大事必须要广大人民的帮忙，才能干成。

其次，从得到恩惠的少数几个人来看，当他们看到他只施舍恩惠给少数几个人，而自己居然是其中的一个，感到无比的荣幸，愿意为他竭尽所能。但他们的力量是有限的，所以不利于去干大事。

再次，从得不到恩惠的人来看，如一个人只施舍一定的恩惠给周围的几个人，他们可能认为他的视野不够开阔，眼光不够长远，是狗眼看人低，而且有拉帮结派之嫌，他们鄙视他，甚至敌视他，自然成为他成就大业的阻碍。

【事例】

《屯卦》告诉我们，万事开头难。一个人要成就大业，要经受种种磨难，要承受常人难以承受的磨难。越王勾践深谙这个道理，终成大业。

忍辱负重　终成霸业

勾践趁夫差远征时，调集越军约4万人，大举攻吴，取得巨大的胜利。公元前476年，吴王夫差向越王勾践提出和谈要求，遭到了勾践的拒绝，最后兵败自杀，越王勾践终称霸长江下游。你可知道在勾践未成霸业前的艰辛吗？

公元前494年春，夫差继承王位。夫差不忘记父亲生前的谆谆教诲，在伍子胥、伯茹的辅佐下，勤加练兵，准备出兵攻越。越王勾践得到夫差将攻越的消息后，在兵还不够强大的情况下，出兵攻打吴国。吴王夫差派出精锐部队，与越军在夫椒（今江苏苏州西南）展开激烈的战争。由于吴军实力太强大，越军战败。越军损失巨大，最后只剩下5000人，退守会稽山（今浙江绍兴东南）。吴军乘胜追击，把会稽山包围得水泄不通。在这危急存亡关头，勾践采纳了范蠡的建议，决定以屈求生。勾践一面准备死战，一面派文种去向吴王夫差求和，以美女、财宝疏通吴太宰伯茹，请他劝说夫差允许越国作为吴的属国存在下来。如果夫差愿意，勾践愿做吴王的奴仆，忠心耿耿地侍奉吴王；不然，勾践将“尽杀其妻子，燔（烧）其宝器，悉五千人触战”。在太宰伯茹的悉心劝说下，吴王夫差终于答应议和，这样越国才得以保全。

越国战败后，越王勾践遵循协议，将治理国家的大权交给文种，自己带领妻子和大臣范蠡去吴国给夫差当奴仆。勾践为吴王驾车养马，他的夫人为吴国打扫宫室。他们住在囚室，穿着最差的衣服，吃着最恶劣的食物，极尽屈辱而从不吭声。由于勾践能屈尊伺候吴王，同时又加紧贿赂伯茹，让他在吴王面前说好话，经过3年，勾践终于取得了吴王的信任，被释放回国，结束了这耻辱的生活。

越王勾践回国后，首先下了一道“罪己诏”，检讨自己擅自做出攻打吴国的决定，结果使很多百姓在战场上送命的失误。他还亲自去安抚受伤的平民，抚养阵亡者的遗族。他在坐卧的地方悬挂了苦胆，吃饭的时候要先尝尝苦胆的滋味。他“躬自耕作，夫人自织，食不加肉，衣不重彩”。勾践还针对越国战败后人口减少、财力耗尽的情况，制定了休养生息的政策以恢复国家的元气。他明确规定：妇女怀孕临产时，要报告官府，由官府派医生去看护；生男孩奖给2壶酒和1条狗；生女孩奖给2壶酒和1只小猪；生3胞胎的由官府出钱请乳母，生双胞胎由官府供给粮食。凡死了嫡子的人家，免除3年劳役；死了庶子的，免除3个

月劳役。越国加紧改革内政，减轻刑罚、赋税，提倡百姓开荒种地，越国竟在10年中没有向人民征收一分钱的赋税，百姓每家都有3年的粮食储备。这样，越国的人民都视勾践如父母。

勾践在改革内政的同时，还采取十分有成效的外交策略。对吴国，他继续实行以退为进的战略，麻痹腐蚀夫差。他经常送给夫差非常珍贵的礼物，表示忠心臣服，以消除他对越国的戒备，助长他的骄气；同时又破坏吴国经济，用高价收买吴国的粮食，造成吴国粮食困难；他用离间之计使夫差对伯茹更加信任，对伍子胥更加疏远，挑起其内部争斗。并且采用“美人计”迷惑夫差。这些措施的实施，壮大了自己，削弱了敌人，为攻打吴国奠定了扎实的基础。

经过10年的精心准备，经过10年的痛苦生活，勾践率领精锐部队对吴国发起了总进攻，取得了决定性的胜利，终于完成大业。

蒙卦第四

【原文】

蒙：亨。匪我求童蒙，童蒙求我。初筮告。再三渎，渎则不告。利贞。

《彖》曰：蒙，山下有险，险而止，蒙。“蒙亨”，以亨行时中也。“匪我求童蒙，童蒙求我”，志应也。“初筮告”，以刚中也。“再三渎，渎则不告”，渎蒙也。蒙以养正，圣功也。

《象》曰：山下出泉，蒙。君子以果行育德。

【译文】

《蒙卦》：亨通。不是我去求蒙昧的人来接受教育，而是蒙昧的人请求我传播知识给他。第一次向神请教，神灵给了他一些告示。如果一次又一次地卜问，以得到令自己满意的结果，将会亵渎神灵，神灵一定不会理睬他。但只要品行纯正，诚心诚意，就有利于去占卜。

《彖传》说：《蒙卦》的卦象是山下有水，水被高山阻隔，无法流入大江大河，汇入大海，因而处于蒙昧状态，所以把它叫作《蒙卦》。“蒙昧却能宏大、顺利”，是因为思想相通，而且行动合乎中庸之道。“不是我去求蒙昧的人来接受教育，而是蒙昧的人请求我传播知识给他”，是说明占筮者与求筮者的关系是相互应和的。“第一次占筮，神灵会给他一些信息”，这是因为阳刚居中。“一次又一次地卜问，以得到令自己满意的结果，因此亵渎了神灵，神灵一定不会理睬他”，这表明亵渎就是蒙昧的表现。通过启蒙教育，可以把蒙昧无知的人培养成品质纯正的人，这就是圣人的工作。

《象传》说：《蒙卦》的卦象是坎在下、艮在上，坎为水、艮为山，即山下有泉水；所以把它叫作《蒙卦》。君子看到这种情况，必须果断行事，完善自身，培养高尚的品德。

【启示】

这一卦告诉我们，对一个人而言，要想在社会上立足，要想有所作为，必须先接受教育，解除蒙昧状态；对社会而言，要想发展，必须大力推行教育，并且要把教育看成双边活动。

【原文】

初六：发蒙，利用刑人，用说桎梏，以往吝。

《象》曰：利用刑人，以正法也。

【译文】

初六：在启发蒙昧的人时，像用刑具惩罚罪犯一样施用一些非常手段，是有利的。如果不规范，任其发展下去，必然会遭遇灾祸。

《象传》说：像用刑具惩罚罪犯一样施用一些非常手段，是有利的，说明要依照严格的法规端正蒙昧的人的行为。

【启示】

这一爻告诉我们，在孩子还处于蒙昧状态时，要对孩子严加管教，以免误入歧途。

【原文】

九二：包蒙，吉。纳妇，吉。子克家。

《象》曰：“子克家”，刚柔接也。

【译文】

九二：包容蒙昧儿童的愚昧无知，这是很吉利的。纳娶新媳妇，也是吉祥的。儿子能自撑家业了。

《象传》说：儿子能自撑家业，这是因为男女刚柔相济的结果。

【启示】

这一爻告诉我们，在对蒙昧儿童施行惩罚之后，我们不能在其伤口上再撒一把盐，应包容他们的缺点，鼓励他们敢于正视自己的缺点，从而改正错误，走上

正轨。千万记住，教育的目的是使他们走上成功。

【原文】

六三：勿用取女，见金夫，不有躬。无攸利。

《象》曰："勿用取女"，行不顺也。

【译文】

六三：不要和这样的女子成婚，因为她见到有钱有势的男人就会变心，不会保护自身。娶她做老婆没有什么好处的。

《象传》说：不要和这样的女子成婚，是因为这个女子的言行不谨慎。

【启示】

这一爻暗示我们，如果蒙昧的儿童品行不端正，意志不坚定，则会以他所学的对付人民，甚至自己的恩师，所以在收弟子时，要注意对他的品德进行考核。

【原文】

六四：困蒙，吝。

《象》曰："困蒙之吝"，独远实也。

【译文】

六四：人为蒙昧所困扰，将会遭遇灾祸。

《象传》说："人为蒙昧所困扰"，是因为与世隔绝，脱离了现实社会。

【启示】

它告诉我们，人要摆脱蒙昧，就要脱离他所处的蒙昧的环境。

【原文】

六五：童蒙，吉。

《象》曰："童蒙之吉"，顺以巽也。

【译文】

六五：儿童愚昧无知，是吉利的。

《象传》说："儿童蒙昧无知之所以吉利"，是因为他们柔顺、乖巧，能虚心学习。

【启示】

一个人不怕愚昧无知，怕的是认识不到自己的短处，不愿虚心向比自己强的人请教。

【原文】

上九：击蒙。不利为寇，利御寇。

《象》曰："利用御寇"，上下顺也。

【译文】

上九：打击蒙昧的人。像强盗一样野蛮就可能招来灾祸，用来抵御强盗的入侵是吉利的。

《象传》说："用来防御强盗之所以有利"，是因为上下关系顺畅，目标一致。

【启示】

对蒙昧无知的人进行教育时，如采取过于暴烈的手段惩罚受教育者，则会适得其反，我们应向他们讲清教育者和受教育者的目标是一致的：推进人类社会从蒙昧走向开化，走向文明的过程。说得具体一点，老板应向员工作这样的宣传："我们的目标是一致的，就是要共同努力，共同在激烈的竞争中求一席之地得以安身。"

【疑难解析】

"困蒙，吝"和"童蒙，吉"

"困蒙，吝"的意思是，一个人为蒙昧无知所困，将遭遇灾祸。世界是千变万化的，而且它是如此广阔，谁能把它蕴含的奥妙都洞悉到？以此类推，我们都会被蒙昧所困扰，灾祸将紧紧包围我们。这不太可怕了吗？其实，只要我们理解它的真正的含义，就知道这是杞人忧天。

"困蒙，吝"是蒙卦六四爻的爻辞。从卦画上看，六四是阴爻阴位，与上九阳刚隔得太远，这就好比一个人本身愚昧无知，又处在愚昧的环境中，在那里，谁都不认为自己是愚昧的，更不愿意虚心向别人学习，自然无知的领域越来越大，而且为了掩饰自己的无知，还不懂装懂，结果在处理问题时，力不从心，给自己也给别人造成灾害。此时，我们不难看出，"吝"的真正原因不是为蒙昧无知所困，而是被蒙昧无知所困时不能虚心向别人学习。

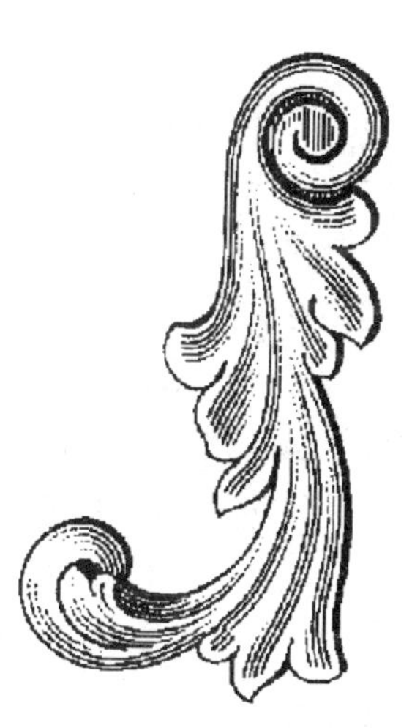

现在，我们再仔细揣摩"童蒙，吉"的含义，就更不用担心"困蒙，吝"，而且知道怎样摆脱蒙昧。

"童蒙，吉"的意思是儿童愚昧无知，是吉利的。首先，从儿童的特性来看，儿童虽说蒙昧无知，但他天生柔顺，愿意虚心向别人学习。其次，在儿童所处的社会存在这样一种思想，儿童无知是天真可爱，但成年人无知是愚蠢，是会遭人耻笑的。所以，儿童会毫不掩饰自己的无知，而且谁都愿意为他解除这种蒙昧的状态，这样儿童会变得越来越聪明，无知的领域越来越少，避免因无知带来

的灾难的手段就会越来越高明。

综上所述，我们要获得吉祥，就要做到虚心向别人学习。为达到这个境界，应做到以下几点：一、呼吁全社会的人学会包容成年人的缺点，让所有人不以自己的无知为耻。二、即使社会没形成良好的学习之风，我们也要“不耻下问”，因为“不耻下问”的耻辱是一时的，而不去问的话，就会永远为无知所困，而且不懂装懂会使自己面临险境，因为别人不知真实情况，会让我们去做力所不能及的事。

【事例】

《蒙卦》暗示我们，老板和员工或上下级的目标一致是推动企业前进的最好武器。企业应通过各种措施的制定，增加员工对企业的认同感和责任感，并提供更多更好的发展机会给员工。摩托罗拉公司就深谙这个道理，使自己成为电信行业的巨头。

化敌为友　共创辉煌

在许多企业，老板与员工的关系是对立的，就是一般的管理人员和员工的关系也是对立的，由于这种对立，造成上下级的目标不一致，造成团体力量的削弱。而摩托罗拉公司自成立之日起，就针对这一问题，采取了有效的措施。

一视同仁　长期雇用

摩托罗拉公司在雇用员工时，对应聘者一视同仁。对应聘者的种族、宗教、性别、年龄、国籍等不作限制，更不歧视应聘者身上的残疾或其他生理缺陷。摩托罗拉在员工雇用方面的显著特点就是所有的正式员工均与公司签订无限期合同，这就意味着除非员工犯有重大错误，公司在一般的正常经营情况下，将对其进行实际上的终身雇用。与很多公司的三年合同期甚至一年合同期相比，这一制度为员工提供了就业稳定性的保障，增强了员工对企业的认同感和责任感，同时也使得企业对员工在技术和管理上进行长期投资成为可能。

真正的人格尊重

摩托罗拉公司的员工还享有充分的隐私权。员工的机密记录，包括病历、心理咨询记录和公安调查清单等，都与员工的一般档案分开保存。公司内部能接触到的雇员所有档案仅限于“有必要知道”的有关人员。员工的私人资料，只有在征得本人书面同意的情况下才能对外界公布。这种对员工隐私的周密保护也充分体现了公司尊重人性的原则。

开放的沟通渠道

摩托罗拉公司的开放沟通政策是指公司为促进员工关系，鼓励和增强员工参与意识所采取的双向沟通策略。它充分体现了摩托罗拉公司以人为本、尊重个人、发挥人的潜能、实现个人价值与企业共同发展的经营理念，使员工和企业共同营造开放的沟通环境及相互尊重的文化氛围成为可能。通过开放式沟通，一方面公司可以随时了解和关注员工中存在的各种问题，听取员工的改善意见；另一方面，员工也可以采用公司内部各种沟通渠道与公司管理层及相关部门进行直接沟通，或通过各种途径全面了解公司内部有关政策和生产、经营、管理、业务及培训发展的状况。员工可以根据个人情况选择不同的直接沟通方式，如参与“总经理座谈会”、“肯定个人尊严”对话等方式。公司还设有业绩报告会、《大家庭》报等面向全体员工的沟通渠道。此外，员工还可以通过“畅所欲言”和“我建议”等形式反映个人问题，进行投诉或提出合理化建议。

通过开放式的沟通，使员工便于采用不同的沟通方式进行直接沟通，管理层也可以根据存在的问题及时有效地处理好员工事务，以不断促进员工关系，创造良好的工作环境。

摩托罗拉公司就是通过采取这一系列的措施，增加了员工的认同感和责任感，让员工感觉到：自己就是公司的主人，我们要为这个大家庭添砖加瓦。

摩托罗拉公司就这样赢得了员工的信任，上下级一致，创造了一个又一个的辉煌。摩托罗拉公司的呼机风靡全球，让人们赞不绝口，紧接着又推出质量优良的手机，让人们爱不释手……如今，摩托罗拉公司已成为电信行业经久不衰的巨头。

需卦第五

【原文】

需：有孚，光亨，贞吉。利涉大川。

《彖》曰：“需”，须也，险在前也。刚健而不陷，其义不困穷矣。“需，有孚，光亨，贞吉”，位乎天位，以正中也。“利涉大川”，往有功也。

《象》曰：云上于天，需。君子以饮食宴乐。

【译文】

《需卦》：有诚心，能得到人们的信任，顺利排除万难，去占卜，能得到吉祥的预兆。有利于渡过大江大河。

《彖传》说：需是等待的意思，即有危险在前面。强壮且有阳刚之气就不会陷入危险的境地，因为耐心等待佳机就不会为绝境所困扰。“《需卦》：有诚信、宏大、通达，卜问的结果是大吉大利的”，这时处于“天”的位置，这是正中之位。如此时去渡大河是有利的，积极行动便能建立功业。

《象传》说：《需卦》的卦象是下卦为乾，乾为天；上卦为坎，坎为水，表示水在天上，水汽在天上聚集在一起，便形成了云层，乌云密布，雨还未下，需要耐心等待时机，所以称为《需卦》。此时，君子可以去饮酒作乐，尽情享受，等待适当的时机。

【启示】

《需卦》中“需”字，意为停留等待。卦辞认为，初遇困难，要耐心等待有利时机，时机一旦成熟便积极行动，一定会有所成就的。所以，人们一方面要谨慎，另一方面要时刻准备出击。

【原文】

初九：需于郊，利用恒，无咎。

《象》曰：“需于郊”，不犯难行也。“利用恒，无咎”，未失常也。

【译文】

初九：在郊野等待时机，如果有恒心，这是有利的，没有危险。

《象传》说：“在郊野等待时机”，不能冒着危险轻率地采取行动。“有恒心地等待时机，是吉利的，没有危险”，因为没有违背常理。

【启示】

这一爻告诉我们，如耐心地等待时机，就不会有危险。

【原文】

九二：需于沙，小有言，终吉。

《象》曰：“需于沙”，衍在中也。虽小有言，以终吉也。

【译文】

九二：在沙滩上等待，即使会被责难，但不被闲言闲语动摇，最后也是吉祥的。

《象传》说：“在沙滩上等待”，水流在沙中漫。即使稍有议论，但最终是吉利的。

【启示】

这一爻为“九二”，比“初九”更接近危险，虽然还没有大的灾难，但贸然迎难而上，很可能会招致灾难。因此我们必须再耐心地等待，等时机成熟才行动，就能成功。

【原文】

九三：需于泥，致寇至。

《象》曰："需于泥"，灾在外也。自我"致寇"，敬慎不败也。

【译文】

九三：在泥泞中等待，随时可能招来强盗的侵扰。

《象传》说：在泥泞中等待，灾难就在外边，随时都有可能降临。自己招来强盗，要更加谨慎，才不会失败。

【启示】

这一爻告诉我们，越接近危险，越要谨慎，不可妄进，以免陷入不可自拔之地。

【原文】

六四：需于血，出自穴。

《象》曰："需于血"，顺以听也。

【译文】

六四：在血光凶险之地等待，对手随时有可能从洞穴中出来袭击。

《象传》说："在血光凶险之地等待"，顺应天道，等待化险为夷的时机。

【启示】

这一爻告诉我们，已处在非常危险的境地，稍有不慎，就会招致大的灾祸。因此，我们不可意气用事，应顺应变化以转危为安。

【原文】

九五：需于酒食，贞吉。

《象》曰："酒食贞吉"，以中正也。

【译文】

九五：在安闲的饮酒吃饭中等待，占卜的结果是吉祥的。

《象传》说："在安闲的饮酒吃饭中等待，占卜的结果是吉祥的"，这是因为虽然在安全中，但仍遵守中正的原则。

【启示】

"九五"是阳爻阳位得正，在上卦得中，处于安全的位置。这表明，即使在安全等待时，也要坚持纯正。

【原文】

上六：入于穴，有不速之客三人来，敬之，终吉。

《象》曰："不速之客来，敬之终吉"。虽不当位，未大失也。

【译文】

上六：突然有三位客人未经邀请就来到了洞里，热情招待他们，最终会得到吉祥的预兆。

《象传》说："三位不请自来的客人到来了，恭敬、热情地招待他们"，终究是吉利的。即使当时处在不合适的位置，但也没有太大的损失。

【启示】

这一爻告诉我们，在处于劣势时，不能硬碰硬，应以退为进，以柔克刚。

【疑难解析】

入于穴，有不速之客三人来，敬之，终吉

"入于穴，有不速之客三人来，敬之，终吉"的大意是：如有不速之客前来，好好招待他们，就能获得吉祥。乍一看，觉得不可思议，如仔细想想，就懂得了其中的缘由。

一、一个人处于劣势时，好好招待不速之客，能为自己赢得时间。一方面能为自己赢得观看他人意图的时间，这样不会因仓促行事而造成误会。另一方面为自己采取正确策略赢得时间。因为别人看到他从容行事，也不知他的葫芦里卖的是什么药，即使他们有坏的企图，也不敢贸然行事。

二、好好招待他们，还有可能感化他们，或消除误会。因为在一般情况下，人们都认可：以恩报恩，以德报德。再说，也许他们是受小人的唆使而来的，如他们看到他的善意的招待，那么小人的谎言就会不攻自破。

三、好好招待他们，还能引起别人进行错误的猜想：这个人肯定是弱者，不值得提防。而他将计就计，假装无能，使客人麻痹大意，便有了进行反攻的机会。

所以说，热情招待他们，最终是吉利的。因为它是一种更高明的等待，以退为进，伺机而动。

【事例】

《需卦》告诉我们，要耐心等待时机。丰田英二在他的经营中就渗透了这个道理。

耐心等待，取得最后胜利

丰田汽车公司之所以成为汽车行业的巨头，是因为丰田英二不贸然行事，能耐心等待时机，能抓住时机。

1950年，丰田公司因危机的到来被迫将工业公司和销售公司分离。后来，负责技术部门的董事丰田英二想把这两家公司重新合并，但考虑到重新合并在当时是行不通的，他认为条件不成熟，即便勉强行事也是要失败的，与其胎死腹中，还不如耐心地等待时机的到来，一举成功。

直到 20 世纪 80 年代初，英二在深思熟虑考察各种条件的同时，衡量了其利弊，决定将丰田两家公司重新合并。两家公司终于结束了长达 32 年的产销分离，诞生了全新的丰田公司，英二的等待终于有了丰硕的成果。

在处理丰田赴美建厂一事上，英二也同样小心谨慎，耐心等待时机的成熟。

在日本汽车厂商中，已有第三家开始生产汽车。为此不少人抱怨丰田进军美国为时太晚。会长丰田英二和社长丰田章一郎的回答是："我们在等待时机，我们的行动并没有落后。"由于采取了谨慎的战术，丰田公司终于顺利地打入了美国汽车市场。

丰田是个善于抓机遇的人。善于等待，当机遇没有来时，他静如处子；一旦机遇来临，他则动若脱兔。俗话说："欲速则不达。"等待看起来似乎是消极怠工，其实是一种慎重的行事方式。等待并不等于落后，如同长跑，起步早的不一定能最终得到冠军。

讼卦第六

【原文】

讼：有孚窒惕，中吉，终凶。利见大人，不利涉大川。

《彖》曰：讼，上刚下险，险而健，讼。"讼：有孚窒惕，中吉"，刚来而得中也。"终凶"，讼不可成也。"利见大人"，尚中正也。"不利涉大川"，入于渊也。

《象》曰：天与水违行，讼。君子以作事谋始。

【译文】

《讼卦》：有诚信的人要谨防道路被堵塞，途中是吉利的，最后有凶险。拜见位尊且德高的人是吉利的，贸然去渡大江大河是不吉利的。

《彖传》说：《讼卦》，是指上面有刚健下面有凶险，就个人而言，外表刚强的人可能会遭遇凶险，因为他生性耿直，容易与人发生争斗，这就是《讼卦》。"《讼卦》卦辞说：有诚信，但要谨防道路被堵塞，途中是吉利的"，这是刚健的

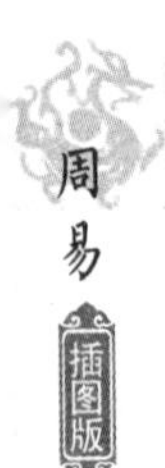

人面临危险还能坚守纯正的原则。“后来有凶险”，表明最终难以成就大业。“有利于会见位尊且德高的人”，说明人民崇尚品行中正的人。“不利于涉水渡河”，说明如恃强倚勇，贸然前往，将会坠入深渊。

《象传》说：《讼卦》的乾卦三阳爻位于坎卦之上，坎为水，乾为天，天与水各自向相反的方向运行，因此会发生争斗，所以君子在开始做事时，要细细谋划。

【启示】

《讼卦》告诉我们，一个外表刚强、品行纯正的人容易与人发生矛盾，一旦与人发生争论，这就会成为他成就大业的阻碍。这就暗示我们，如果不是原则问题，应该退让，尽量与人和谐相处。

【原文】

初六：不永所事，小有言，终吉。

《象》曰：“不永所事”，讼不可长也。虽“小有言”，其辩明也。

【译文】

初六：不要为小事与人长久地争吵，即使遭遇到一点责难，最终也是吉利的。

《象传》说：“不要为小事与人长久地争吵”，说明争斗的时间不能太长。即使遭遇到责难，但还是有利于辨明其中的是非。

【启示】

这一爻告诉我们，长期与人为小事争吵是无聊的，是毫无作用的，我们应及时抽身，让时间作出公正的判断。对于个人而言，不要为了满足自己一时的好胜心理，出言不逊，伤了和气。

【原文】

九二：不克讼，归而逋，其邑人三百户。无眚。

《象》曰：“不克讼”，归逋窜也。自下讼上，患至掇也。

【译文】

九二：不能在争斗中胜出，回去并逃到有三百户人家的村子里。没有什么灾难。

《象传》说：“不能在争斗中胜出”，回到家里，并赶紧逃亡到外地，这是躲避灾祸。因为自己没什么地位，与比自己势力强的人进行争斗，很容易招致更大灾祸。

【启示】

这一爻是阳爻阴位，下卦，在争斗中处于劣势，此时应采取明智之举——退避三舍。

【原文】

六三：食旧德，贞厉，终吉；或从王事，无成。

《象》曰："食旧德"，从上吉也。

【译文】

六三：坚守着祖先传下来的规矩，恪守正道，虽遇危险，但终究会得到吉祥；或者顺从九五所推行的德行，争讼不会发生。

《象传》说：坚守着祖先传下来的规矩，最终得到吉兆，说明只要依仗祖先的阴德就可以获得吉祥。

【启示】

这一爻告诉我们，作为平民百姓，如能够安于本分，坚守常规，虽在守住自己的一贯的美德时会遇到危险，但最终是吉利的；如能听从主持公道的人的劝说，也没有危险。

【原文】

九四：不克讼，复即命，渝。安贞，吉。

《象》曰："复即命渝"，安贞不失也。

【译文】

九四：争斗失败，重新回到原位，改变了策略，决定顺从天命。卜问平安，必然会获得吉祥的预兆。

《象传》说：争斗失败，重新回到原位，改变了策略，决定顺从天命，说明安守天道就不会有什么过错。

【启示】

这一爻告诉我们，争斗失败之后，应进行深刻的反思，回到正理之上，就不会有大的损失。

【原文】

九五：讼，元吉。

《象》曰："讼，元吉"，以中正也。

【译文】

九五：争讼是大吉大利的。

《象传》说：争讼之所以大吉大利，是因为内心纯正且遵循了天道。

【启示】

这说明，在原则问题上，绝对不能退让。

【原文】

上九：或锡之鞶带，终朝三褫之。

《象》曰：以讼受服，亦不足敬也。

【译文】

上九：君王赏赐了他一根精美的腰带，但在一天之内会被人多次索回。

《象传》说：因为争斗得胜而得到赏赐，不值得敬佩。

【启示】

这一爻告诉我们，与人发生争斗，如不坚守正道，即使获得了胜利，也没有什么好处。

【疑难解析】

讼，元吉

在一般的情况下，与别人发生争讼，是没有什么好处的，而这里为什么说"讼，元吉"呢？我们从"讼，元吉"所处的爻位来看，它是讼卦的九五爻，属阳爻阳位，居上卦的中位，就表示他在与人发生争讼时能坚守正道，即在原则问题上不退让。这样做有几大好处：

一、对于整个社会而言，坚守正确的是非观，不人云亦云，就不会让坏人占上风，荼毒生灵。

二、对于与自己发生争讼的人而言，不会因自己的软弱退让而造成他坚持错误的思想，最终酿成大错。

三、对于自身而言，坚持了自己的正确思想，就不会成为无辜的受害者。

四、由于自己能坚守中正，说话有分寸，别人很可能会心服口服。所以说，在原则问题上，要据理力争。

或锡之鞶带，终朝三褫之

"或锡之鞶带，终朝三褫之"的大意是：君王赏赐他一根精美的腰带，在一天之内会多次被索回。君王为什么要赏赐他腰带呢？联系上下文，就知道这是因为他在与别人的争讼中胜利了，赢得了君王的赏识。为什么又多次被索回呢？

"或锡之鞶带，终朝三褫之"是上九的爻辞，从上九所处的爻位来看，是阳爻阴位，是讼卦的最上面的一爻，这表明他在与别人发生争讼时，要么过于刚强，与别人发生正面冲突；要么恃强凌弱，没有坚守正道。

一个人在与别人发生争讼时，态度过于刚烈，即使由于他是因正义之道而取胜，这也是表面之象。试想，有人只是一味地强调他的正确观点，并与你发生激烈的争执，你能不敌视他吗？对他的意见能虚心接受吗？如果有报复他的机会，你会放过吗？所以，与别人发生正面冲突，即使当时得到了奖赏，得到了益处，也会被别人日后的报复抵消掉。

另外，一个人在和别人发生争讼时如采取不正当的手段，即使能取胜，也是一时的；因为人民的眼睛是雪亮的，迟早会识破他的阴谋，把他得到的荣誉从他身上剥夺回去。

所以说，一个人在与别人发生争讼时，千万要坚守正道。

【事例】

《讼卦》告诉我们，与人发生争执是无用的，只要本性中正，就一定会得到公正的裁判。陈平初到汉时，受人诋毁，陈平没有与诋毁他的人辩论，而是依靠忠信正直的品行消除了别人的疑虑。

无声胜有声

一般情况下，一个有诚信的人不会轻易离开自己的主子，而陈平却是初事魏咎，继事项羽，后归汉。所以，他自然遭到别人的猜疑。如他通过争执来消除疑虑，肯定会适得其反。陈平本性中正，对别人的无端猜疑从不理会，只在恰当的时机进行解释。结果他得到了刘邦的信任。

陈平通过魏无知推荐得见刘邦。刘邦跟他谈话，见他有才智，很高兴地问："子之居楚何官?"陈平答："为都尉。"当天，刘邦就任陈平为都尉，使为参乘，典护军。诸将知道了都不平，说："大王一旦得楚之亡卒，未知其高下，与同载，反使监护军长者。"陈平知道了，也未与诸将争论。

后来，陈平又因智勇过人，得到了刘邦的嘉奖，引起了周勃、灌婴等大将的不满，认为刘邦如此信任陈平不当，都诋毁陈平说："平虽美丈夫，如冠玉耳，其中未必有也。臣闻平居家时，盗其嫂，事魏不容，亡归楚，归楚不中，又亡归汉。今日大王尊官之令护军。臣闻平受诸将金，金多者得善处，金少者得恶处。平，反覆乱臣也，愿王察之。"刘邦听了也起疑，便叫魏无知来，责备他为何推荐陈平这样的人，无知说："臣所言者，能也；陛下所问者，行也。今有尾生、孝己之行而无益处于胜负之数，陛下何暇用之乎？楚汉相拒，臣进奇谋之士，顾其计诚足以利国家不耳。且盗嫂受金又何足疑乎?"

陈平虽知道诸将的所作所为，但他认为，别人对自己有疑虑，是因为对自己不了解，如与他们争论，只会引起别人更大的反感，自己被了解的机会将永久失

去。后来刘邦找陈平问话，陈平也未诋毁这些将领，而是用事实说话，让刘邦心服口服。

刘邦叫来陈平，责备他说："先生事魏不中，遂事楚而去，今又从吾游，信固多心乎?"平答道："臣事魏王，魏王不能用臣说，故去事项王。项王不能信人，其所任爱，非诸项即妻之昆弟，虽有奇士不能用，平乃去楚。闻汉王之能用人，故归大王。臣裸身来，不受金无以为资，诚臣话有可中者，愿大王用之，使无可用者，金具在，请封输官，得请骸骨。"刘邦见他说得有道理，便向他道歉，厚加赏赐，擢升为护军中尉，监察全体官兵。从此，诸将不敢再诋毁陈平。

师卦第七

【原文】

师：贞，丈人吉，无咎。

《彖》曰：师，众也。贞，正也。能以众正，可以王矣。刚中而应，行险而顺，以此毒天下，而民从之，"吉"又何"咎"矣。

《象》曰：地中有水，师。君子以容民畜众。

【译文】

《师卦》：做将领的为人中正，是吉利的，没有什么灾难。

《彖传》说：师，表示拥有许多的兵士。贞，表示为人中正，恪守正道。能率领大家恪守正道，就可以成为君王。为人刚强中正，而且又顺应形势，即使途中遇到危险，但最终还是顺利的，以这样的军队去治理天下，老百姓就会跟随他们，理所当然是吉利的，哪里会有灾难发生呢！

《象传》说：《师卦》的卦象是坎下、坤上，坎为水、坤为地，卦象表现为地中有水。即地下面有相当充足的水源，这代表兵源充足的意思，因此把它叫作《师卦》。所以君王应该宽厚待人，保护民众，赢得群众的信任。

【启示】

《师卦》告诉我们，作为统帅应坚守正道，顺应天道，爱护百姓，去打仗就一定能取得胜利的。

【原文】

初六：师出以律，否臧凶。

《象》曰："师出以律"，失律凶也。

【译文】

初六：军队出外打仗，要用严明的纪律规范其行动，如果没有严明的纪律规范其行动，势必遭遇凶险。

《象传》说："军队出外打仗，要用严明的纪律加以规范"，如果没有严明的纪律约束将士势必发生凶险。

【启示】

严明的纪律是打胜仗的有力保证，严明的纪律更是一个企业在商战中制胜的法宝。

【原文】

九二：在师中，吉，无咎。王三锡命。

《象》曰："在师中，吉"，承天宠也。"王三锡命"，怀万邦也。

【译文】

九二：德才兼备的人在部队中担任主帅，这是吉利的，没有什么坏处。君王多次下达赏赐他的命令。

《象传》说："德才兼备的人在部队中担任主帅，这是吉利的，没有什么坏处"，表明顺应天命得到宠信。"君王多次赏赐他"，说明他胸怀大志，能使天下各国归顺。

【启示】

这一爻说明，重用有才德的人，依靠他实现自己的宏伟大业，这是非常可取的。

【原文】

六三：师或舆尸，凶。

《象》曰："师或舆尸"，大无功也。

【译文】

六三：部队出外打仗回来，如果用车子运载尸体回来，凶险。

《象传》说："部队出外打仗回来，如果用车子运载尸体回来"，损失惨重而又没有什么功劳。

【启示】

这一爻暗示我们，一个人如没有真才实学，即使他体恤下属，也不能担任主帅。

【原文】

六四：师左次，无咎。

《象》曰："左次，无咎"，未失常也。

【译文】

六四：部队先退下来安扎军营，没有坏处。

《象传》说："部队先退下来安扎军营，没有坏处"。这并没有违反兵法的固有规律。

【启示】

这一爻告诉我们，在形势非常不利时，先退下来安扎军营是明智之举。

【原文】

六五：田有禽，利执言，无咎。长子帅师，弟子舆尸，贞凶。

《象》曰："长子帅师"，以中行也。"弟子舆尸"，使不当也。

【译文】

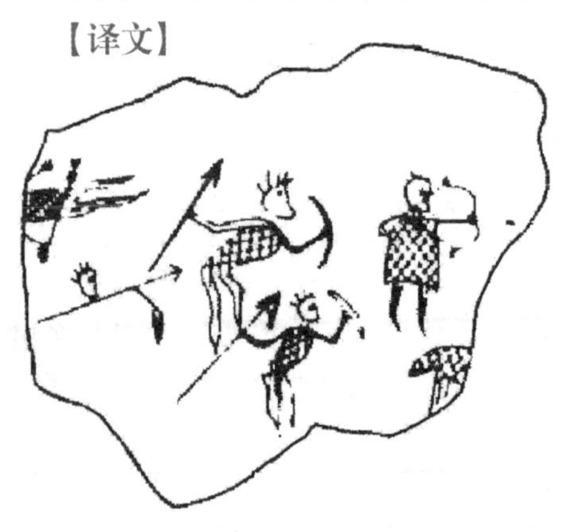

六五：打猎时能得到猎物，打仗时能捉到俘虏，没有什么危险发生。任命德才兼备的有经验的人作为部队的统帅，本将打胜仗，但由于无才无德的小人在军中担任职务，刚愎自用，违背了主帅的作战原则，用车子装载尸体回来，去占卜自然得凶兆。

《象传》说："任命德才兼备的有经验的人作为部队的统帅"，是正确的决断。"但由于无才无德的小人在军中担任职务，扰乱了主帅的作战部署，结果用车子装载尸体回来"，说明用人不当，弄不好会全军覆没。

【启示】

这一爻告诉我们，本来任用有才德的人做主帅，这是英明的决断，但军营里有小人当道，干扰正确的决策的执行，同样会造成恶果。这就表明，应把小人从自己的阵营里清除出去。

【原文】

上六：大君有命，开国承家，小人勿用。

《象》曰："大君有命"，以正功也。"小人勿用"，必乱邦也。

【译文】

上六："伟大的天子有命令，大到开创国家，小到创立家业，都不可以重用无才无能的人。

《象传》说：伟大的天子颁布命令"，是为了正确对待有功劳的人。"绝不可重用无才德的人"，因为重用这样的人必然导致国家混乱。

【启示】

这一爻告诉我们，小人是坏酒的药，在哪都不能重用小人。

【疑难解析】

师或舆尸，凶

"师或舆尸，凶"的大意是：出外打仗，用车子装载尸体回来。车子本是用来装载主帅的，而主帅用它来装尸体，这表明下属战死，主帅非常悲痛，体现了他十分爱惜自己的下属。那为什么还得到凶险的预兆呢？

"师或舆尸"是师卦六三爻的爻辞。从卦画上看，六三是阴爻阳位，而且上无阳爻与它相对。这就意味着主帅本身无真才实学，却担任重要的职务，最糟糕的是，又没有有能力的人辅佐他。在这种情况下，体恤下属的领导也会得到凶险的预兆。

一、从他所处的位置来看，作为主帅，办事必须果断，而他的能力有限，不能在短时间内作出正确的决定，这样就把"办事果断"变成"刚愎自用"了。

二、由于他平时关心下属，下属为他的情所感动，愿意为他效命，结果只要是他的命令，哪怕是错误的，也不违背，便造成了极大的损失。

三、他身边的人也是平庸之辈，不能为他出谋划策，不能抵制他的错误决策，更不能弥补他的错误决策造成的过失。

【事例】

"贞，丈人吉，无咎"和"大君有命，开国承家，小人勿用"告诉我们，任命德才兼备的贤人担任要职，能使危机四伏的企业迅速脱离危险的境地，走上兴盛的发展道路；任命无能的人担任要职，只会使企业再次陷入困境。如今市场竞争越来越激烈，处在这样的环境中的企业，好比逆水中行进的舟，不进则退。

福特的兴衰风云

1903 年，老亨利·福特第三次办汽车公司，聘请了两名专家。他们不负重

托，不久实现了预定目标。特别是创造了世界第一条汽车装配线，他使每辆车装配时间由12.5小时降为9分钟，把生产能力提高了126倍。3年以后，正当竞争对手全力生产高级汽车时，福特公司售价500美元的N型汽车大量上市，一举占领了大部分汽车市场。两年后又推出售价850美元的高效能T型旅行车。后来降至450美元，使之风靡市场，畅销世界。又过两年，福特公司一跃成为世界上最大的汽车制造公司，亨利·福特也获得“汽车大王”的称号。

亨利·福特被胜利冲昏了头脑，他刚愎自用，独断专行，造成各种能干的人才相继离去。最后连帮福特打天下的那两位专家也厌恶他的自以为是，一个去了通用汽车公司，一个开始了他的从政生涯。在亨利·福特的专横统治下，公司竟19年中只生产一种黑色的T型车。结果通用公司生产的高、中、低三档名牌车夺走了福特公司的T型车的大部分市场。1943年，80岁的老福特只得致函美国海军部，要求把现役海军中尉、与自己同名的孙子召回任公司副总裁。至1945年他交出全部权力时，福特公司已“濒于破产”。

小亨利·福特接管时，公司只剩下不胜负担的亏损，500多名高级管理人员没有一个受过高等教育，也不过问经营管理。用什么办法使公司起死回生呢？经过调查，他发现了逐渐被冷落的原通用汽车副总经理欧内斯特·布里奇。小福特登门拜访，诚恳相邀，请求他拯救即将破产的福特公司。布里奇开始以“还在担任通用公司属下的航空公司经理”为由，婉言拒绝了他。后由于小福特的再三恳切的要求，布里奇动心了。

1946年6月，布里奇走马上任。第一件事是把通用汽车公司的克鲁索等几名高级管理人员带了过去。小福特还挖掘到了10位“神童”。

布里奇与克鲁索等在10位“神童”的协助下，首先建立起能使福特公司摆脱困境的一套财务制度，当年即扭亏为盈。尽管赢利只有2000美元，但却是福特起死回生的转折。此后，他们着手一系列的管理制度改革，效果十分明显：第二年公司赢利6000多万美元，第三年1亿美元，第四年1.7亿美元，第五年2.6亿美元。这时候，也就是1950年，布里奇等人使福特汽车公司恢复了“世界最大的工业公司之一”的地位。

到1960年，福特公司步入了生产的高峰期，小福特又开始走上了他的祖父的老路，开始迫使布里奇离职，1968年竟把接替布里奇的米勒也开除了，全然不顾他为福特所做的巨大的贡献。两年后又解雇接替者诺森，不久又突然解雇为“野马”车立下汗马功劳的接替主管艾柯卡。理由只是一个——威高震主！从此福特公司又走上了下坡路，至1981年市场占有率仅为16.6%。

汽车行业的竞争越来越激烈，福特汽车公司能不能跳出火坑是一个很大的未知数。

比卦第八

【原文】

比：吉，原筮，元永贞。无咎。不宁方来，后夫凶。

《彖》曰：比，吉也。比，辅也，下顺从也。“原筮，元永贞，无咎”，以刚中也。“不宁方来”，上下应也。“后夫凶”，其道穷也。

《象》曰：地上有水，比。先王以建万国。亲诸侯。

【译文】

《比卦》：开始占卜，得到吉祥的预兆。再一次卜筮占问，依然是吉祥的预兆，不会遭遇凶险。因为原先与之为敌的不安分的臣民也归顺了。那些迟迟不愿归顺的顽固分子，将会遭遇灾祸。

《彖传》说：亲和者将得到吉利的预兆。比为辅佐的意思，底下的黎民百姓能顺从上面的执政者。一而再再而三地卜问，得到的都是吉利的预兆，没有凶兆，这是因为君王生性刚强，能长久坚持正道，不安分的臣民现在也来朝贺，表明上下一致，同心同力。“那些迟迟不愿归顺的顽固分子，将会遭遇灾祸”，这表明那些阻碍国家统一的顽固分子，违背了人民的意愿，违背了天道，将无路可走。

《象传》说：《比卦》的卦象是坤在下面，坎在上面，坤为地，坎象征水，这就表明地上有水。而地与水是相互依附的，所以把它叫作《比卦》。过去的帝王划分疆土，把它分封给有功德的人，建了众多的属国，以此来亲近诸侯。

【启示】

《比卦》表明，作为君王，与臣民形成非常亲密的关系有利于整个国家的发展；作为臣民，应顺应大势，假如和平统一已成为上自统治者下至黎民百姓的共同愿望，应归顺坚守正道的君主。这告诉我们，应以和为贵。

【原文】

初六：有孚比之，无咎。有孚盈缶，终来有它，吉。

《象》曰：《比》之初六，有它吉也。

【译文】

初六：有诚信，亲近他们，不会有什么过错。有诚信，用瓦罐装着满满的好

酒好菜款待他们。即使发生意外，由于有诚信，最终也是吉祥的。

《象传》说：《比卦》的第一爻位（初六）的地位卑微，要与有地位的人合作，虽说是难的，但由于他有诚信，所以最后还是能得到吉祥。

【启示】

这一爻说明只要心怀诚信，就能赢得别人的信任，从而以诚相报。

【原文】

六二：比之自内，贞吉。

《象》曰："比之自内"，不自失也。

【译文】

六二：亲近别人是发自内心的，卜问得到的结果是吉祥的。

《象传》说："亲近别人是发自内心的"，就不会有什么过失。

【启示】

这一爻告诉我们，真情是解决矛盾的最锋利的武器。

【原文】

六三：比之匪人。

《象》曰："比之匪人"，不亦伤乎？

【译文】

六三：和最坏的人亲和。

《象传》说："和最坏的人亲和"，不也是可悲的吗？

【启示】

这一爻说明要尽量与人亲善，但不是不辨好坏的亲善，而是有鉴别地与人亲善。

【原文】

六四：外比之，贞吉。

《象》曰：外比于贤，以从上也。

【译文】

六四：外边的人乐于亲近他们，去占卜会得到吉祥的预兆。

《象传》说：外边的人亲近他们，是因为他们贤能，就好像臣下顺从他们贤明的君王。

【启示】

这一爻说明，只要坚守正道，努力完善自身，就会使周围的人因仰慕他的崇高品质而来投奔自己，为自己效力。

【原文】

九五：显比。王用三驱，失前禽，邑人不诫，吉。

《象》曰：显比之吉，位正中也。舍逆取顺，“失前禽”也。“邑人不诫”，上使中也。

【译文】

九五：非常亲近他人。君王去田野捕获猎物，从三个方向追赶，网开一面，让被追赶的禽兽从网开的一面逃走。村子里的人对君王的狩猎一点也不惊惧，这是吉利的。

《象传》说：非常亲近他人的吉利之处在于双方都是自愿的。舍掉不自愿的，迎接自愿的，就好像君王捕获猎物一样，让迎面来的落网，让从网前面逃的动物跑掉。村子里的人对君王的狩猎毫不惊惧。这是因为君王坚守了中正的原则。

【启示】

这一爻告诉我们，求和的前提是双方自愿，死缠只会讨人嫌，使双方的关系进一步恶化，迁就只会使自己处于被动。

【原文】

上六：比之无首，凶。

《象》曰：“比之无首”，无所终也。

【译文】

上六：没有头脑地亲近别人是凶险的。

《象传》说：没有头脑地亲近别人，不会有结果的。

【启示】

这一爻告诉我们，和别人亲近时，要运用自己的聪明才智。

【疑难解析】

比之无首，凶

我们一般不愿意与有心机的人亲近，而这里却说：“没有头脑地亲近别人是凶险的。”这是为什么呢？

首先，我们注意“有心机的人”的突出特点是：想利用别人达到自己的目的，其本质就是自私。而“运用自己的聪明才智与人亲近的人”的突出特点是：和别人友好地交往，相互学习，相互促进，相互帮助，达到双赢。

其次，我们从“比之无首”所处的卦象来看，它是比卦上六（阴爻阴位）的爻辞，这就好像一个才能平庸的人处于至尊的地位，既不能运用自己的头脑选择和

自己志同道合的人亲近，也不能防止小人的暗箭，更不能辨别真伪，取长补短。

此时，我们不难看出凶险的缘由是：

一、由于他处于至尊的地位，小人都想利用他的这个特殊的地位达到自己的目的，于是会使用更多更巧妙的阴谋诡计迷惑他，陷害他，而他没有头脑，自然就会不知不觉掉入小人的陷阱。

二、没有头脑地与别人亲近，哪怕双方的意图都是善意的，也会招致凶险，因为没有头脑的人往往不自信，不能坚持自己的正确意见，这样别人的善意的错误就有了生存的土壤。

三、由于他处于至尊的地位，想向别人学习，但又没有名正言顺的理由。一般人认为，处于上位的人就应该“上知天文，下晓地理”，即使他屈尊向其下属学习，他的下属要么直接拒绝，要么捉弄他，要么讥笑他，使他的威信扫地，从而再也不能控制他们。

【事例】

本卦强调自愿地相互亲善。诸葛亮以其高尚的品德、卓越的才能让孟获心服口服，使之自愿归顺蜀汉，成为蜀汉攻打北魏的强大后盾。

孟获的归附

刘备想为结拜兄弟报仇，结果大败而归，不久病死。孟获得到这个消息后，便造起反来。诸葛亮为巩固大后方，分兵两路讨伐，一举将孟获活捉。孟获不服，道：“我是中了你们的埋伏才被捉住的。如果是正大光明地打，你们不是我的对手。”诸葛亮笑道：“好，那就放你回去，我们再打一仗。”

诸葛亮放走孟获，许多将领有些不解。诸葛亮说：“我之所以放孟获回去，是因为他是个人才，只有他才能安抚南中的百姓，如他归附我们蜀汉，那么南中也就归顺我们了，以后就不会再发生叛乱。”

孟获离开蜀营，收拾残兵败将渡过泸水，将所有船筏都渡靠南岸，又命令大小酋长率本部人马修筑土城，企图借泸水天险和土城死守。诸葛亮从当地人那里了解到泸水下游150里处的沙口水浅，可以扎筏渡过去，于是派大将马岱率3000人马在土人带领下夜半渡水，奇袭孟获，再次把孟获活捉。孟获仍旧不服，诸葛亮再次将孟获释放。

诸葛亮一连六次活捉孟获，又一连六次释放孟获。孟获屡战屡败，他所带的兵卒都认为诸葛亮胸怀宽广，无心再战，愿意归附蜀汉，但孟获还有点不服气，便向马戈国主请来3万藤甲军。藤甲军身穿藤甲，刀枪不入，弩箭射在藤甲上也不能穿透，蜀兵接连吃了败仗。但是，藤甲军的藤甲有一个致命弱点，藤甲是用油反复浸泡过的——怕火。诸葛亮发现了藤甲军的致命弱点，将藤甲军引入一个狭窄的山谷中，截断藤甲军的归路，在山谷中放起火来，藤甲军被烧得焦头烂额，全军覆没，孟获再一次被活捉。

诸葛亮传下命令：放孟获回去，让他整顿兵马，再决一胜负。孟获满面惭愧，说：“七擒七纵，这是自古以来没有过的事情。我虽然不是读书之人，但也懂得做人的道理，怎么能这样不知羞耻呢！”说完，跪倒在地，脱掉一只衣袖，露出胳膊，向诸葛亮请罪。诸葛亮问：“你真心愿意臣服吗？”孟获回答：“我们世世代代要铭记丞相的再生之恩，怎么敢不服。”诸葛亮于是传令摆下酒宴，宴请孟获及各路酋长，仍旧让孟获任南中地区各少数民族的头领。

就这样，诸葛亮以他的诚信和卓越的才干，赢得了孟获的心，亲近了南中的黎民百姓，使南中成为蜀汉的强大的后盾。

小畜卦第九

【原文】

小畜：亨。密云不雨，自我西郊。

《彖》曰：“小畜”，柔得位而上下应之，曰小畜。健而巽，刚中而志行，乃亨。“密云不雨”，尚往也。“自我西郊”，施未行也。

《象》曰：风行天上，“小畜”。君子以懿文德。

【译文】

《小畜卦》：亨通顺利。天空布满了乌云，但雨还未下来。黑云从西边的郊外压过来。

《彖传》说：《小畜卦》的卦象表明阴柔者处于恰当的位置，阳爻和阴爻相互应和，所以把它称为《小畜卦》。刚健而又谦恭有礼，并守正道，便可以实现自己的志向，亨通顺利。“浓云密布但未下雨”，表明水汽正在上升积聚。“黑云从西边的郊外压过来”，表明阴阳二气还未相交，故雨还未降下来。

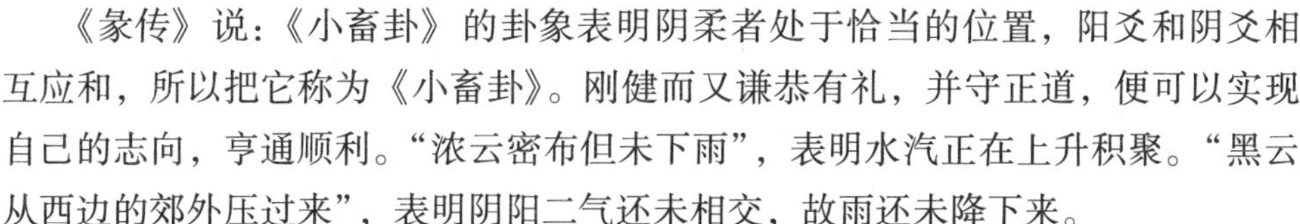

《象传》说：《小畜卦》的卦象是乾在下、巽在上，乾为天、巽为风，这表明风在天上吹着云，由于空气中的水的含量还未达到饱和状态，还需要积累水汽才能下雨，所以把它叫作《小畜卦》。君子看到这情景，就要修身养性。

【启示】

这一卦说明不积跬步，无以至千里；不积小流，无以成江海。

【原文】

初九：复自道，何其咎？吉。

《象》曰："复自道"，其义吉也。

【译文】

初九：继续做自己还未完成的事业，哪里会有什么过错呢？这是吉利的。

《象传》说：继续做自己还未完成的事业，这样做是有道理的，所以吉利。

【启示】

这一爻暗示我们做事要有恒心。

【原文】

九二：牵复，吉。

《象》曰：牵复在中，亦不自失也。

【译文】

九二：同志同道合的人一起干还未完成的事业，是大吉大利的。

《象传》说：同志同道合的人一起干还未完成的事业之所以吉利，是因为这一爻阳爻阴位，位于下卦正中，即顺应了事情的发展规律，这当然不会有什么过失。

【启示】

众人拾柴火焰高，有朋友跟自己一道渡难关，哪有克服不了的困难，所以前途是光明的。

【原文】

九三：舆说辐，夫妻反目。

《象》曰：夫妻反目，不能正室也。

【译文】

九三：走到中途，突然车子的轮子脱离了车身，夫妻俩相互仇视。

《象传》说：夫妻俩相互仇视，这表明没有处理好家庭成员间的关系。

【启示】

两个人为实现同一目标努力拼杀，中途由于意见不合，反目成仇，这是因为没有摆正双方的位置。

【原文】

六四：有孚，血去惕出，无咎。

《象》曰："有孚，惕出"，上合志也。

【译文】

六四：有诚信，则能去掉忧恤，解除警惕，没有什么灾难发生。

《象传》说：有诚信，消除双方的疑虑和担忧，表明志同道合。

【启示】

两人一起干事业，如果双方都有诚信，心怀坦荡，即使有什么矛盾，也会化解。

【原文】

九五：有孚挛如，富以其邻。

《象》曰："有孚挛如"，不独富也。

【译文】

九五：有诚信就能使大家紧密联系在一起，因为有周围的人帮忙而变富有了。

《象传》说："有诚信之所以能使大家紧密联系在一起"，这是因为没有独自享受荣华富贵。

【启示】

你对周围的人以诚相待，赢得他们的信任，从而使他们报之以诚，这样就会促使你登上成功的宝座。

【原文】

上九：既雨既处，尚德载。妇贞厉。月几望，君子征，凶。

《象》曰："既雨既处"，德积载也。"君子征，凶"，有所疑也。

【译文】

上九：雨下了又停止，就好像快积满功德的男人，妻子去占卜必得凶兆。阴历快到十五日，君子出远门，一定会遭遇凶险。

《象传》说："雨下了又停止"，这说明快积满功德的男人已快到了事业的顶峰，稍有不慎，就会走下坡路。"君子如果盲目出外远行，一定会发生凶险"，是因为他很快就要登上成功的宝座，回望光辉历程，不禁沾沾自喜，往往怀疑别人的点子的正确性。

【启示】

一个人在面对困难时，往往会爆发出一种神奇的力量，克服常人难以克服的困难。然而，当大功快告成时，他往往刚愎自用，变得非常愚蠢，或者不能克服最后的困难，导致"功亏一篑"。

【疑难解析】

既雨既处，尚德载。妇贞厉。月几望，君子征，凶

"既雨既处，尚德载。妇贞厉。月几望，君子征，凶"的大意是：一个人在

快积满功德时，去占卜得到凶险的预兆。在快到阴历十五时出远门，也是凶险的。这就好比一个人快到大功告成的阶段，此时他是处于危险中。一个人经历了一番辛苦，终于到了成功的边缘，这本应是可喜可贺的，为什么这还是最危险的时候呢？这是因为：

一、一个人在创业的初期，深知前方的道路非常艰险，稍有不慎，就会半途而废。所以，他非常小心，处处提防飞来的横祸，时时预测将有可能遭遇的灾难，并想好应付的策略。而在大功快告成时，他一看前面，就剩下那么一小段路，就非常高兴：终于快到目的地了，反正成功是迟早的事，先放松一下吧。此时，灾难便乘虚而入。

二、在大功快告成时，他回望来路，到处留下了自己的辉煌的痕迹，显示出自己的聪明能干，就不免为之自豪，不知不觉变得不可一世，谁的忠言也不愿意听，而一个人的智慧是有限的，自然难免作出错误的决策。再说，他身边的贤人也受不了他的自负，要么离开他，要么另立山头，与他为敌，这样在危险的时候，他不但孤立无援，而且还要遭受更大的敌对力量的冲击。

三、最后一小段路，看起来短，但走过去却是十分难的。一方面，一个人在经历了一番艰苦的奋斗之后，往往筋疲力尽，几乎到了生命的极限，极想停下来歇歇，他之所以向前走，完全是一种惯性，只要遭遇一丁点大的困难，他就会摔倒，如没有超人的意志力，他是难以爬起来的。另一方面，黎明前是最黑暗的，最后的一步也是最艰难的，要跨越它，往往要具备多方面的条件。因为这不是量的积累，而是质的飞跃。

【事例】

"有孚挛如，富以其邻"告诉我们，只要诚心待人，就能赢得人家的信任。刘备一生诚信待人，赢得了许多贤人的信任，徐庶就是其中的一个。

刘备大仁大义服徐庶

三国时期，曹操率领大军攻取荆州，派曹仁等将领带领兵马数十万杀向新野。

面对十倍于己的敌人，刘备听取徐庶的计谋，接连两次把曹军打得丢盔弃甲，损兵折将。

曹操断定刘备一定有高人辅佐，经打探得知是徐庶，于是决定把徐庶招揽过来。他打听得知徐庶为人忠孝，幼年丧父，只有老母在家，无人侍奉，便命人将徐母骗至许昌，要求徐母写信招降徐庶，结果被徐母拒绝。遭到拒绝后，曹操又伪造徐母笔迹，写信送至新野，让徐庶前来伺候。徐庶接到信后，哭着向刘备辞行。

刘备深知，他去后肯定不能回来。但是，他知道拉拢人才，首先要尊重人才，只能以仁感人，不能强夺。于是刘备没有强留，只是流着眼泪劝慰徐庶道：“母子情深，人之常理，你尽管伺候老母去吧，不要牵挂我。”

但刘备手下众人都不同意。孙乾对刘备说：“徐庶是天下难得的奇才，又知道我们军队的状况，如果今天放他走，一定会被曹操利用，不如留住他。如果曹操杀掉他的母亲，他一定会尽力为母亲报仇，全力对付曹操。这样岂不是更好?”

刘备连忙说：“这怎么能行呢！不让他回去导致曹操杀掉他母亲，我们反而用她的儿子，这是不仁啊；留下他不让他回去，使他不能孝敬母亲，以致违背了母子之间的情义，这是不义啊。我怎么能做这种不仁不义的事情呢?”

于是刘备准备好酒宴为徐庶饯行，两人相对而泣。两人骑马到十里长亭，刘备又翻身下马相送，一直送他很远。刘备的举动深深感动了徐庶，他当即向刘备表示，这次到曹操那儿去，即使曹操逼迫，也绝对不会为他出谋划策的。

徐庶来到曹操的军营之后，他的母亲才知道是曹操使用计策把儿子骗来的。她十分后悔，责怪儿子不该对假信不加辨认，便信以为真，从而辜负了刘备。于是她趁徐庶不注意的时候，吊在梁上自杀了。

徐庶在母亲死后，始终如一遵守自己的诺言，没有为曹操出过任何计策。

履卦第十

【原文】

履：履虎尾，不人，亨。

《象》曰：履，柔履刚也。说而应乎乾，是以“履虎尾，不人，亨”。刚中正，履帝位而不疚，光明也。

《象》曰：上天下泽，“履”。君子以辩上下，定民志。

【译文】

《履卦》：用脚踩了老虎的尾巴，老虎没有回过头来咬你，顺畅。

《彖传》说：《履卦》是指阴柔踩到刚健。这好比和颜悦色地与刚正强健者

相对，因此卦辞说："用脚踩了老虎的尾巴，老虎没有回过头来咬你"，顺畅。"亨通顺利"，登上了帝位而不愧疚，是因为你的行为光明正大。

《象传》说：《履卦》的卦象是兑在下、乾在上，兑为泽、乾为天，这表明在上的顺应天道泽被在下的黎民百姓，所以叫作《履卦》。君子要分清上下的职责，遵循礼仪，安定民心。

【启示】

《履卦》告诉我们，任何人在创业初期都会遇到困难，如果我们因为创业难，而不去做它，将永远不会到达成功的彼岸。所以，我们要敢于冒险。

【原文】

初九：素履往，无咎。

《象》曰：素履之往，独行愿也。

【译文】

初九：遵循一贯的规矩做事，不会有风险。

《象传》说：一贯穿着朴素，只是单单实现了自己的愿望。

【启示】

祖上的规矩是祖先留给我们的财富，是智慧和文明的结晶，它有它的可行之处，遵循它，不会出大乱子。

【原文】

九二：履道坦坦，幽人贞吉。

《象》曰："幽人贞吉"，中不自乱也。

【译文】

九二：供人行走的大道宽阔而平坦，甘于平凡的人去卜问会得到吉利的预兆。

《象传》说："隐居起来不过问政事，去占卜得到吉祥的预兆"，这表明为人正直，就不会沾染世俗的污秽习气。

【启示】

这表明如果只愿平平淡淡地过一辈子，那么你的人生之路将是平坦的。

【原文】

六三：眇能视，跛能履，履虎尾，咥人，凶。武人为于大君。

《象》曰："眇能视"，不足以有明也。"跛能履"，不足以与行也。"人之凶"，位不当也。"武人为于大君"，志刚也。

【译文】

六三：眼睛瞎了却硬说自己能看清东西，脚跛了却硬说自己能走路，不知不觉踩到了老虎的尾巴，老虎咬人，必定会遭遇灾祸。有勇无谋的武士要争夺君王的位置。

《象传》说："眼睛瞎了却硬说自己能看清东西"，其实根本没有足够的眼光来识别事物。"脚跛了却硬说自己能走路"，其实没有足够的脚力以供他行走。"老虎咬人是非常凶险的"，他处于不适合自己的位置，即踩在老虎尾巴上。"有勇无谋的武士同君王比高低"，是过于刚强。

【启示】

一个人要干大事，首先要称称自己有几斤几两，要量力而行，不能莽撞行事。

【原文】

九四：履虎尾，愬愬，终吉。

《象》曰："愬愬终吉"，志行也。

【译文】

九四：已踩到了老虎的尾巴，十分恐惧，但小心行事，终究会获得吉利的预兆。

《象传》说："十分恐惧，但小心行事，终究会获得吉利的预兆"，这表明已实现了自己的愿望。

【启示】

已处于非常危险的境地，内心十分恐惧，但只要行事谨慎，就能化险为夷。

【原文】

九五：夬履，贞厉。

《象》曰："夬履，贞厉"，位正当也。

【译文】

九五：为实现自己的梦想，鞋子都走断了，去卜问得知要经历磨难。

《象传》说："为实现自己的梦想，鞋子都走断了，去卜问得知要经历磨难，但身经磨难后，会迎来吉利"，这是因为正当其位，即冒险的动机是纯正的，顺应了时势。

【启示】

一个人为了建功立业，历尽艰辛，倾其所有，事业还未成功，此时，可千万不要泄气，因为只要正直、善良，顺应了时势，就一定会成功。

【原文】

上九：视履考祥，其旋元吉。

《象》曰："元吉"，在上大有庆也。

【译文】

上九：回望自己的奋斗历程，从各个方面考察得失，这是大吉大利的。

《象传》说：居于至尊的位置，大吉大利，这是因为有值得庆祝的地方。

【启示】

创业难，守业更难，守业的难点就在你不能超越自我，往往自我陶醉在昔日的辉煌之中，从而迷失了前进的方向。其实，只要你跳出狭小的自我圈子，把创业的历程当作一面镜子，认真全面地分析创业过程的每一个细节及促使创业成功的每一个有利条件，并总结经验教训，就一定会迎来另一个辉煌。

【疑难解析】

履道坦坦，幽人贞吉

有许多人认为，"幽人"指的是隐士。但我心里直犯嘀咕：一方面，隐士之所以隐居起来，很可能是因为他们的意愿不能实现。这就与"履道坦坦"相矛盾，因为一个连自己理想也不能实现的人的人生道路怎么能用"平坦"二字来概括呢？另一方面，隐士之所以隐居起来，是因为他们要逃避黑暗的现实。试想想，外面兵荒马乱，他们能真正过上幸福的隐居生活吗？世外桃源是不存在的。

因此，"履道坦坦，幽人贞吉"的大意应是：供人行走的大道是平坦的，甘于平凡的人去占卜则会得到吉祥的预兆。

再说，一个甘于平凡的人的突出特点是：安守本分，不为外物所动，不为外物所扰。这个特点给甘于平凡的人带来了平静的生活，给他带来了吉祥。安守本分使他心静，心静能使他踏踏实实地做事，他就不会因急于求成、好高骛远而草率行事，从而遭遇灾害；安守本分使他没有过多的欲望，即使遇到困难，他也不怨天尤人，也能找到安慰。所以，困难不会成为他前进的障碍，不为外物所动，不为外物所扰使他能集中力量排除前方的障碍。

【事例】

"履虎尾，终吉"告诉我们，已处于危险的境地，做事谨慎，便能化险为夷。房玄龄就深谙这个道理。见太子与秦王的嫌隙已经形成，公开的较量在所难免，便劝秦王早作决断，因此得罪了太子，被驱逐出秦王府，形势非常危急，后因他行事谨慎，终于化险为夷。

房玄龄试探秦王密谋图变

隋朝末年，李渊起兵反隋。随着战争的结束，李渊之子李世民被封为秦王，他的地位已不同往日，而李建成则利用太子的优越地位，频频向李世民发难。

武德九年（公元626年）五月一日晚，李世民应邀到太子府赴宴，饮酒数杯，突然感到心口剧痛，连连吐血，他连忙命人把自己扶回府中，总算保住了性命。还有一次皇家打猎时，太子让部下给秦王备马，结果，秦王骑马差点被摔死。

秦王频频遇险，王府上下极为震骇。房玄龄觉察到事态发展的严重，他认为，太子与秦王的嫌隙已经形成，公开的较量在所难免。一旦两人兵戎相见，刚刚统一的国家又要陷于战祸之中，这与他治国安民的理想是相违背的。他希望李世民能先发制人，力挽狂澜，从而达到天下的长治久安。于是他劝李世民："事势如此，不如向周公学习，对外安抚周边各国，对内安抚社稷，先下手为强。否则国家沦亡，身名俱灭，您应早作决断，绝不能再迟疑！"

此时的朝中，太子与秦王两派已是剑拔弩张。为了打击李世民，李建成想方设法瓦解他的谋士勇将。他告诉李元吉，秦府中最有谋略的人是房玄龄和杜如晦。因此，他们在李渊面前极力中伤房、杜二人，并最终通过李渊的圣旨把他俩逐出了秦王府。接着，他们又利用调兵遣将的机会，设法调动秦王的部将。程咬金原是秦王府统军，是秦王的得力干将，李建成奏请父皇让他出任康州刺史，程咬金却借故拖延，滞留长安。

李世民看到这种情况，知道再等下去，只有死路一条，他决定按房玄龄的计谋，先下手为强，发动政变，杀掉太子，逼父禅位。于是，他派长孙无忌秘密召见房玄龄、杜如晦。房、杜二人不清楚秦王究竟是否下定决心，他俩故意激秦王，对长孙无忌说道：

"皇上敕旨命令我们不再为大王办事，我们如果私自见大王，就是死罪，不敢奉召。"

李世民得知后大怒："怎么连你们都不愿忠诚我！"当即取下佩刀，对尉迟敬德说："你再去一次，如果他们无心见我，就拿他俩的人头来见我！"

尉迟敬德和长孙无忌又秘密召见房、杜二人，对他俩说："大王决心已下，你们快来谋划大事吧。"

房玄龄和杜如晦便穿上道袍，乔装打扮，秘密进入秦王府，同秦王密谋对策。

武德九年六月三日，李世民进宫密奏太子建成，齐王元吉淫乱后宫以及试图谋害自己的事情。李渊听了，便命令他们明日一同进宫对质。次日清晨，李世民

率领尉迟敬德等人在宫城北门玄武门事先设下埋伏，乘李建成、李元吉入朝没有防备的时候，将他们射死，这就是历史上有名的“玄武门之变”。

房玄龄帮助李世民成就大事，谨慎、隐秘是其显著特点。房玄龄对李世民建议除掉太子，他却多次迟疑不决，这次政变，房玄龄担心还是如此，所以用激将法试探李世民。当他得知真实情况后，便马上假扮道士秘密进入秦王府，与秦王共谋大计。这样，就保证了后来发动“玄武门之变”的成功。

泰卦第十一

【原文】

泰：小往大来，吉亨。

《彖》曰：“泰，小往大来，吉亨”，则是天地交而万物通也，上下交而其志同也。内阳而外阴，内健而外顺，内君子而外小人，君子道长，小人道消也。

《象》曰：天地交，泰。后以财成天地之道，辅相天地之宜，以左右民。

【译文】

《泰卦》：阴去阳来，是大吉大利的。

《彖传》说：“《泰卦》，阴去阳来，是大吉大利的。”这表明天地相交后，万物生长旺盛，当官的和黎民百姓心意相通，志趣相投。阳在内而阴在外，刚健者在内而柔顺者在外，君子在内而小人在外。君子当道，美好的品德得到发扬光大，小人的奸佞之道正在消失。

《象传》说：《泰卦》的卦象为乾在下、坤在上，乾为天、坤为地，天地相交后，万物滋生，所以把它叫作《泰卦》。君主看到此情景，应顺应天地运行的规律，促成君臣同心，辅佐君王的臣子应抓住这良好的时机，为天下百姓造福。

【启示】

天地相交后，产生了雷雨风电，滋润了万物，有利于万物茁壮成长，这是因为顺应了大自然的客观规律，这就表明，要想保永久的顺畅，必须要顺应天道。

【原文】

初九：拔茅茹，以其汇，征吉。

《象》曰："拔茅"，"征吉"，志在外也。

【译文】

初九：拔起一把草，它们的根相连。即将出征时，看到这迹象，是吉利的。

《象传》说：拔起一把草，其根紧密相连，此时出征进发是吉利的，这表明在朝廷之外的黎民百姓也有此愿。

【启示】

这告诉我们，得人心者得天下。

【原文】

九二：包荒，用冯河，不遐遗。朋亡，得尚于中行。

《象》曰："包荒"、"得尚于中行"，以光大也。

【译文】

九二：凭借被掏空了的葫芦去渡河，不会沉下去。钱财丢了，会失而复得，这是因为他为人光明正大。

《象传》说："凭借被掏空了的葫芦去渡河，不会沉下去。""钱财丢了，会失而复得"，这表明人们都崇尚品行纯正的人，并使之发扬光大。

【启示】

这说明事物能向其对立面转化，但这转化是有条件的，即其心性行为都要光明正大。

【原文】

九三：无平不陂，无往不复。艰贞无咎。勿恤其孚，于食有福。

《象》曰："无往不复"，天地际也。

【译文】

九三：没有平地哪有陡坡，没有去哪有来，所以卜问艰难的事，卦象并没有显示有危险发生。不要怀疑自己的信仰，幸福的生活自会得以保持。

《象传》说："没有去哪有来"，这是天地间不可改变的自然法则。

【启示】

这一爻告诉我们，事物都是两两相对，没有永远的幸福生活，也没有永远的痛苦生活。只要我们坚守正道，痛苦过后便会迎来更幸福的生活。

【原文】

六四：翩翩，不富，以其邻。不戒以孚。

《象》曰："翩翩不富"，皆失实也。"不戒以孚"，中心愿也。

【译文】

六四：做事轻浮，说话信口开河，不会发达，将会祸及邻居。相互以诚相待，彼此不戒备，以信用为重。

《象传》说：做事轻浮，说话信口开河，将会祸及邻居。相互以诚相待，彼此不戒备，以信用为重，这是人民的共同心愿。

【启示】

这一爻暗示我们，要想保平安，就必须诚心待人。

【原文】

六五：帝乙归妹，以祉元吉。

《象》曰："以祉元吉"，中以行愿也。

【译文】

六五：殷帝乙把女嫁给周文王，因而获得幸福，这是大吉大利的。

《象传》说：得到幸福是大吉大利的，这是因为实现了人民的共同愿望。

【启示】

这一爻告诉我们，因顺应人民的共同愿望而获得幸福是可喜可贺的。殷帝乙把女嫁给周文王迎来了人民的安康，全天下人民都为之庆贺。

【原文】

上六：城复于隍。勿用师，自邑告命。贞吝。

《象》曰：城复于隍，其命乱也。

【译文】

上六：城墙倾倒在干涸的城壕里。这时从城邑中传来命令："停止兴兵作战。"这命令来自邑中，去占卜得不吉祥的预兆。

《象传》说：城墙倾倒在干涸的城壕里，这时城邑中传来的命令是："停止行动"，这可能是传令有误。

【启示】

这一爻告诉我们，处于顺利的形势，而不去调查，妄下结论，必将招来灾祸。

【疑难解析】

包荒，用冯河，不遐遗。朋亡，得尚于中行

"包荒，用冯河，不遐遗"的意思是：用掏空了的葫芦渡河，不会沉下去。这就好比一个人对人民掏心掏肺，人民最终会理解他的。因为时间会为人们作出公正的判决，他的诚心最终会见天日的。相反，当他被周围的人误解时，甚至做了对不起他的事时，他为了达到心理平衡，进行有力的回击，结果导致误会加深，真的成了人民的公敌。更糟糕的是，他的这种做法会使其他人也有可能有这种想法，从而使整个社会风气变坏。因此，我们不管处在有所得时还是处在有所失时，心术都要正。

“朋亡，得尚于中行”的大意是：只要大家都心地纯正，丢失了的东西就能找回。这是为什么呢？因为大家都品德高尚，见到了丢失的东西也不捡，自然丢失了又怎能在原路上找回。

翩翩，不富，以其邻。不戒以孚

“翩翩，不富，以其邻。不戒以孚”的大意是：做事轻浮，说话信口开河，不会发达，将会祸及邻居。大家应以诚相待，彼此不戒备，以信用为重。为什么做事轻浮的人不但自己不富裕，还会祸及邻居呢？

做事轻浮的人的突出特点是：不讲信用。他的这个特点给大家带来了灾害。一是他不认为“不讲信用”是小人的行为，是不合道义的行为。于是他为了很小的利益就抛弃自己的诺言，从而失去了人民对他的信任。而彼此以诚相待是人民的共同心愿。因此人民都鄙视他的这种行为，并且对他加以提防，从而造成力量的分散，不能集中力量攻克难关，给大家带来损失。二是因为他做事不守信用，该他做的那一环节没做好，造成全盘皆输，给与他合作的人造成损失。

【事例】

“包荒，用冯河，不遐遗。朋亡，得尚于中行”告诉我们，不管你处于什么样的环境，只要你品行端正，终会逢凶化吉。

出淤泥而不染

在昏君当权，政治混乱的时期，苏琼不随波逐流，与时浮沉，而是爱惜百姓，尽力加以保护，尤其是百姓受灾时，挺身而出，为救民而甘愿获罪，后终于得到君王的谅解。

苏琼字珍之，长乐武强（今属河北）人。他历任州郡长官，所到之处，皆为百姓所称道。

苏琼在任时，尽力维护郡中百姓的利益。当时，道人道研为济州沙门统，资产巨富，在郡多出息，常得郡县为征。对于这种以高利贷方式盘剥百姓的富僧，苏琼当然不会用官府的力量帮助他欺压百姓。道研每次求见，苏琼明知他的来意，却与他谈论佛教经典，询问义理，使道研一直没有机会开口谈及此事。他的弟子问他缘故，道研说："每见府君，径将我入青云间，何由得论地上事。"道研师徒被苏琼这种方式弄得无可奈何。回去后就将那些借债的契约都烧掉了。

苏琼对朝廷规定征发的各项赋役都预先做好安排："蚕月预下绵绢度样于部内，其兵赋次第并立明式，至于调役，事必先办，郡县长吏常无十杖稽失。"由于苏琼规定明确，采取"兵赋次第并立明式"，豪强就无法与奸吏相勾结，将赋役负担转嫁到平民百姓头上。加上苏琼明察秋毫，做到"人间善恶及长吏饮人一杯酒，无不即知"，官吏不致妄加征发，故而百姓不致被滥加摊派。而因计划周密，安排合理，赋役缴纳、征发皆不拖延，故"州、郡无不遣人至境，访其政术"。

苏琼在南清河郡六年，百姓感念他的恩德，纵有纠纷也在郡里解决，没有一个人到州里去告状申诉的。每次他遇到困难，都得到群众的帮助，官爱民如子，百姓自然会拥戴他。

否卦第十二

【原文】

否卦

乾上
坤下

否：否之匪人，不利，君子贞。大往小来。

《彖》曰："否之匪人，不利，君子贞。大往小来"，则是天地不交，而万物不通也，上下不交，而天下无邦也。内阴而外阳，内柔而外刚，内小人而外君子，小人道长，君子道消也。

《象》曰：天地不交，否。君子以俭德辟难，不可荣以禄。

【译文】

《否卦》：小人从中作梗，上下难以沟通，不利于君子保持中正。这将预示事业由兴盛转为衰落。

《彖传》说："小人从中作梗，上下难以沟通，不利于君子保持中正，这将预示事业由兴盛转为衰落”，这是因为天地没有相交，还没有产生雷雨风电，不能滋润万物，促使万物生长，就好像君臣之间不能有效沟通，因此天下分崩离析，邦国中混乱。阴者处在内而阳者居于外，柔顺者居于内而刚健者处于外，小人居于内而君子处于外，这时小人当道，歪风邪气盛行，君子的高尚的品行没有得到发扬光大。

《象传》说：《否卦》的卦象为坤在下、乾在上，坤为地、乾为天，这就表明天在地的上面。天在上面，地在下面，天地阴阳无法相交，因此把它叫作《否卦》。此时君子应俭以养德，来躲开灾祸，要抵挡住功名利禄的诱惑。

【启示】

这一卦告诉我们，阳去阴来，天地无法相交，不利于万物生长，处于极不顺畅的阶段。这该怎么办呢？我们在否塞不通时，应多方面地找原因，找出问题的症结所在，然后对症下药。

【原文】

初六：拔茅茹，以其汇，贞吉，亨。

《象》曰：“拔茅，贞吉”，志在君也。

【译文】

初六：拔一根茅草，由于其根与其他植物的根紧密连在一起，结果一大把被拔出来了，去卜问将得到吉祥的预兆，顺畅。

《象传》说：“拔一把茅草，由于根与根紧密连在一起，结果一大把被拔出来了，去卜问将得到吉祥的预兆”，这表明大家都愿意团结在君王的周围，实现君王的意愿。

【启示】

这一爻告诉我们，群众的力量是无穷的，团结就是帮我们跳出困境的法宝。

【原文】

六二：包承，小人吉，大人否，亨。

《象》曰：“大人否，亨”，不乱群也。

【译文】

六二：厨房里有肉，对小人而言是吉祥，而对于品行高尚的人来说，并不一定是亨通顺畅的。

《象传》说：“品德高尚的人不通泰”，是因为品德高尚的人和小人不是同一类的。

【启示】

这一爻告诉我们，在你最困难的时候，有人给你物质上的帮助，如果你是胸无大志的小人则会感到无比的顺畅，但如果你是个志向远大的人则不一定感到事情已发生转机。

【原文】

六三：包羞。

《象》曰："包羞"，位不当也。

【译文】

六三：厨房里有美味佳肴。

《象传》说："小人享用着美味佳肴"，感到羞愧，因为才能品行与得到的俸禄不相匹配。

【启示】

这一爻暗示我们，一个人无功而受禄时，应感到羞耻。

【原文】

九四："有命，无咎"，畴离祉?

《象》曰："有命，无咎"，志行也。

【译文】

九四：顺应天命进行赏赐，没有灾祸，但谁应该得到赏赐呢?

《象传》说：顺应天命进行赏赐，没有灾祸，这说明君主奖罚分明、臣下尽职尽责，各自的意愿都得到实现。

【启示】

这一爻暗示我们，理应奖赏帮助你成就事业的人，并且要论功行赏，这样各自的心愿都得到实现，将有利于成就大业。

【原文】

九五：休否，大人吉。其亡其亡，系于苞桑。

《象》曰："大人之吉"，位正当也。

【译文】

九五：在不顺畅时先停止行动，对于胸怀大志的人可以获得吉祥。并时时提醒自己，正处在危险的境地，自己的命运像系于柔软的苞草、桑枝上一样危险。

《象传》说：王公贵族可以得到吉祥，是因为正处于适当的位置。

【启示】

这一爻告诉我们，在自己处于不顺畅境地时，应停止行动，但不是完全意义上的停止，更不是屈服，而是处于忧患、警惕状态，这样就能摆脱否塞不通。

【原文】

上九：倾否，先否，后喜。

《象》曰：否终则倾，何可长也。

【译文】

上九：否塞不通已到了极点，这说明不顺畅只是暂时的，没过多久就会顺畅。

《象传》说：否已到了极点，必然向泰转换，这样的不顺畅的日子还会长吗？

【启示】

这一爻告诉我们，否极泰来，这是不可逆转的客观规律，所以我们在最艰难时，在心情极端痛苦时，只是暂且的失望，但决不绝望。

【疑难解析】

包承，小人吉，大人否，亨

“包承，小人吉，大人否，亨”的大意是：厨房里有肉，对小人而言是吉祥，而对于品行高尚的人来说，并不一定是亨通顺畅的。这是为什么呢？其原因是小人目光短浅，容易满足当前的既得利益。而志向远大的人一则会考虑这是不是糖衣炮弹，会不会被别人利用。二则他有高尚的节操，认为嗟来之食不可吃。三则他认为起决定作用的是内因，要想从本质上改变自己，必须是自身发生质的飞跃。四则他认为“包承”是他前进的阻碍，因为“包承”可能使周围的人都劝他要满足于现状，不要太贪心。

【事例】

“倾否，先否，后喜”告诉我们，否到了极点，就会向泰转化。所以，我们处在否时，要忍辱负重，等待泰的到来。孙膑在和小人庞涓的较量中，就贯彻了这个道理。

装疯避祸　否极泰来

《孙子兵法》是古代军事经典，如今不仅是军事方面的经典，还是商战人员必读之书。你知道吗？孙膑如不在劣势时装疯避祸，就不可能有这部著作的诞生。

在三家分晋以后，韩、赵、魏三家中数魏国的势力最强大，魏惠王野心勃勃，也想学秦国收买人才，找了卫鞅之流来替他治理国家。后来又花了许多钱来招贤纳士，这时庞涓来了，声称是当世高人鬼谷子的学生，与苏秦、张仪、孙膑是同学。魏王信任了他，并让庞涓当了大将。他的儿子庞英，侄子庞葱、庞茅全

都当了将军。“庞家军”倒也确实卖力，训练好兵马就向卫、宋、鲁等国进攻，连打胜仗，弄得三国齐来拜服。东方的大国齐国派兵来攻，也被庞涓打了回去。从此魏王就更信任他了。

不久，孙膑来到魏国，魏王知道孙膑十分有才能，想拜他做副军师，协助军师庞涓行事。庞涓听了忙说：“孙膑是我的兄长，才能又比我强，岂可在我的手下。不如先让他做个客卿，等他立了功，我再让位于他。”当时，客卿没有实权，却比臣下的地位高，孙膑还以为庞涓一片真心，对他十分感激。

后来由于庞涓的陷害，孙膑的脸上被刺了字，膝盖骨也被剔去了，从此只能爬着走路，成了终身残废。

庞涓对孙膑的生活照顾得很周到，孙膑很是感激，一心想报答他。有一天，孙膑就主动提出要替庞涓做点什么。庞涓说：“你那祖传的十三篇兵法，能不能写下来，咱们共同琢磨，也好流传后世。”孙膑想了想，只好答应了。后来，孙膑到底察觉了庞涓的奸计，便以装疯的方式想骗过庞涓。魏国的都城大梁内外都知道有个孙疯子，庞涓每天都听人汇报，觉得孙膑再也无法同自己竞争了，就没再动杀他的念头。孙膑活了下来。

有一天夜里，有个人坐在孙膑的身边，过了一会儿，那人揪揪他的衣服，轻声对他说：“我是禽滑厘，先生还认得我吗？”孙膑经过仔细辨认，确认是墨子的弟子禽滑厘，便泪如雨下，激动地说：“我本以为早晚要死在这里了，没想到今天还能见到你。”禽滑厘说：“我已经把你的冤屈告诉了齐王，齐王让淳于髡来魏国接你，我们全都安排好了，你藏在淳于髡的车里离开魏国，我让人先装成你的样子在这里待两天，等你出了魏国，我们再逃走。”

孙膑到了齐国，齐威王和孙膑交谈了一下，觉得他是个不可多得的人才，当即想拜他为军师。孙膑说：“庞涓若知道我在齐国，定会嫉妒，不如等有用得着我的时候再出面不迟。”齐王同意了。后来，孙膑陆续打听到自己的几位堂哥都杳无音讯，才知道原来送信的人也是庞涓派人装的。前前后后，这一场冤屈全由他一人导演而成。

后来，庞涓带兵连败宋、鲁、卫、赵等国，齐王派田忌为大将，孙膑为军师，使庞涓连连败北。最后，孙膑用“减灶法”引诱庞涓来追，暗设伏兵，将庞涓射死在马陵道上。

孙膑在小人当道时能忍辱负重，终于否极泰来，杀死了仇人，并写下了流传千古的《孙子兵法》。

同人卦第十三

【原文】

同人：同人于野，亨。利涉大川，利君子贞。

《彖》曰："同人"，柔得位得中，而应乎乾，曰同人。同人，曰"同人于野，亨。利涉大川。"乾行也。文明以健，中正而应，君子正也。唯君子为能通天下之志。

《象》曰：天与火，同人。君子以类族辨物。

【译文】

《同人卦》：做大事前，大家聚集在郊外统一思想，这是顺畅的。有利于渡过大江大河，有利于君子去占卜。

《彖传》说：《同人卦》，阴柔者处在适当的位置，这就与刚健者的位置相应，因此把它叫作《同人卦》。《同人卦》卦辞说："做大事前，大家在郊外聚集统一思想，顺畅，有利于渡过大江大河"，这说明君主的意愿能得到实现。君主办事果断，敢于创新，行事坚守纯正的原则，互相配合响应，君主的行为是正义的行为，这说明君子通晓天下的志向，维护正理，能受到百姓的拥护，所以能一统天下。

《象传》说：《同人卦》的卦象是离在下、乾在上，离为火、乾为天，这里火象征臣民，其卦象表明君主的命令能下达到群众中去，同时老百姓的心愿也能上传给君子，故称为《同人卦》。君子明白物以类聚、人以群分的道理，因此能把人按类别加以区分。

【启示】

《同人卦》认为，人民的共同心愿是实现天下大同。如果你顺应了这一思想，则会赢得广大人民的信任，从而出现政通人和的大好局面。但注意这个大同不是狭隘的宗族团结，更不是拉帮结派，而是老百姓和当政者都抛弃个人私心和一家一族的偏见，以天下为公，同心协力谋求幸福、安康的生活。

【原文】

初九：同人于门，无咎。

《象》曰：出门同人，又谁咎也。

【译文】

初九：聚集在门外统一思想，没有什么灾祸。

《象传》说：君子走出王门和老百姓进行沟通，又有谁会遭遇灾难呢！

【启示】

这一爻告诉我们，在办事前，能与周围的人进行有效沟通，不会犯过错的。

【原文】

六二：同人于宗，吝。

《象》曰："同人于宗"，吝道也。

【译文】

六二：聚集族人在宗庙里统一思想，将会遭遇凶险。

《象传》说：聚集族人在宗庙里统一思想，将会遭遇凶险，是因为只在宗族中讲团结，思想太狭隘。

【启示】

这一爻告诉我们，我们要讲团结，但绝不是停留在宗族或宗派的和同上。因为人类的最高境界是处处充满光明、温暖、友爱，而且全人类都为之努力，任何与之相违背的行为都是非正义的，都遭到人民的反抗。

【原文】

九三：伏戎于莽，升其高陵，三岁不兴。

《象》曰："伏戎于莽"，敌刚也。"三岁不兴"，安行也？

【译文】

九三：将伏兵隐藏在密林中，登上高山望，多年都不敢兴兵打仗。

《象传》说：将伏兵隐藏在密林中，这表明敌人力量太大了。多年都不敢兴兵打仗，说明敌方的力量远远超出我方的力量，怎么敢贸然行动呢？

【启示】

这一爻告诉我们，能团结一部分人在身边固然是好事，但如果与竞争对手的力量悬殊太大，绝不能贸然行动。

【原文】

九四：乘其墉，弗克。攻，吉。

《象》曰："乘其墉"，义"弗克"也。其"吉"，则困而反则也。

【译文】

九四：占领了敌人的城墙，一时没把城池攻下来。继续攻打，是吉利的。

《象传》说："占领了敌人的城墙"，最终"没把城池攻下来"，这符合当时的道义。之所以说它是“吉利的”，因为这不是正义之战。自然在迷失了前进的方向时及时醒悟重归正道是吉利的。

【启示】

这一爻告诉我们，一个人成功在望时，只要行为是正义的，得到了民众的支持，即使遇到挫折，也应继续奋斗。

【原文】

九五：同人先号而后笑，大师克相遇。

《象》曰：“同人之先”，以中直也。“大师相遇”，言相克也。

【译文】

九五：聚集在一起的将士，先大哭后大笑，是因为刚开始久攻不下，后与增援的大军会合在一起攻克了城池。

《象传》说：聚集在一起的将士，之所以先大哭，是因为上下内心纯正，为不能实现大家的愿望而焦急、痛苦。后大军与援军会合，互相之间说胜利的事。

【启示】

这一爻告诉我们，一个人只要内心纯正，虽说遇到困难，但这是暂时的，最终还是会顺利到达成功的彼岸。

【原文】

上九：同人于郊，无悔。

《象》曰：“同人于郊”，志未得也。

【译文】

上九：大家聚集在郊外，没有什么后悔的。

《象传》说：“大家聚集在郊外”，大家之所以没有悔恨之心，是因为虽说天下大同的愿望还没有实现，如果大家团结一心，一定能实现愿望的。

【启示】

这一爻告诉我们，一个人只要顺应了大众的愿望，为大众谋福利，就能够得到人民的衷心拥护。

【疑难解析】

乘其墉，弗克。攻，吉

“乘其墉，弗克。攻，吉”的大意是，占领了敌人的城墙，一时没把城池攻下来。继续攻打，是吉利的。这表明在攻打城池时，受到了极大的挫折，此时，我们为什么不知难而退呢？

“乘其墉，弗克。攻，吉”是同人卦九四爻的爻辞。从爻位上说，九四是阳

居阴位，这就表明他占据了一个比较隐蔽的地理位置，而且宽容待人，赢得了人民的支持。

大家看过《西游记》吗？唐僧要取到真经必须经历八十一难。这就暗示我们，成功的果实不是随手可得的，而是要历经千辛万苦，才有可能摘取得到。再说，我们在登上城墙久攻不下城池时面临两种选择：停止进攻；继续攻打。如果是停止进攻，其结果要么是敌方趁势追之，被打得一败涂地；要么是给敌人得以喘息的机会，而后进行反扑；要么是给自己及将士得以休整的机会，以图日后的再次攻取，但谁也不能保证下次攻打就能取得胜利。如果继续攻打，由于自己有人民的援助，取得成功的概率较大。

经过反复权衡，我们还是要继续攻打。

【事例】

“乘其墉，弗克。攻，吉”告诉我们，作为企业家，在事业快成功时，只要客观环境有利于自己，只要能虚心改进自己的错误，即使遇到挫折，也不可怕。曾宪梓就深谙这个道理，几经反复，终于登上成功的殿堂。

永不放弃　终创名牌

金利来的发展史，就是曾宪梓的艰辛史、光辉史，更体现了曾宪梓百折不挠的精神。

1963 年，曾宪梓到香港求发展。为了生活，在最初几年里，他不得不放弃自己曾热衷多年的专业，混迹于小生意人的行业里，惨淡经营。

20 世纪 60 年代中期，香港服装业受世界服装潮流的影响，西装盛行。穿西服必须打领带，一时间领带十分抢手，而当时的香港领带业并不占优势。曾宪梓认为商机来了，便以区区 6000 港元为本钱，开始了创业之路。

“一人工厂”诞生了。曾宪梓日夜操劳，自己选材，自己设计，自己剪裁，自己缝制，自己熨烫和包装。几乎花去了他所有的钱，第一批自制领带终于问世，只是无人问津，经销商甚至多看一眼都不愿意。

终于有一家商店的经理同意看一看他的领带。可是其出价之低，令人惊叹——低于成本费用，买卖自然没做成。那位经理便把曾宪梓带到自己的商店参观。曾宪梓终于明白了自己所制的领带用料低劣、款式单一、色泽灰暗，难登大雅之堂。这种产品不会带来利润，只会招来别人的歧视与羞辱。

全部家当就这样报销了。但曾宪梓没有泄气，认真总结了经验教训，得出结论：只有高档名牌产品，才有可能在市场上占有一席之地。于是他忍痛“斩仓”，将自己的产品出让给了街头地摊，用得来的钱买了几条国外产知名品牌领带，悉心研究，认真总结，终于领悟了名牌的真谛。

经过一段时间的精心选料，认真加工，一批精致高档的领带问世了。曾宪梓拿着自己的硕果，穿梭奔走于各大商店。终于，地处旺角的瑞兴百货公司经理对他的领带赞不绝口，只是担心知名度欠缺，一时难以大规模销售。

曾宪梓欢心之余，痛下决心：愿以成本价换取与高档进口领带同列的资格。

经过市场检验，销量不菲。瑞兴百货公司与曾宪梓私下结盟，形成产销一条龙，同时曾宪梓制作的领带价格远非一般香港领带所能比拟，并且销量直线上升。

曾宪梓迅速扩大生产规模，并确定“金狮”为商标，但由于在香港“金狮”是与“真输”谐音，销量并不好。曾宪梓又将“金狮”易名为“金利来”。“金利来领带”从此成为“男人的世界”。

大有卦第十四

【原文】

大有：元亨。

《彖》曰：“大有”，柔得尊位大中，而上下应之，曰大有。其德刚健而文明，应乎天而时行，是以“元亨”。

《象》曰：火在天上，“大有”。君子以遏恶扬善，顺天休命。

【译文】

《大有卦》：非常吉利。

《彖传》说：《大有卦》六五之爻处于上卦中位，阴柔者处于至尊的位置又安守正道，它周围的阳爻与它相应，就好像一人之下万人之上的丞相为人正直，功绩卓越，因此把它叫作《大有卦》。由于它有刚健文明的美德，顺应了天的运行规则，获得了丰收，创造了许多财富，所以说“大吉大利”。

《象传》说：《大有卦》的卦象是乾在下、离在上，乾为天、离为火，这就表明火在天上，象征太阳给了万物丰富的能量，所以把它叫作《大有卦》。君子应主持公道，抑制恶的，宣扬善的，顺应天道，见好就收。

【启示】

《大有卦》告诉我们，顺应了天道就会富有。

【原文】

初九：无交害，匪咎。艰则无咎。

《象》曰：《大有》初九，无交害也。

【译文】

初九：没有相互伤害，不会遭遇危险，如果大家一起艰苦奋斗，就不会有灾难发生。

《象传》说：《大有卦》的初九爻辞说，不要相互伤害。

【启示】

这一爻告诉我们，富有了，更要坚守正道，更要顺应天时。

【原文】

九二：大车以载，有攸往，无咎。

《象》曰："大车以载"，积中不败也。

【译文】

九二：用大车装载着东西，有所去的地方，这不会有什么灾祸。

《象传》说："东西放在大车里装载着"，便不会发生灾祸，是因为财物堆积在车中不会发生损失。

【启示】

这一爻告诉我们，能在丰年时把自己的财富妥善地保管起来，等到荒年再用，这是有远见之明。

【原文】

九三：公用亨于天子，小人弗克。

《象》曰："公用亨于天子"，小人害也。

【译文】

九三：公侯能受用天子赐予的恩惠，但小人是承受不起的。

《象传》说："公侯能受用天子赐予的恩惠"，让小人积聚财富就会危害国家。

【启示】

这一爻告诉我们，施舍恩惠要看对象。

【原文】

九四：匪其彭，无咎。

《象》曰："匪其彭，无咎"，明辩晳也。

【译文】

九四：不要逼男巫加大声势去求雨，就没有灾祸发生。

《象传》说："不要逼男巫加大声势去求雨，就没有灾祸发生"，这表明，智者能辨别是非，作出透彻的分析。

【启示】

这一爻告诉我们，在自己富有时，不要再去求取更多的财富，否则，就会因不知足而遭遇灾祸。

【原文】

六五：厥孚交如，威如，吉。

《象》曰："厥孚交如"，信以发志也。"威如"之吉，易而无备也。

【译文】

六五：他为人诚实，和人们不但有深切的交往，而且适当施加威力，这是吉利的。

《象传》说：他为人诚实，和人们有深切的交往，赢得人们对他的信任，这是因为诚信能使他的志向得以表达。在众人中树立威信的吉利是由于过分平易近人就让人无戒备。

【启示】

这一爻告诉我们，一个人在做大事时，能做到恩威并施，必能成大器。

【原文】

上九：自天佑之，吉，无不利。

《象》曰：《大有》上吉，自天也。

【译文】

上九：他有上天的保佑，吉利，没有不吉利的地方。

《象传》说：《大有卦》十分吉利，这是因为这庇护来自上天。

【启示】

这一爻告诉我们，只要是按照客观规律办事，就会获得成功。

【疑难解析】

"无交害，匪咎"是大有卦初九

不会遭遇危险。"大有"在这里的意思是富有。这就表明，富有了，要更加不能相互伤害，这样才能防止灾祸的发生。本来富有是件好事，而这里再三强调富有后要防止灾难，此处的灾难究竟从何处而来？富有就必定产生剩余，使其中有一部分人可以靠别人的劳动而生活，怎样让别人把剩余让给自己呢？唯一的办

法是侵犯别人，抢得财富。这样必定导致混乱，给他人带来灾害。怎样防止呢？做到互不侵犯。

“艰则无咎”的大意是：如果大家一起艰苦奋斗，就不会有灾难发生。这进一步告诉我们，如果大家都在辛勤地耕作，都在顺应天时而辛勤播种收割，就能做到互不侵犯，防止灾祸的发生。因为大家都在忙于耕种，没有时间去做图谋不轨的事，灾祸自然失去了生长的土壤。自古以来，成为强盗和贼的大多是好吃懒做者。

所以，在富有的时候，我们更要提倡“勤劳致富”，进行精神文明建设。

公用亨于天子，小人弗克

“公用亨于天子，小人弗克”的大意是：公侯能受用天子赐予的恩惠，但小人是承受不起的。施恩惠给君子和施恩惠给小人的结果为什么不一样呢？

那些品德高尚、才华出众的君子们接受你的恩惠，日后一方面能做到滴水之恩，以涌泉相报；另一方面能把恩惠广施予民。而小人的本性是贪婪的，是不知足的，因此他们往往为了自己的利益而忘恩负义；他们深谙滚雪球的法则，为了获取更多的财富，利用你所施舍的进行行贿献媚，使他居于要职，并通过不正当的手段获得更多的利益，成为社会的蛀虫。

匪其彭，无咎

“匪其彭，无咎”的大意是：不要逼男巫加大声势去求雨，就没有灾祸发生。按一般的常理，男巫的声势越大，求得的财富就越多，而这里为什么建议不要逼男巫加大声势去求雨呢？

“匪其彭，无咎”是大有卦九四爻的爻辞。从卦画上看，九四为阳居阴位。这就好比一个人在自己已经富有时，谦恭待人，结果避免了灾害。相反，上天已赐予他许多财富，他还逼着巫师们去乞求上苍给予更多的财富，这样日后必遭灾难。因为在一定时期内，任何东西都是有限的，假如他得到的东西过多，势必有一部分人得到的就要更少一些，到了别人不能承受的程度，就会起来反抗，自然就会恢复到以前的样子，甚至比以前更糟。大家都知道竹片吧，当我们压缩的力超过了它的承受力，它便会崩裂，产生巨大的反弹力，伤了我们。

所以说，不逼男巫加大声势去求雨，这是明智之举。

【事例】

“厥孚交如，威如，吉”告诉我们，在治理国家时，应适当施以威力。梁武帝的仁政的失败，就是因为他不懂得柔顺和严厉的互补性。

仁政酿成悲剧

萧衍是个讲究仁爱的人，最喜欢标榜自己的感化政策。他对亲属从不使用法律，这些人犯了罪，可以得到宽容，甚至反叛之罪也不追究。在他的纵容包庇下，养出一批贪婪无耻的子弟。

萧衍有一个弟弟叫萧宏，排行第六，曾两次谋弑萧衍，想自己当皇帝。第一次，在确凿的证据面前，萧衍只把他叫来，哭着指责了萧宏一番。第二次，萧宏和自己的侄女、萧衍的女儿永兴公主勾搭上了。两人约好，杀掉萧衍后，由萧宏做皇帝，永兴公主做皇后。这次谋弑也没有成功，萧衍只处死了两名刺客，用漆车把公主送出宫去，对萧宏却问也未问，希望他自己悔悟改过。就这样，萧宏的两次谋弑都没有受到任何惩罚。

萧宏的第三个儿子叫萧正德，是个无赖之徒。萧衍将近中年时，还没有儿子，曾向萧宏要来萧正德做嗣子。后来，萧衍将近40岁时生了儿子萧统，把正德又送还给了萧宏。不久，萧衍当了皇帝，立萧统做太子。对此，萧正德非常不满，他到处宣扬说自己应该当太子。萧衍听到这些话，并不追究。后来，萧正德终于决定叛梁，去投奔了梁的敌国北魏，自称梁废太子。

对于萧正德的投奔，魏国并不欢迎。当时萧齐灭亡后逃到北魏的齐宗室萧宝寅正在洛阳任职，虽然他与梁宗室有不共戴天之仇。他上表说：“哪有伯父做天子、父亲做扬州刺史，反而抛弃亲人远投敌国的？这种人无国无父，应该杀掉！”魏国为了招降纳叛，没有杀掉萧正德，但对他很不客气。

对这样一个连敌国都不理睬的叛国叛父之人，萧衍不但没有惩处，还流着眼泪教诲了半天，又让他官复原职。

终于，侯景之乱成了引起这场争斗的导火索。

侯景是一个奸诈狡猾、凶狠残暴的人，是东魏的一名将领。他先降西魏，不久又叛西魏降梁。

侯景入梁后不久，就企图灭梁。他与萧正德暗中勾结，请他做内应，许愿事成后尊萧正德为帝。侯景起事后，昏庸的萧衍认为萧正德可靠，命他防守长江，结果萧正德反让侯景渡江，直逼都城建康。太子萧纲不明真相，又命萧正德守宣阳门，萧正德干脆开城门迎侯景入城。就这样，萧衍自己养子为贼、开门揖盗，酿成大祸，断送了自己的江山。

侯景攻入建康后，包围了台城。当时四方并非无兵来救，萧衍的儿子萧纶、萧绎，都握有重兵，位居上游，但他们都盼望侯景杀掉萧衍、萧纲，最好把其他竞争者也统统杀掉，自己好乘势夺皇帝位。萧正德更丧尽天良，他和侯景约定的条件是：攻破台城，必须杀掉萧衍和萧纲，立自己为帝。萧绎、萧纶，包括萧正德，都是萧衍极为宠爱、一再纵容的人，对萧衍的宠爱，他们并不领情，反而盼望萧衍早日归天。

仁政的实施导致了萧衍被饿死，导致了他亲手创建的基业毁于一旦。

谦卦第十五

谦卦

坤上

艮下

【原文】

谦：亨。君子有终。

《彖》曰：谦，亨。天道下济而光明，地道卑而上行。天道亏盈而益谦，地道变盈而流谦，鬼神害盈而福谦，人道恶盈而好谦。谦尊而光，卑而不可逾，君子之终也。

《象》曰：地中有山，谦。君子以裒多益寡，称物平施。

【译文】

《谦卦》：亨通。占卜得此卦，说明君子能有所作为。

《彖传》说：谦卑，亨通、顺畅。上天把能量赐给万物，世界充满了光明。地谦卑地顺应天道，滋润万物，使万物茁壮成长。天道是让自满者亏损让谦虚者受益，地道使自满者变得谦虚。鬼神是使自满者受害，让谦虚者享福。人们形成一种道德规则，就是憎恶自以为是的人，推崇谦虚的人，做高官而不傲慢，使其美德得以发扬光大；处于低微的地位而不自卑，让人仰慕他的美德，这就是君子谦虚将有所作为的原因。

《象传》说：《谦卦》的卦象是艮在下、坤在上，艮为山、坤为地。这表明，高山隐藏在地里，就好像拥有超群的才华和崇高的品德却不向外张扬，因此把它叫作《谦卦》。君子看到这卦象时，应拿多的去弥补少的，估量各种财物的多寡，尽量把它公平分给老百姓。

【启示】

《谦卦》告诉我们，君子应该培养谦虚的美德。

【原文】

初六：谦谦君子。用涉大川，吉。

《象》曰："谦谦君子"，卑以自牧也。

【译文】

初六：有谦虚的美德的人算得上君子。有此美德的人去渡大江大河，是吉利的。

《象传》说：有谦虚的美德的人算得上君子，就是用谦虚的态度来约束自己的行为，可以规范自己的行为，使自己的行为不出轨。

【启示】

这一爻告诉我们，谦虚可以使你事业有成。

【原文】

六二：鸣谦，贞吉。

《象》曰："鸣谦贞吉"，中心得也。

【译文】

六二：谦虚的美名远播，去占卜可得到吉祥的预兆。

《象传》说：谦虚的美名远播时去卜问即可获得吉祥的预兆，这是因为表里如一地坚守正道，赢得了人们的尊敬，其声名越传越远。

【启示】

这一爻告诉我们，一个人的谦虚的美名之所以得到远播，是因为他为人正直，行事遵循中庸之道，位高不张扬，位卑不嫉妒，善于从自身找原因，从而赢得了人民的尊敬、信任。

【原文】

九三：劳谦，君子有终，吉。

《象》曰："劳谦君子"，万民服也。

【译文】

九三：辛勤劳作而谦虚的君子，必将有所成就，最终将是吉利的。

《象传》说：辛勤劳作而谦虚的君子，天下臣民都愿意服从他。

【启示】

这一爻告诉我们，一个人如果有了谦虚的美德，还奋斗不息，则更有利于成就大业。

【原文】

六四：无不利，撝谦。

《象》曰："无不利，撝谦"，不违则也。

【译文】

六四：只要发扬谦虚的美德，没有什么不吉利的。

《象传》说："只要发扬谦虚的美德，没有什么不吉利的"，这不违背谦虚使人进步的常理。

【启示】

这一爻告诉我们，一个人的谦虚的美德如得到发扬，那对他来说，更是如虎添翼。

【原文】

六五：不富以其邻，利用侵伐，无不利。

《象》曰："利用侵伐"，征不服也。

【译文】

六五：由于邻国的侵伐，国家不富有，此时发兵侵伐邻国，没有什么不吉利的。

《象传》说：此时发兵侵伐邻国，有利于攻城略地，这是征伐那些不愿顺从大势的国家。

【启示】

这一爻告诉我们，谦虚不是谦让，更不是退缩、软弱，而是坚守中正。

【原文】

上六：鸣谦，利用行师征邑国。

《象》曰："鸣谦"，志未得也。"可用行师"，征邑国也。

【译文】

上六：谦虚的美名远播，这时出兵征服敌人是有利的。

《象传》说：谦虚的美名远播，这是因为天下大同的愿望还未实现，这便可用出师征讨的办法来解决。

【启示】

这一爻告诉我们，当一个人的谦虚的美名得到了广大人民的推崇时，他顺应民心去讨伐非正义之师是吉利的。

【疑难解析】

谦谦君子。用涉大川，吉

"谦谦君子。用涉大川，吉"的大意是：有谦虚的美德的人算得上君子。有此美德的人去渡大江大河，是吉利的。

一是谦虚的人能做到才不外露，不会遭人嫉妒、猜疑，甚至处处设障碍，阻碍他走上成功之路。二是对他自身而言，不会自以为是，所以他能吸收别人的长处，使自己更好地发展，变得更加明智。再者，他愿意听别人的忠言，即使走上了岔道，也能及时返回。三是他根除了小人的生存土壤，因为小人为取得别人的信任惯用的伎俩是献媚讨好别人，而谦虚的人能看到自己的缺点和优点，所以能一下识别小人的阴谋。

所以，谦虚的人能使自己顺利地到达目的地，当然是吉祥的。

无不利，撝谦

“无不利，撝谦”的大意是：发扬谦虚的美德，没有什么不吉利的。一般来说，做一件事往往利弊兼有，而这里却说“没有什么不吉利的”，这是为什么呢？

发扬谦虚的美德，将会有助于形成人人都崇尚谦虚的风气，而这种风气一旦形成，人就不会被自满的恶浊之气腐蚀，小人也无立足之地。此时，人们就不用担心骄傲的情绪冲昏了自己的头脑，使自己作出错误的决策。另外，人们也不用担心帮助自己成就大业的人会受小人的迷惑，造成一步走错、全盘皆输的惨局。这样，人们就能在良好的环境中专心致志地干自己该干的事业，从而获取更大的成功。

【事例】

“谦谦君子。用涉大川，吉”告诉我们，谦虚能帮助我们成就大业。把谦虚运用到商战中，就是善于吸收别人的优点。丰田喜一郎通过出外考察，网罗人才，吸收众家之长，使得丰田车奔驰在世界各个角落。

博众家之长

丰田喜一郎是日本一位著名的纺织机械制造商的儿子。按常理，他应该继承父业，搞纺织工业，但他却遵照父亲“一个人的一生只能干一行，我搞纺织，你就干汽车吧”的遗愿，选择了汽车制造业。

“干汽车”必须从零开始。丰田喜一郎首先到世界各国去考察。1929 年和 1930 年，他的足迹遍及西方各大城市。德国的奔驰汽车公司、美国的福特汽车公司给他留下了非常深刻的印象。两年的考察，不仅扩大了丰田喜一郎的眼界，使他清楚地看到日本的汽车制造工业与西方发达国家汽车制造工业的差距，更使他看到了汽车工业的巨大前景。他坚信一个光辉的“汽车时代”必将来临，从而坚定了开拓汽车制造工业道路的信心。

丰田喜一郎还认为：人才是企业成功的根本。考察结束，喜一郎就着手网罗各方面的人才，并真诚地到有关专家、学者家中去拜访、求教，获益匪浅。

丰田喜一郎深知制造汽车离不开钢铁，便多次到日本东北大学的特殊钢国际权威本多光太郎教授家中拜访。在本多光太郎指导下，丰田喜一郎建立了为他的汽车公司提供优质特殊钢的供应基地。成濑正男是国际著名的齿轮专家，在成濑正男的帮助下，丰田喜一郎成功地研制出特种丰田齿轮。丰田喜一郎的好友隈部一雄是位汽车专家，丰田喜一郎采纳了隈部一雄的建议，博采福特、雪佛莱等名牌汽车之长，使丰田车形成了“节油、坚固、廉价”的鲜明特点。喜一郎的妹夫利三郎忠诚可信、长于社交，喜一郎就请利三郎出任公司经理，自己任副经理，专管工厂的生产及处理各种技术难题。

1938 年 11 月，丰田汽车厂正式投产。

1948 年，丰田牌小轿车实现了批量生产。

今日的丰田汽车年产车约 300 万辆，占世界汽车生产总数的十分之一。全世界几乎每一个国家都有日本的“丰田”车在奔驰。

丰田喜一郎能成功的关键是他懂得“谦虚”在创业中的重要性：无论是提高产品的质量，还是吸引贤人，都需要有谦虚的品德。

豫卦第十六

【原文】

《豫》：利建侯行师。

《彖》曰：豫，刚应而志行，顺以动，豫。豫，顺以动，故天地如之，而况“建侯行师”乎？天地以顺动，故日月不过，而四时不忒。圣人以顺动，则刑罚清而民服。豫之时义大矣哉。

《象》曰：雷出地奋，豫。先王以作乐崇德，殷荐之上帝，以配祖考。

【译文】

《豫卦》：对封建诸侯来说，出兵打仗是有利的。

《彖传》说：《豫卦》，是一阳爻和五阴爻相应，这表明柔弱者顺从刚强者，刚强者能使自己的意愿得以推行，即顺着自然规律而动是《豫卦》。《豫卦》顺着自然规律而动，天地的运行尚且遵从自然规律，更何况干大事的封建诸侯出兵打仗呢？天地按照其固有的运行规律而动，因此太阳和月亮的运行从来就没有出现过差错，而四季交替循环也从来没有出现过错乱。圣人能够顺应天时而行动，那么在他的统治下政治清明，奖罚分明，百姓都愿意服从他。《豫卦》所包含的顺应天时而动的意义是多么地大呀！

《象传》说：《豫卦》坤在下、震在上，坤为地、震为雷。这表明，地上有响雷，雷鸣地震，所以被称为《豫卦》。先王看到这景象，制作出乐曲来推崇功德，还举行隆重的仪式，把音乐献给玉皇大帝，请自己的祖先和玉皇大帝一起来欣赏。

【启示】

这一卦告诉我们，天下老百姓都归顺了自己，此时，应顺应天时而行动。

【原文】

初六：鸣豫，凶。

《象》曰："初六鸣豫"，志穷凶也。

【译文】

初六：过于得意忘形，将得凶兆。

《象传》说：《豫卦》初六爻辞说，过于得意忘形，说明他陶醉在昔日的辉煌中，忘记了自己的志向，所以将得凶兆。

【启示】

这一爻告诉我们，过于得意忘形，便会心血来潮，头脑不清醒，容易与凶险相撞。大家都知道喜从悲来，物极必反的辩证道理，我们的生活也不违背这个道理。在《大学》中，古人说："安而后能虑，虑而后能得。"这告诉我们在欢乐中应有警醒、忧虑，便能有所收获。

【原文】

六二：介于石，不终日，贞吉。

《象》曰："不终日，贞吉"，以中正也。

【译文】

六二：像夹在石缝里那样老老实实地不动，不到一天就会走上正轨，去占卜将得吉利的预兆。

《象传》说：不到一天就走上正轨，去占卜将得吉利的预兆，这是因为能居中守正。

【启示】

这一爻告诉我们，一个人在被胜利冲昏头脑时，应用古训警醒自己，用各种道义制度规范自己，用忧患意识擦亮自己的眼睛。

【原文】

六三：盱豫，悔；迟，有悔。

《象》：盱豫有悔，位不当也。

【译文】

六三：睁大眼睛看着别人因有所作为而和悦，后悔不已；若再不行动的话，势必后悔莫及。

《象传》说：睁大眼睛看着别人有所作为而和悦，后悔不已，这是由于六三爻不居正位。

【启示】

这一爻告诉我们，应办事果断。

【原文】

九四：由豫，大有得，勿疑。朋盍簪。

《象》曰："由豫，大有得"，志大行也。

【译文】

九四：适当的得意，十分有好处。这样就不会疑心朋友们聚集在一起说不利于此行动的话。

《象传》说：适当的得意，十分有好处，表明其意愿正在大力推行。

【启示】

这一爻告诉我们，适当的得意就是自信，它能使你勇往直前，大刀阔斧地开创自己的事业。

【原文】

六五：贞疾，恒不死。

《象》曰：六五"贞疾"，乘刚也。"恒不死"，中未亡也。

【译文】

六五：卜问有小病，能活很长的时间。

《象传》说：《豫卦》的六五爻辞讲卜问有小病，由于六五阴爻处于九四阳爻之上，这样阴柔就骑在阳刚的头上。但还能活很长时间，由于六五之爻处于上卦中位，其主干还充满了生机。

【启示】

这一爻告诉我们，事物没有绝对的对或错，在权衡利弊时，只要总体上是利大于弊，我们就决定去做这件事。

【原文】

上六：冥豫，成有渝，无咎。

《象》曰："冥豫"在上，何可长也？

【译文】

上六：黑暗昏聩到了极点，但还心存喜悦，这是因为有成功的希望，不会遭遇凶险。

《象传》说：黑暗昏聩到了极点还得意忘形，像这样的统治者，哪能长久地统治呢？

【启示】

这一爻告诉我们，在你处于极不顺畅时，还应对未来充满信心。

【疑难解析】

盱豫，悔；迟，有悔

"盱豫，悔"的大意是：睁大眼睛看着别人有所作为而和悦，后悔不已。能睁大眼睛看别人做事，本是件可喜的事，而这里却说"后悔不已"，这是为什么呢？

"盱豫，悔"是六三的爻辞。从卦画上看，六三为阴居阳位，且在下卦之首。此时，我们不难看出，这里的睁大眼睛应包括两个阶段：一是睁大眼睛看着一件未知的事，看它是否值得做。由于眼睛是瞪得大大的，所以是太多虑了。二是惊讶地睁大眼睛：别人把这件事干成功了。再联系我们所处的处境来看，我们的未来是个未知的世界，我们都在黑暗中行走，需要我们作出果敢的判断，大胆地跨出去。综上所述可知，六三后悔的原因是：由于他犹豫不决，让别人占尽先机，失去了成功的机会。

"迟，有悔"的大意是：再不行动的话，势必后悔莫及。这就表明，第一次眼睁睁地看着机会从身边溜走，如积极行动起来，还有成功的机会，如总是在后悔中度过，从不付诸行动，则会造成真正的不可弥补的后悔。

冥豫，成有渝，无咎

"冥豫，成有渝，无咎"的大意是：黑暗昏聩到了极点，但还心存喜悦，这

是因为成功的希望日渐明显，没有凶险。这是为什么呢？

一则因为物极必反，黑暗马上就要退出历史的舞台，光明很快就要代替黑暗；二则如果你心如死灰，再也不奋斗了，连睁开眼看撞死在树桩上的兔子的勇气都没有，那么机遇只会与你失之交臂。相反，如果你对前景还不失望，你还会留意身边的每一个机会，自然在时势发生转机，机遇多多的新时期，又能抓住好机遇，实现自己的梦想。

【事例】

“盱豫，悔；迟，有悔”暗示我们，要果敢决策。刘文静深知这个道理，顺应天时，促使李氏果敢决策，帮他们成就了大业。

果敢决策　终成大事

隋朝末年，刘文静做晋阳（今太原）的地方官，当时裴寂做晋阳宫的监守，二人关系相当好。有次夜晚二人同宿，裴寂仰望城墙上的烽火，感叹说：“我们的地位卑贱至极，家中毫无积蓄，现在天下大乱，该怎么办啊？”刘文静笑着说：“世道既然如此，天下大事便可见分晓了。只要我们二人联手，还怕什么地位卑贱呢？”

到李渊镇守太原时，刘文静观察到他有起兵统一四方的远大志向，就去结交他。他又观察李世民，对裴寂说：“这个人可不是常人，他像汉高祖刘邦那样大度，像魏太祖曹操那样神武，尽管年轻，却雄才大略，将来必有大的出息。”

后来，刘文静因与李密联姻而被连累判罪，被押入狱中。李世民认为刘文静是个不可多得的谋臣，就入狱中探视他。刘文静大喜说：“现在天下大乱，非有成汤、周武王、汉高祖、光武帝那样才略之人不能安定天下。”李世民说：“你怎么知道没有呢？恐怕只是平常人不能识别而已。今天我来狱中看你，并非为儿女私情。时事如此，专程来与你商议举兵起义大计，请帮助仔细筹划。”

刘文静说：“现在李密长期围困洛邑，皇帝巡游淮南，大贼占领州郡，小盗占领山泽，数以万计，天下大乱。如果能顺应天时，举旗一呼，则四海响应。如今太原一带百姓为避盗贼，都聚在城中，我做地方官数年，如果要征集豪杰，可得10万人。尊公（李渊）所领的精兵又有数万，只要他一发令，谁敢不服从？这两拨人马一起来，乘虚入关，号令天下，不到半年，就可成就帝王之业。”李世民大笑说：“正合我意。”于是李世民部署安排人马，暗暗准备起义。

时机成熟后，高祖李渊还犹豫不决。刘文静觉得“机不可失，时不再来”。见裴寂与李渊交情深厚，想让裴寂劝说李渊，就把裴寂引荐给李世民。李世民在博戏场上设计抓住裴寂，希望通过裴寂劝说李渊起兵。

等到李渊副将高君雅被突厥人打败，李渊获罪被隋廷投入狱中。刘文静和裴寂劝他起义，说：“《易》称‘知几其神乎’。现在大乱已经发生，明公处于被嫌疑的境地。怎么能保全性命？副将打了败仗，上头怪罪，事情如此紧迫，应当早作计议。晋阳这地方，兵马精壮，府库宫中物资充足，靠着这些起兵，可成大业。关中无主，群豪并起，无所适从。明公举兵以图大事，不比在这里做囚徒强吗？”李渊认为有理。

刘文静和李世民经过商议，准备马上起义，恰巧李渊被放了回来。刘文静伪称隋炀帝的诏令，让太原、河西、雁门、马邑等地二十岁以上五十岁以下的人全都充军，年底在涿郡集合，准备征伐辽东。这样，人心大乱，渴望动乱的人更多了。

刘文静便对裴寂说：“你难道没听说过‘先发者制人，后发者制于人’吗？唐公（李渊）名字正与图谶迷信相验合，天下人人尽知，为什么还要拖延，自找祸害。应该劝唐公尽早顺时起兵。”

裴寂害怕，就加紧催促李渊起兵，于是李渊就起兵了。后李渊开大将军府，以刘文静做行军司马。就这样，李渊抢占了先机，打败了隋兵，消灭了异党，建立了唐王朝。

随卦第十七

【原文】

随：元亨，利贞，无咎。

《彖》曰：随，刚来而下柔，动而说，随。大亨，贞无咎，而天下随时，随之时之义大矣哉！

《象》曰：泽中有雷，随。君子以乡晦入宴息。

【译文】

《随卦》：非常吉利，有利于去占卜，没有什么灾难。

《彖传》说：《随卦》震居下、兑居上，震代表刚，兑代表柔，这有君主顺应民意的含义，假如此时开始行动，人民大众肯定会服从命令。所以把它叫作《随卦》。非常吉利，去占卜必定得到无灾祸的预兆。而且天下所有事能做成功的关键在于随时而行，顺时而动，所以说《随卦》的现实意义多么大呀！

《象传》说：《随卦》的卦象是震在下、兑在上，震为雷、兑为泽。这表示泽中有轰隆隆的雷。泽中响雷，泽随着雷而动，所以把它叫作《随卦》。君子看

到此景象，谋事要抓住时机，顺时而动，如同天晚了就要回家休息。

【启示】

《随卦》告诉我们，我们的随和是有原则的，要以中正为原则，要顺应人民的意愿。它主张人们顺时而动，抓住机遇，适时进退。它要求人们舍弃一己之见和个人私利，择善而从，善于听取、采纳别人的中肯意见，并时时以大局为重。

【原文】

初九：官有渝，贞吉。出门交有功。

《象》曰："官有渝"，从正吉也。"出门交有功"，不失也。

【译文】

初九：官职有所变动，去占卜得到吉祥的预兆。出门在外和大家进行交流，就会有功绩。

《象传》说："官职有所变动"，如果坚守纯正的原则就会吉祥。出门在外和大家进行交流有功绩，是因为不会固执己见而有所失。

【启示】

这一爻告诉我们，一个人在被麻烦缠绕时，只要坚守纯正的原则，积极征求别人的意见，起用贤人，就会解开这个结，并会有所作为。坚守纯正的原则，就不会随波逐流，让假、恶、丑占据上风，而埋没了真、善、美。而积极征求别人的意见，就不会因固执己见作出错误的决策，更不会因一意孤行酿成不可逆转的大错。

【原文】

六二：系小子，失丈夫。

《象》曰："系小子"，弗兼与也。

【译文】

六二：逮住小奴隶，却失去大奴隶。

《象传》说：逮住小奴隶，却失去大奴隶，因为二者不可同时拥有。

【启示】

这一爻暗示我们，做每一件事都有得有失。

【原文】

六三：系丈夫，失小子。随有求得。利居贞。

《象》曰："系丈夫"，志舍下也。

【译文】

六三：逮住大奴隶却丢掉小奴隶。去追回大奴隶是有所求得的。因为安守贞正是有利的。

《象传》说：去追回大奴隶，是符合取大弃小的原则的。

【启示】

这一爻是说，无论是各有千秋的二选一，还是单一的对错判断，都需要我们作出明智的选择。该怎么办呢？我们在进行取舍时，应遵循取大弃小的原则。

【原文】

九四：随有获，贞凶。有孚在道，以明，何咎？

《象》曰："随有获"，其义凶也。"有孚在道"，明功也。

【译文】

九四：追逐别人有所收益，去占卜却得到凶险的预兆。心存诚信，坚持走正道，哪里还有什么危险呢？

《象传》说："追逐别人，有所收益"，由于他的行为不符合当时的道义，所以凶险。但只要心存诚信，坚持中正的原则，做人光明正大，就会有所作为，立下功绩。

【启示】

这一爻告诉我们，放弃原则的追随是有害的。

【原文】

九五：孚于嘉，吉。

《象》曰："孚于嘉，吉"，位中正也。

【译文】

九五：真诚对待善良者，大吉大利。

《象传》说：真诚对待善良者，大吉大利，这是因为九五爻是阳爻阳位，位于上卦中央的至尊的位置。

【启示】

这一爻告诉我们，善待本性善良的人民。

【原文】

上六：拘系之，乃从维之。王用亨于西山。

《象》曰："拘系之"，上穷也。

【译文】

上六：把俘虏拘留起来，并用绳子将他捆绑。周文王把他当作人牲囚禁在西山以祭祀神灵。

《象传》说：把俘虏拘留起来，并用绳子将他捆绑，是因为上六爻高居《随

卦》最上爻，君王的诚信已施尽。

【启示】

这一爻告诉我们，如你总是对别人以诚相待，最终也不能感化别人，此时，就采取强硬的方法。因为他是顽固不化者，如采用硬碰硬的方法，也许还有转变的余地，即使不能改变，就让他毁灭，至少也不会成为你前进的障碍。

【疑难解析】

“系小子，失丈夫”和“系丈夫，失小子。随有求得。利居贞”

“系小子，失丈夫”的大意是：逮住小奴隶，却失去大奴隶。它是随卦的爻辞。“随”有随同、随和、追随的意思。这就好比一个人在随同大家的意愿上必有得有失，即他采取甲的方案，势必就要放弃乙的方案。如甲的观点是错误的，他随同甲的观点，势必能赢得甲对他的一时的好感，和他同舟共济，但这会酿成大错；他否定甲的观点，有可能伤害彼此的感情，甚至几十年深厚友谊就毁于一旦，但这有利于树正风，抑恶气，让人民过上好日子。

当鱼和熊掌不可兼得时，我们该怎么办呢？“系丈夫，失小子。随有求得。利居贞”就给了我们满意的答案：舍鱼而取熊掌也（大奴隶比小奴隶有价值，追回大奴隶是吉利的）。要做到“舍鱼而取熊掌”，必须注意的是：鱼和熊掌的比较不是纯粹数字上的比较，而是以道德为准绳的大小比较。所以，我们在舍鱼而取熊掌时，必须以坚守正道为前提。

随有获，贞凶。有孚在道，以明，何咎

“随有获，贞凶”的大意是：追逐别人有所收益，去占卜却得到凶险的预兆。明明是有所收益的事，怎么去占卜却得到凶险的预兆呢？

联系“有孚在道，以明，何咎”，就知道这是因为他在追随时放弃了原则。放弃原则的追随可能变成迁就，甚至是纵容，自然会给他带来灾祸。

虽说放弃原则的追随在当时可避免他跟别人发生摩擦，并且他能从中得到好处。但俗话说得好：没有免费的午餐。一则对他所苟同的人来说，他不会及时纠正自己的错误，以至于越陷越深，不能自拔；二则对他来说，他也要为自己的不负责任的行为付出代价的：一方面犯错误的人，到头来会识别真伪的，会埋怨他的。另一方面，他会跟着犯错误的人陷入泥坑，难以自拔。最糟糕的是，他扬恶弃善，让社会的坏的风气盛行，玷污了善良的人民，残害了正直的高尚人士。

综上所述，随和一定要以坚守正道为前提。

【事例】

《随卦》告诉我们，随同是有原则的随同。唐代宗就深谙这个道理。虽说本性柔弱，但在关键问题上绝不手软，巩固了自己的政权。

关键时刻出撒手锏

唐肃宗的七子李豫外表柔弱，但他内心很有主见，颇能处理事务。

在他当太子时，张皇后与亲信宦官李辅国共同把持朝政，干预政事，权倾内外，朝廷上下都惧怕他们。二人曾共同陷害了李豫的弟弟，李豫十分气愤。

李豫十分厌恶张皇后骄横，但考虑到自己身单势孤，行事十分小心，唯恐得罪她遭到陷害。

由于张皇后与李辅国都心怀鬼胎，所以互相猜忌，产生隔阂。李辅国拉拢统领射生手（内廷禁兵官）的宦官程元振，视为心腹，与张皇后对抗。李豫暗自高兴，准备寻找机会离间二人。上元二年（公元 761 年），肃宗病危，张皇后担心李豫登基，就召越王李保入宫监国。李辅国、程元振知道事情紧迫，告诉李豫要防止张皇后的陷害。张皇后召李豫入宫。张皇后说："李辅国久握禁兵，私下与程元振联合，图谋作乱，应该杀掉他。"李豫早知道张皇后的奸谋，为了使张、李二人相斗，就假意哭着说："父皇病得很厉害，不禀告陛下就杀了他们，恐怕他禁受不起。"张皇后拉拢李豫失败，就自己选调宦官，准备谋杀李辅国等人。李豫将这个消息告知李辅国，李辅国很感激李豫，就抢先率禁兵入宫，诛杀了越王和张皇后。

宝应元年（公元 762 年），在李辅国等人的拥戴下李豫继承皇位，史称唐代宗。李辅国平素就专横骄纵，欺压群臣，这次立了大功，更加张狂。而代宗懦弱温顺，在小事上从不与他理论，都让他拿主意。他见代宗无主见，就公然对代宗说："陛下只管住在宫殿里，外面的事情任凭老奴处理。"这时，代宗非常气愤，下决心要除掉这个逆宦。但又考虑到他手握重兵，党羽众多，不敢轻易下手，所以假意很礼遇他，加封他为尚书令，称呼他为"尚父"，事情不论大小，都征询他的意见。李辅国未察觉代宗的用意，依旧横行宫廷内外。

程元振当时因拥立代宗为帝而被授任飞龙副使、内侍省事，官职不如李辅国显赫荣耀，心里很不自在。李辅国经常趾高气扬，借一些小事羞辱他，这令程元振很愤怒。代宗得知程元振与李辅国嫌隙暗生，就善待程元振，给他加官封赏，并委婉地暗示他和怨恨李辅国的人上奏抨击李辅国。程元振受到皇帝恩遇，受宠若惊，自思有皇上支持，就大胆上表指责李辅国专权朝政，卖官鬻爵，制造冤

狱，罪不容诛。众臣也借机纷纷请求将李辅国罢官。

代宗顺水推舟，就罢免李辅国禁卫军元帅一职，转由程元振代替。尽管当时有许多李辅国的同党为他求情，但代宗没有理会。

从此以后，李辅国有所收敛，但代宗还是不放心，又下诏罢免他中书令一职，只允许他每月初一、十五进宫朝见。最后，代宗秘密委派刺客潜入李辅国的府第将他刺杀。

就这样，代宗铲除了奸臣，巩固了自己的政权。

蛊卦第十八

【原文】

蛊：元亨。利涉大川。先甲三日，后甲三日。

《彖》曰：蛊，刚上而柔下，巽而止，蛊。“蛊，元亨”，而天下治也。“利涉大川”，往有事也。“先甲三日，后甲三日”，终则有始，天行也。

《象》曰：山下有风，蛊。君子以振民育德。

【译文】

《蛊卦》：十分吉利，有利于渡过大江大河。但必须在事物的转折点的前后起程。

《彖传》说：《蛊卦》，阳刚处于上面，阴柔处于下面，这表明柔顺而静止，因此把它叫作《蛊卦》。“《蛊卦》，大吉大利”，是因为从严治理天下。“有利于渡过大河”，这表明不怕困难，勇往直前，一定能成就大业。“甲前三日为辛日，甲后三日为丁日”，指从辛日至丁日，即走到极端便有新的开始。

《象传》说：《蛊卦》下卦为巽、上卦为艮，巽为风、艮为山，这就表示山下起风之象，所以把它叫作《蛊卦》。君子看到此卦象，应去救济万民，施行德教。

【启示】

这一卦告诉我们，衰败中蕴藏新生，但不是在任意条件下都能获得新生，它是在特定的条件下，这个特定条件是需要我们去创造的。所以，我们在这个转型时期，要顺应天时采取行动。这里的顺应天时一指事前防患于未然；二指在遇到麻烦时，应想办法解决麻烦。无论是事前的防范，还是事后的解决，都需要以天道为准则，纠正不合规范的行动。

【原文】

初六：干父之蛊，有子考，无咎，厉，终吉。

《象》曰："干父之蛊"，意承考也。

【译文】

初六：改正父辈的错误，有这样的儿子，父亲一定不会遭遇危险，即使遭遇危险，最终也会获得吉祥。

《象传》说：改正父亲的错误，其真实的意图是继承父辈的大业。

【启示】

这一爻告诉我们，要勇于改正别人的错误。

【原文】

九二：干母之蛊，不可贞。

《象》曰："干母之蛊"，得中道也。

【译文】

九二：改正母亲的错误，但不可以固守贞正。

《象传》说：改正母亲的错误，九二处于卦中位，这表明得到的是中庸之道。

【启示】

这一爻告诉我们，在纠正柔弱者的偏差时，不可言辞过激。

【原文】

九三：干父之蛊，小有悔，无大咎。

《象》曰："干父之蛊"，终无咎也。

【译文】

九三：改正父亲的错误，即使小有摩擦，后悔一阵儿，也不会有大的灾害。

《象传》说：改正父亲的错误，最终不会有大的灾害。

【启示】

这一爻告诉我们，为别人改正错误，不是轻描淡写地指出，而是力求真正的纠正，虽说在纠正的过程中产生不愉快，但最终别人会因没了那些坏毛病，将顺利到达目的地。

【原文】

六四：裕父之蛊，往见吝。

《象》曰："裕父之蛊"，往未得也。

【译文】

六四：助长父亲的错误，顺其发展，就会酿成大错。

《象传》说：助长父亲的错误，顺其发展，就会无所得。

【启示】

这一爻再一次强调要勇于改正别人的错误。

【原文】

六五：干父之蛊，用誉。

《象》曰："干父用誉"，承以德也。

【译文】

六五：改正父亲的错误，会得到美好的称誉。

《象传》说：改正父亲的错误，会得到美好的称誉，实际上继承了父辈的美德，并使之发扬光大。

【启示】

这一爻告诉我们，一个人勇于指正别人的错误，会使他获得荣誉。

【原文】

上九：不事王侯，高尚其事。

《象》曰："不事王侯"，志可则也。

【译文】

上九：不为王公贵族做事，因为他极力推崇自己的事业。

《象传》说：不为王公贵族做事，这种清高的志趣可以作为模范。

【启示】

这一爻告诉我们，如果自己的善意的批评，可能引来很大的麻烦，使自己的理想不可能实现，那么就选择离开。

【疑难解析】

"干父之蛊，有子考，无咎，厉，终吉"和"干母之蛊，不可贞"

"干父之蛊，有子考，无咎，厉，终吉"的大意是：有善于改正父辈的错误的儿子，父亲一定不会遭遇危险，即使遭遇危险，最终也会获得吉祥。

俗话说得好：良药苦口，忠言逆耳。也许你在指正别人的错误时，会引起别人对你的反感、误会，甚至对你产生极大的仇恨。但别人因为有了你这样一个好朋友，不会陷于危险之中，即使有危险，也能自拔。这样一方面实现了你的真实意图，帮助朋友扫除前进道路上的障碍；另一方面让朋友实现自己的理想，一举两得。

那为什么又说“干母之蛊，不可贞”呢？我们知道“母亲”是柔弱的象征，在我们纠正柔弱者的错误时，可能发生以下两种情况：一、柔弱者本身的承受能力有限，如过于严厉，很可能我们还没把他纠正过来，他已走上了灭亡；二、柔弱者在他难以忍受我们的激烈言辞时，让对立方轻轻一拉，便倒向我们的对立面，于是，我们成了他走向歧途的推动力。所以，我们在纠正柔弱者的错误时，不能“得理不饶人”，言辞过于激烈，哪怕这样做暂且违背了中正的原则。

干父之蛊，用誉

“干父之蛊，用誉”的大意是：改正父亲的错误，会得到美好的称誉。这美好的称誉从何而来？

一是因为你的指正，使别人走上了正道，使别人更顺利地实现自己的理想，别人自然要称赞你；二是因为你在指正别人的错误时，为了让别人心服口服，势必要辩证地指正，即既要指出错误的地方，又要肯定别人的可取之处，这样别人的优点也得到了进一步发扬，别人自然要感激你；三是由于你的指正，能及时改正错误的人越来越多，社会上的风气也越来越好，大家都以“及时改正别人的错误”为美德，所以你的这一美德得到了广大人民的认可。

【事例】

“干父之蛊，用誉”暗示我们，要敢于向自己的领导提出建议。魏深知这个道理，帮助李世民改正错误，得到人民的称赞。

敢于进谏的魏徵

魏徵字玄成，魏州（今河北大名县东）曲城人。少年时孤苦伶仃，云游四方。但人穷志不短，目光远大，通晓经史谋略。

李世民即位后，任命魏徵为谏议大夫。贞观三年（公元629年），魏徵以秘书监身份参与朝政。

有一段时期，李世民常常在大臣们面前长吁短叹：“大乱之后的国家，百废待兴，真是很难治理好啊！”

李世民的本意是想得到大臣的赞美，而魏徵就是不知趣，回答说：“其实，大乱容易达到大治，就像饥饿的人容易喂饱一样。”

李世民无奈，接着又问：“古人不是说过能人治理百年江山？”

魏徵又回答说：“这些话不是论圣人君子的。圣人君子治理江山，上行下效，来得如同回声一样快，一个月即可实现，是不会很困难的。”

坐在一旁的封德彝赶紧说：“实际情况不是像魏徵说的这样。夏、商、周三

代以后，社会风气日益轻浮欺诈。秦王朝任用严刑酷法，汉朝采用霸术，都是想治理好却做不到，并不是可以治理好而不去做。魏徵只不过是一介书生，好说空话，恐怕要白白地耽误国家大事，皇上您千万不能听他的。”

李世民听了封德彝的话，更加觉得魏徵不识趣，有意贬低自己，十分生气。

魏徵马上反驳道：“五帝三王统治的人民并没什么不同，行帝道则称帝，行王道则称王。黄帝战蚩尤，打了七十次仗终于战胜了蚩尤，从而达到了无为而治的境地。古代南方黎族部落破坏德政，颛顼征服了他，并达到了大治。夏桀敢倡乱道，商汤将他放逐到了边远的地方；商纣王昏聩无道，武王便推翻了他。如果是像你封德彝说的那样人是越来越奸诈，不能返璞归真，那么发展到现在，人都将要变成鬼怪了，那还怎能施行德政教化呢！”

唐太宗对魏徵的这番话十分欣赏，改变了先前对魏徵的看法，并采纳了魏等人治国安邦的锦囊妙计。因此，在贞观年间，国内歌舞升平，天下大治。周边少数民族的首领们也学习汉人习俗，穿衣戴帽，入朝称臣，在宫中带刀值宿，担任警卫。

贞观十七年（公元643年），魏徵患了重病，不久就去世了。唐太宗十分悲痛，天下的老百姓也很是惋惜，为此，写了许多文章来纪念魏徵。

临卦第十九

临卦

坤上

兑下

【原文】

临：元亨，利贞。至于八月有凶。

《象》曰：“临”，刚浸而长，说而顺，刚中而应。大亨以正，天之道也。“至于八月有凶”，消不久也。

《象》曰：泽上有地，临。君子以教思无穷，容保民无疆。

【译文】

《临卦》：非常吉利，有利于去占卜。但是到了八月（阳衰阴盛），将会遭遇凶险。

《象传》说：《临卦》，阳刚增长，态度和悦而顺从，阳刚和阴柔相互应和，而且坚守正道，所以大吉大利，这是顺应了大自然的客观规律。“到了八月将会遭遇凶险”，这是因为阴阳二气是互相消长的，八月阳气渐衰阴气渐盛，离阳的消弱就不远了。

《象传》说：《临卦》的卦象是兑在下、坤在上，兑为泽、坤为地，这表明有地在泽上之表象。因此把它叫作《临卦》。君子看到此卦象，应包容人民，对其进行思想教育，这样就会使人民长期安居乐业，立下汗马功劳。

【启示】

《临卦》告诉我们，一方面要努力提高自身修养，做到以身作则，使民众从内心服从自己的领导。另一方面要对人民实行德育教育，提高整个民族的素养。

【原文】

初九：咸临，贞吉。

《象》曰："咸临，贞吉"，志行正也。

【译文】

初九：对人民实行德育教育，去占卜得到吉祥的预兆。

《象传》说：对人民实行德育教育，去占卜得到吉祥的预兆，这是因为品行端正，人民的意愿得到实现。

【启示】

这一爻告诉我们，一个人在事业处于上升时期，不要忘记推行德育教育。

【原文】

九二：咸临，吉，无不利。

《象》曰："咸临，吉，无不利"，未顺命也。

【译文】

九二：对人民实行德育教育，吉祥，没有什么不利的。

《象传》说：对人民实行德育教育，吉祥，没有什么不利。这是因为民众尚未顺从天命，还需要进一步地教育。

【启示】

这一爻告诉我们，因为人们还不能洞察天的运行规律，按规律办事，所以我们要对人们进一步推行德育教育。

【原文】

六三：甘临，无攸利。既忧之，无咎。

《象》曰："甘临"，位不当也。"既忧之"，咎不长也。

【译文】

六三：用甜言蜜语去感化人民，不会有好处。如果能以此为忧而有所醒悟，将不会有什么灾祸。

《象传》说：用甜言蜜语去感化人民，不会有好处，这是因为位置未摆正。

但是若能以此为忧而有所醒悟，灾祸就不会长久了。

【启示】

这一爻说明，德育教育和讨好人民有本质的区别，我们只有洞悉它的本来含义，摆正位置，才能避免遭遇灾祸。

【原文】

六四：至临，无咎。

《象》曰："至临，无咎"，位当也。

【译文】

六四：亲自去感化人民，没有什么灾难。

《象传》说：亲自去感化人民，没有什么灾难，这是因为六四爻位置摆正了，也就是说君主能以身作则。

【启示】

这一爻告诉我们，以身作则是最有说服力的教育，是最深刻的教育。

【原文】

六五：知临，大君之宜，吉。

《象》曰："大君之宜"，行中之谓也。

【译文】

六五：用智慧和人相处，这是贤明的君主最适宜的态度，这是吉利的。

《象传》说：贤明的君主最适宜的态度，说的就是品行要中正。

【启示】

这一爻告诉我们，要运用自己的智慧和人相处。

【原文】

上六：敦临，吉，无咎。

《象》曰："敦临之吉"，志在内也。

【译文】

上六：宽厚待人是吉利的，没有什么灾祸。

《象传》说：宽厚待人是吉利的，是因为在内部实现了唯贤是举的意愿。

【启示】

这一爻告诉我们，待人要宽厚，不可刻薄。

【疑难解析】

"咸临，贞吉"和"咸临，吉，无不利"

"咸临，贞吉"的大意是：对人民实行德育教育，去占卜得到吉祥的预兆。

“咸临，贞吉”的大意是：对人民实行德育教育，去占卜得到吉祥的预兆。

德育教育的推行，能使天下百姓受到感化，端正品行，从而形成良好的风气。而好的风气感染了人民，在你的周围就会涌现许许多多的正义之士，当你出现偏颇时，及时地为你纠正，而你受到这种好的风气的熏陶，也乐于接受别人的意见，这样就形成良性循环，正气越来越旺。自然遇到大环境的衰败，大家都能安守正道，积极应付。

相反，在一个不推行德育教育的国度生活的人们，连何谓正道都不知道，又哪里谈得上坚守正道呢？不能坚守正道的人们，又哪里谈得上众志成城呢？又哪里能抵御外在的变故呢？

为什么九二爻要以与之差不多的“咸临，吉，无不利”作爻辞呢？从它所处的爻位来看，它是阳爻阴位，位于下卦中位，这就表明在下的老百姓还不能顺应天命，按规律办事，还不懂得正道的具体含义，所以对人民施行德育教育没有什么不吉利的。这其实是从老百姓所处的文明水平说明要进一步推行德育教育。

知临，大君之宜，吉

“知临，大君之宜，吉”的大意是：用智慧和人相处，这是贤明的君主最适宜的态度，这是吉利的。

首先，在和人相处时，运用智慧有几种作用：一是它使你的眼睛更明亮，能识别君子和小人，能衡量一个人的能力的大小，能发现别人的优缺点，从而做到知人善任，办事果断；二是能找到镜子，照出自己的美与丑，不断完善自身，使自己不断走向完美；三是能最大限度地调动人民的积极性。

其次，君主处于至高无上的地位，他要成就自己的大业，必须要有贤明的人帮助他，必须要赢得人民的信任，否则，纵使他有通天的本领，也只能留下千古遗恨。

用智慧和人相处，这是贤明的君主最适宜的态度。

【事例】

“知临，大君之宜，吉”告诉我们，要用自己的智慧和别人相处。萧衍深知

这个道理，所以能看清形势，不受错误的意见的干扰，并当机立断采取行动，建立了梁朝。

萧衍当机立断兴兵讨昏君

萧衍是南朝梁的开国皇帝。他是南兰陵（今江苏常州市西北）人。南朝齐隆昌元年（公元494年），萧衍被任为宁朔将军，镇守寿春（今安徽寿县）。建武二年（公元495年），因抗击北魏军有功，又被任命为右军晋安王司马、淮陵太守，后又为太子中庶子，领羽林监。建武四年（公元497年），北魏军南伐雍州，萧衍受命领兵赴援，进至襄阳（今湖北襄樊）。同年7月，被授予持节，都督雍、梁、南秦、北秦四州及郢州竟陵司随郡诸军事，又兼任辅国将军、雍州刺史，镇守襄阳。

这时，齐明帝萧鸾病死，其子萧宝卷即位。萧宝卷昏庸无能，终日享乐，朝中大事均由始安王萧遥光、尚书令徐孝嗣等人处理。萧遥光等六人号称“六贵”，此六人不以国事为重，整日明争暗斗，互相倾轧，朝中政治极度黑暗腐败。萧衍在襄阳得知朝中的情况，对亲戚张弘策说：“政出多门，是国家大乱的开始。《诗经》中说‘一国三公，吾谁适从?’如今国家有六贵，这怎么了得！我料到他们六贵矛盾一定会激化到大动干戈的地步，而襄阳远离国都，正是避祸的好地方。可是我的弟弟们都在都城，我恐怕他们会遭到祸患。我要和我哥哥商议一下。”

不久，他的哥哥萧懿由益州刺史调到了郢州任职。萧衍便派张弘策到达郢州，给萧懿送去一封信。信中说：如今六贵争权，君臣之间猜忌到一定程度，必将大诛大杀，一旦混乱开始，朝野将土崩瓦解。我们有幸远离京师，领兵外镇，可以保全自身，图谋大计。所以我们应乘朝廷还没有猜疑时，将诸弟召集在一起。否则，一旦朝中对我们猜疑，诸弟们将在京师投足无路。如今，兄在郢州，控制荆湘，弟在雍州，兵马数万。在此政昏朝乱之际，正好以此为据，以图大事，如果错失良机，悔之晚矣。

萧懿见信，脸色大变。他不同意萧衍这样做，因为万一不成会招来灭门大祸。萧衍见哥哥不从，便独自将弟弟萧伟、萧儋迎至襄阳，秘密制造武器，招兵买马，并在襄阳大伐竹木，将舟系于檀溪之中，以备将来之用。

萧懿拒绝了萧衍的邀请，不久便入朝做了太子右卫率、尚书吏部郎、卫尉卿。永元二年（公元500年），裴叔业、崔慧景集聚众人发动兵变，萧懿带兵平定了叛乱，为朝廷立了大功。可是他不但没有受到奖赏，反而受到猜忌，于当年冬天被杀。

萧懿被杀，既证明了萧衍预见的准确，也为萧衍起兵提供了机会。萧衍及时抓住这个机会，在与亲信密谋后，召集部众，誓师起兵。

誓师之后，萧衍令人把竹木从檀溪中打捞出来，做成战舰千艘。又召集士兵万余人，起兵讨伐萧宝卷。在杀掉萧宝卷后，萧衍立了傀儡皇帝萧宝融。一年之后，他废掉傀儡皇帝，自己亲登帝位，建立梁朝。

观卦第二十

【原文】

观：盥而不荐，有孚颙若。

《彖》曰：大观在上，顺而巽，中正以观天下观。“盥而不荐，有孚若”，下观而化也。观天之神道，而四时不忒。圣人以神道设教，而天下服矣。

《象》曰：风行地上，观。先王以省方，观民设教。

【译文】

《观卦》：祭祀前先把手洗净，在洗完手还未把祭品奉上时，人们怀着诚信之心仰望着他。

《彖传》说：伟大的《观卦》在上面，它的卦象为坤在下、巽在上，这表明阴柔而顺从。安守正道才能体察民情，因此把它叫作《观卦》。“祭祀前先把手洗净，在洗完手还未把祭品奉上时，人们怀着诚信之心仰望着他”，这说明人们通过观看祭礼受到良好的教育和感化。观察天的神奇的变化规律，就会悟出四季交替的规律。圣人就是遵循天的运行规律，推行教育来感化人民的。人民大众都愿意服从。

《象传》说：《观卦》的卦象是坤在下、巽在上，坤为地、巽为风，有风吹动大地万物，所以把它叫作《观卦》。先王看到此卦象，巡游天下，体察民情，推行教化。

【启示】

作为领导，不但要注意自己的德行，而且还要注意体察民情。

【原文】

初六：童观，小人无咎，君子吝。

《象》曰：“初六童观”，小人道也。

【译文】

初六：用幼稚的眼光观察，对一般的百姓来说，没有什么灾难，但对君子来说，就会犯错误。

《象传》说：《观卦》的初六爻辞讲，用幼稚的眼光观察，这是一般的老百姓所信仰的道义。

【启示】

这一爻告诉我们，如果要成大业，则必须高瞻远瞩。

【原文】

六二：窥观，利女贞。

《象》曰："窥观女贞"，亦可丑也。

【译文】

六二：从门缝里看人，有利于女人去占卜。

《象传》说：从门缝里看女人，即使没越轨，也是可耻的。

【启示】

这一爻告诉我们，观察不可褊狭。

【原文】

六三：观我生，进退。

《象》曰："观我生，进退"，未失道也。

【译文】

六三：观察自己的行为，从而决定是进还是退。

《象传》说：观察自己的行为，从而决定是进还是退，这样做才不违背正道。

【启示】

这一爻告诉我们，在谋大事前，要对自己作出正确的评价，才决定做还是不做。

【原文】

六四：观国之光，利用宾于王。

《象》曰："观国之光"，尚宾也。

【译文】

六四：对于观看国家的风俗民情的人，用对待贵宾的礼节来招待他是有利的。

《象传》说：对于观看国家的风俗民情的人，用对待贵宾的礼节来招待他，这是因为人民尊敬对治国有帮助的人。

【启示】

这一爻告诉我们，为了更好地体察民情，应礼贤下士。

【原文】

九五：观我生，君子无咎。

《象》曰："观我生"，观民也。

【译文】

九五：善于观察自己的行为，君子就不会犯大的错误。

《象传》说：善于观察自己的行为，就是体察民情。

【启示】

这一爻告诉我们，要体察民情，以之看自己的行为的得与失。

【原文】

上九：观其生，君子无咎。

《象》曰："观其生"，志未平也。

【译文】

上九：观察别人的行为，君子就不会遭遇灾祸。

《象传》说：观察别人的行为，是因为没有辨清形势，没有办法作出正确的决定。

【启示】

这一爻告诉我们，要观察别人的行为。

【疑难解析】

童观，小人无咎，君子吝

"童观，小人无咎，君子吝"的大意是：用幼稚的眼光观察，对一般的百姓来说，没有什么灾难，但对君子来说，就会犯错误。这是为什么呢？

这里的幼稚的眼光指的是目光短浅，容易被眼前的假象所迷惑，不能高瞻远瞩，不能透过错综复杂的现象去看本质，找出事物的固有的变化规律，作出正确的决策。而君子是人民的领路人，他如果用幼稚的眼光看问题，势必会把人民往错误的道路上引。再说，他是人民所尊敬的人，他的周围的人往往认为自己的智慧不如他，不敢轻易指出他的错误。

相反，一般的老百姓处于最低层，一方面，有君子在为他带路；另一方面，由于他的地位低下，任何人都敢于为他指出错误，他也不会因此感到耻辱。

观国之光，利用宾于王

"观国之光，利用宾于王"的大意是：对于观看国家的风俗民情的人，用对

待贵宾的礼节来招待他是有利的。

这里的观看国家的风俗民情的人指的是关心国家大事的有能耐的人，他们以国家的兴衰为自己的荣辱。对于这样的人，君王当然要用贵宾的礼节来对待他。一是他们能对君王的政绩作出中肯的评价，并从中总结出经验教训，为君王更是为民作出正确的战略性决策；二是他能对大家生存的大环境作出正确的估量；三是他们懂得节的真正含义，能在大难当头挺胸而出。

俗话说，知己知彼，百战不殆。而这些贤士就是让君王成为知己知彼的人，君王岂能不以礼待之？更何况他们还践行“滴水之恩，以涌泉相报”。

【事例】

《观卦》告诉我们，要成大业，必须要有睿智的眼光。当常人沉浸在现状中沾沾自喜时，朱元璋看到了更远的前方——光辉的未来，并积极行动，终成大业。

高瞻远瞩：朱元璋处心积虑终成大业

元朝至正十二年（公元1352年）九月，农民起义军红巾军所据濠州被元军包围已七个月之久，形势危急。这段时间里，朱元璋曾奉命攻打灵壁、萧县和虹县，试图分散元军的注意力，但效果一直不好。正当元军即将对濠州发动总攻之时，元军主帅突然病死，士兵们失去主帅，无心恋战，纷纷逃散。濠州被围遂解。

郭子兴的军队趁机得到喘息，就在濠州城内饮酒高歌，庆祝胜利。朱元璋是个志向远大之人，他在军中待的时间长了，对各种事情看得越来越透彻明白，渐渐觉得这帮人治军无方，驭下无道，成不了什么大气候。他还深深地认识到，在这群雄割据、形势混乱的局面下，不发展自己的军队，不招揽英豪为己所用，很难有出头之日。

至正十三年六月，朱元璋禀明郭子兴，欲回故乡钟离招募士兵，郭子兴同意了。

不到10天，朱元璋就募集了700人。他将队伍带到濠州，交给郭子兴，郭子兴非常高兴，提升他为镇抚，并把这700人交给他统领。不久，又升他为总管。

至正十三年年底，朱元璋把自己统率的700人交给别人，只带着徐达、汤和、吴良等24人离开了濠州，前往定远发展自己的势力。

这次出行不顺利，还没有开始，朱元璋就患了重病，只得返回濠州治病。过了半个月，才有所好转。这时，他听说张家堡驴牌寨屯居着一支3000人的民兵，主帅与郭子兴相识，现在正断了粮，处境艰难。机不可失，时不再来，朱元璋觉得这是扩充势力的好机会，他不顾大病初愈，找到郭子兴，请求派自己前去招降。

郭子兴问：“带多少人？”

朱元璋说："人多易生疑，带10人就可以了。"

郭子兴也不勉强，便派给他10个人。

朱元璋带病走了六天，才到达张家堡。主帅与他一见面，朱元璋便对他说："郭公与你是老相识，他听说你们缺粮，又得到消息说有别的军队要来攻打你们，特地派我来通报。如果你们愿意跟随郭公，就与我一起回去。不愿意，也要赶快移到别处，以避来犯之敌。"

主帅想了半天也没有想出好办法，他见朱元璋说得真诚，就与他交换了信物，答应收拾好行装，就到濠州归附。朱元璋见主帅如此，便将费聚留下等候，自己先回濠州，报告了郭子兴。郭子兴大为高兴，夸奖朱元璋办事得力。

不料过了三天，费聚来报，说事情有变，驴牌寨主帅想把队伍拉到别的地方去。朱元璋立即带着300名士兵赶去，费尽唇舌，劝主帅归附郭子兴。但主帅仍是犹豫不决，朱元璋便定下一计，让人请主帅议事，趁机将他挟持而去。离开营寨十余里后，又派人到寨中传话，说主帅已经选好了新的营地，让部众移营。

部众信以为真，便烧了营寨跟去。主帅见大势已去，无可奈何，只得投靠于他。

紧接着，朱元璋又带兵去豁鼻山，招降了以秦把头为首占山为王的草寇800余人。

朱元璋对收编来的队伍进行了集中训练，在较短时间内，使他们的战斗力有了明显的提高。不久，他率领这支部队攻克了屯居横涧山的缪大亨武装，缪大亨投降。这样不到半年，朱元璋的部队就发展到了十几万人，势力逐步壮大，为日后统一全国打下了坚实的军事基础。

噬嗑卦第二十一

【原文】

噬嗑：亨。利用狱。

《彖》曰：颐中有物，曰噬嗑。噬嗑而亨。刚柔分，动而明，雷电合而章。柔得中而上行，虽不当位，"利用狱"也。

《象》曰：雷电，噬嗑。先王以明罚敕法。

【译文】

《噬嗑卦》：尽力排除阻碍达到亨通，有利于去打

官司。

《彖传》说：口中有东西在咀嚼，因此把它叫作《噬嗑卦》。《噬嗑卦》的卦辞说，尽力排除阻碍达到亨通。是因为上卦和下卦刚柔相济，交相运动而导致道路亨通，这好比雷电相交发出耀眼的光芒。六五爻是阳爻居中位得中正之道，并能奋发向上，虽然其位置未摆正，但刚柔相济，所以说“有利于去打官司”。

《象传》说：《噬嗑卦》的卦象是震居下、离居上，震为雷、离为电，此卦象为雷电相交之象，所以把它叫作《噬嗑卦》。雷具有十分大的威慑力，电能放出光明，先王看到这一现象，应明其刑法以严明政治，正其法令。

【启示】

这一卦告诉我们，因为刑法的最终目的是为了帮助人们改正错误，所以刑法不能过于严厉，执法的人要公正严明。

【原文】

初九：屦校灭趾，无咎。

《象》曰：“屦校灭趾”，不行也。

【译文】

初九：足戴脚镣，会伤害脚趾，但没有大的灾祸。

《象传》说：足戴脚镣，会伤害脚趾，但没有大的灾祸，这好比纠正小错误，稍加惩罚，使其不酿成大错。

【启示】

这一爻告诉我们，对犯错误的人适当处以刑罚，可以防止再犯或者避免酿成大错。

【原文】

六二：噬肤灭鼻，无咎。

《象》曰：“噬肤灭鼻”，乘刚也。

【译文】

六二：吃了嫩肉，鼻子被伤害了，没有什么灾祸。

《象传》说：吃了嫩肉，鼻子被伤害了，这是因为阴柔凌驾于阳刚之上。

【启示】

这一爻进一步强调要对犯错误的人加以适当的刑罚。

【原文】

六三：噬腊肉，遇毒，小吝无咎。

《象》曰：“遇毒”，位不当也。

【译文】

六三：吃腊肉，中了毒。这是小灾难，没有大的灾祸。

《象传》说：中毒，这是因为位置没有摆正。

【启示】

这一爻告诉我们，在对违反了法律制度的人加以处罚时，可能会遇到周折，但最终的结果是好的。

【原文】

九四：噬干胏，得金矢。利艰贞，吉。

《象》曰："利艰贞，吉"，未光也。

【译文】

九四：吃带骨头的干肉，遇到了金属箭头。去卜问艰难的事是有利的，它的最终结果是吉利的。

《象传》说：去卜问艰难的事是有利的，它的最终结果是吉利的，这表明目前虽处于艰难之中，但只要艰苦奋斗，未来是光明的。

【启示】

这一爻是说在断案时，如遇到的困难较大，只要你能迎难而上，经过艰苦奋斗，将会逢凶化吉。

【原文】

六五：噬干肉，得黄金。贞厉，无咎。

《象》曰："贞厉，无咎"，得当也。

【译文】

六五：咀嚼干肉，得到了许多黄色金属。占卜得到将遇到危险的预兆，但最终没有灾祸。

《象传》说：占卜得到将遇到危险的预兆，但最终没有灾祸，这是因为六五阴爻居上卦中位，位置摆正了。

【启示】

这一爻进一步强调，在判案时，只要坚守正道，不畏艰险，就没有什么灾祸。

【原文】

上九：何校灭耳，凶。

《象》曰："何校灭耳"，聪不明也。

【译文】

上九：戴着枷锁伤害了耳朵，凶险。

《象传》说：戴着枷锁伤害了耳朵，这是因为这人不听忠言，酿成大错，所以面临凶险。

【启示】

这一爻告诉我们，如果刑法不当，不但不能杜绝再犯同样的错误，反而会酿成大错，给大家带来灾难。

【疑难解析】

屦校灭趾，无咎

“屦校灭趾，无咎”的大意是：足戴脚镣，会伤害脚趾，但没有大的灾祸。这是为什么呢？

首先，它是噬嗑卦的初九爻，我们从卦画上看，初九是阳爻阳位，这表明施加的刑罚与罪行是相当的。

其次，对犯错误的人加以适当刑罚有三个作用：一是起到杀鸡儆猴的作用。因为其他的人知道他受处罚的原委后，就明白哪些事该做，哪些事不该做，从而不敢做违规的事。二是使犯错误的人不会犯同样的错误。三是使犯错误的人不会一错再错，最终酿成大错。

所以说，对违法的人施加适当的刑罚是不会招致大的灾祸的。

噬腊肉，遇毒。小吝，无咎

“噬腊肉，遇毒。小吝，无咎”的大意是：吃腊肉，中了毒。这是小灾难，没有大的灾祸。这就好比对犯法的人加以处罚，遇到了周折，但最终不会有大的灾难。为什么遇到了周折，但最终不会招致大的灾难呢？

首先，“噬腊肉，遇毒。小吝，无咎”是六三爻的爻辞，六三为阴居阳位，这就表明，之所以遇到周折，只是因为处理的方法不当。

其次，对于由于不当的方法而遇到周折，我们都有相应的方法改正。现在，我们可列举主要的几种不当方法及纠正措施：

一是受罚的人认为自己罪不至罚，因此不服气。这就需要执法的人“晓之以理，动之以情”，一针见血地指出他的犯罪事实，并向他说明后果的严重性。

二是有小人作梗，挑拨受罚者和执法者的关系，使受罚者对执法者产生敌视的态度。此时，执法者应查清原因，运用自己的聪明智慧，让真相呈现在受罚者的眼前。

三是大家都不理解制度的真实含义，因此都认为处罚不当。此时，处罚者不能硬对硬，应想方设法让民众理解制度的含义。如首先让一些理解能力比较好的并在民众中有威望的人理解它的真实含义，然后让他们去说服民众。

四是法律制度确实过严。作为执法者首先应执法公正，另外，向上级请命，看有没有回旋的余地，如没有，也要设法说服被罚者。并在这以后依照法律程序对其进行修改。

所以说，只要你在执法时，能坚守正道，就能得到吉祥的预兆。

【事例】

刑罚的真正目的是为了政治清明，如忘记此目的，就会产生相反的效果。把它与企业的产品取向联系起来，如果忽略了你的真正目的是满足消费者的需要，就会造成损失；如处理得当，就会带来效益。

满足消费者的个性需要

在20世纪80年代初期，美国制鞋企业高浦勒斯公司在经营上遇到很大的困难，此时，弗兰西斯担任总经理。

弗兰西斯认为，企业家生产产品是为了满足消费者的需要，在市场经济的初级阶段，消费者需要的是物美价廉的产品，到了现在，经济已经十分发达，百姓生活富足，人们买鞋不再仅仅是为了御寒防潮，更多的是为了满足自己的情感需要。所以，产品必须富有个性，才能满足消费者的需要。

弗兰西斯为此要求设计人员以“销售感情胜于销售鞋子”为宗旨，充分发挥每个人的想象力，设计出多种多样、富有个性的鞋。

在这一崭新的管理理念下，该公司在市场上推出了“男性情感”、“女性情感”、“优雅感”、“野性感”、“沉稳感”、“轻盈感”、“年轻感”等各种主题的鞋子。弗兰西斯还为这些类型的鞋子取上稀奇古怪的名字，如“袋鼠”、“笑”、“泪”、“爱情”、“摇摆舞”等，令人回味无穷。赋予鞋这种商品特殊的感情是企业管理的独具魅力之处。这种独具特色与个性的鞋一出现，便在不同的消费群体中引起强烈的心理呼应。并且在广告中通过怀旧、乡愁、童趣等情感诉求方式来增加人们对商品的情感投入，获得良好的感情交流。在包装上印有精美图案，吸引消费者的注意，引起人们各种情感的涌动。

由于高浦勒斯公司生产的鞋子满足了消费者的各种情感的需要，许多人都愿意购买。于是，他的这一举措为公司带来了丰厚的利润。

贲卦第二十二

【原文】

贲卦

䷕

艮上
离下

贲：亨。小利有攸往。

《彖》曰：贲，亨。柔来而文刚，故亨。分刚上而文柔，故“小利有攸往”，刚柔交错天文也。文明以止，人文也。观乎天文，以察时变，观乎人文，以化成天下。

《象》曰：山下有火，贲。君子以明庶政，无敢折狱。

【译文】

《贲卦》：亨通。有所行动将得小利。

《彖传》说：《贲卦》，亨通。这是因为用阴柔来装饰阳刚，阴阳交错，因此亨通。刚柔相交，刚居于主导地位，柔居于次要地位，所以说“有所行动将得小利”。这阴阳交错、刚柔相济之美，正是大自然规律的具体表现。社会制度、风俗民情是社会人文现象。观察大自然的现象，可以发现四季、昼夜变化的规律；观察社会人文现象，可以教化天下百姓，建立一个人人满意的理想社会。

《象传》说：《贲卦》的卦象是离在下、艮在上，离为火、艮为山，这表明山下有火焰。山下的火焰给山上草木染上了红色，就好像披上了彩衣，所以把它叫作《贲卦》。君子看到此卦象，应尽力使政务清明，处理案件不敢马虎。

【启示】

这一卦暗示我们，作为一个领导，注重小的礼节，固然是能得小利，但不能过于强调表面的东西，因为只有从里到外地修饰自己，多为老百姓办实事，老百姓才会拥护你。

【原文】

初九：贲其趾，舍车而徒。

《象》曰：“舍车而徒”，义弗乘也。

【译文】

初九：把自己的脚装饰得漂漂亮亮，舍弃车子徒步而行。

《象传》说：把自己的脚装饰得漂漂亮亮，舍弃车子徒步而行，这在一般的道义上讲不通。

【启示】

这一爻告诉我们，作为一个领导，不要过于注重小的礼节。

【原文】

六二：贲其须。

《象》曰："贲其须"，与上兴也。

【译文】

六二：把自己的胡须修饰得漂漂亮亮。

《象传》说：把自己的胡须修饰得漂漂亮亮，这是为了迎合上面的意思。

【启示】

这一爻告诉我们，刻意迎合上司的做法也是不可取的。

【原文】

九三：贲如濡如，永贞吉。

《象》曰："永贞之吉"，终莫之陵也。

【译文】

九三：装饰得光泽柔润。去卜问得到永远吉祥的预兆。

《象传》说：去卜问得到永远吉祥的预兆，是因为永久坚持正道，使坏的东西不能侵凌自己。

【启示】

这一爻告诉我们，我们要从里到外装饰自己。

【原文】

六四：贲如皤如，白马翰如。匪寇婚媾。

《象》曰：六四，当位疑也。"匪寇婚媾"，终无尤也。

【译文】

六四：迎亲的队伍装饰得光洁皎皎，雪白的骏马向前飞奔着。不是来抢亲，而是来娶亲。

《象传》说：六四爻虽位置摆正，但心存疑虑。后得知不是来抢亲，而是来娶亲。说明疑虑完全解除，所以最后将没有祸患。

【启示】

这一爻告诉我们，一个人去请对自己的事业有帮助的贤人，不但需要适当的礼仪，而且还要用诚心感化对方。

【原文】

六五：贲于丘园，束帛戋戋。吝，终吉。

《象》曰：六五之吉，有喜也。

【译文】

六五：装饰山丘园林，献上很少的布帛作聘礼迎亲。看起来显得寒酸，但最后将获吉祥。

《象传》说：《贲卦》的第五爻位（六五）的吉祥，说明必有喜事临门。

【启示】

这一爻告诉我们，只要有诚心，谦恭待人，即使用很少的布帛作为聘礼去聘用贤人，最终也会得到吉利的预兆。

【原文】

上九：白贲，无咎。

《象》曰："白贲，无咎"，上得志也。

【译文】

上九：不加装饰，只用素色的布帛，没有灾祸。

《象传》说：不加装饰，只用素色的布帛，没有灾祸，这是因为在上的志向得到推行。

【启示】

这一爻进一步强调实质的重要性。

【疑难解析】

贲其趾，舍车而徒

"贲其趾，舍车而徒"的大意是：把自己的脚装饰得漂漂亮亮，舍弃车子徒步而行。他为什么有车而不坐呢？很明显，如他坐车子，他的漂亮的脚就不会被人民看到，人民也无法看见他艰难跋涉的样子。这就好比一个人为了表现自己的卓越才能和自己一心为民的高贵品质，注重小的礼节，表面上似乎是值得称颂的，实际上，他的这种为了取悦老百姓，刻意追求名誉的做法，往往耽搁了大事，是不可取的。

干大事，不拘小节，是亘古不变的真理。因为干大事的人的真正任务是带领老百姓走上幸福的生活，这需要从全局出发，从总体上权衡利弊。虽说，也许他因注重小的礼节而感动部分老百姓，提高部分老百姓的斗志，但毕竟力量太有限了。最糟糕的是，由于他注重小的礼节，往往浪费了时间，耽搁了为大家作出正确的决策的时间，耽搁了整顿他所带的团体的时间，让机遇从他身边溜走，让恶势力在他所带的团体中滋长，导致他所带的团体处于混乱之中，其力量相互抵消，结果劳而无功，给老百姓带来灾难。当然，更谈不上什么成就大业了。

贲于丘园，束帛戋戋。吝，终吉

“贲于丘园，束帛戋戋。吝，终吉”的大意是：装饰山丘园林，献上很少的布帛作聘礼迎亲。看起来显得寒酸，但最后将获吉祥。这就好比一个人处于力量不足时，他非常有诚心，礼数十分周到，用很少的钱财去聘用贤人。一般来说，重赏之下必有勇夫，他用很少的礼品去聘用贤人，贤人会愿意跟从他吗？会获得吉利吗？

如果把有才能的人分等级，勇夫是次于那些不看重钱财的贤人。勇夫的信条是：有奶便是娘。自然谁给的钱多就跟谁。而贤人的眼光比勇夫更长远。他认为，一个人品质败坏，心不诚，就如猪一样，是扶不上树的。虽说，刚开始他会因不了解请他的人而拒绝他，但最终他会因请他的人心诚、礼贤下士而跟从他。

再说，他们的信条是“士为知己者死”，日后会不遗余力地为赏识他的人效命，更不会为了蝇头小利离开他的领导，或做损人利己的事。

不难看出，在自己力量不足时，要用诚心去打动贤人。

【事例】

“白贲，无咎”暗示我们，管理层的声势宏伟并不意味着管理严密，相反，它往往会成为企业的累赘。通用的领导就深知这个道理。裁减了多余的管理人员，提高了办事的效率，为通用再一次腾飞奠定了基础。

精简赢得轻松飞

现在，通用电气已遍布世界的各个角落，通用电气公司成了成功的代名词。20世纪80年代，发动变革、裁撤冗员、业务重组这些策略使通用电气的面貌大为改观，但过多的管理层带来了过多的控制，从而限制了公司管理者，降低了他们的决策效率，阻碍他们跟上日新月异的经营环境的变化步伐。韦尔奇针对这种情况，对通用进行进一步的改革，为通用的再一次腾飞奠定了基础。

通用电气的管理结构显得异常臃肿，几乎公司的每一个人都或多或少有个头

衔：大约有25000位经理；500位高级经理；130位副总裁以上职位的人员。这些经理们的主要工作就是监督其下一级经理的工作行为。各种公司文件在他们之间层层上报又层层下达，韦尔奇认为这些不必要的工作只能大大降低决策效率。经理们会因为过度忙于阅读这些文件，不能在问题出现的第一时间有所觉察。“减少层次”这一策略计划实施的最基本功能是：塑造韦尔奇极力倡导的雷厉风行的企业实干精神。

在20世纪80年代，通用电气的事业部主管按规定必须向资深副总裁汇报工作，资深副总裁按规定向执行副总裁汇报，而所有这些资深副总裁和执行副总裁又各自拥有自己的下属员工和职责范围。韦尔奇废除了这些繁文缛节，要求业务主管们直接对韦尔奇和他的两位副董事长负责并汇报工作。

通过废除横亘于CEO和各事业部主管们之间的管理层次，韦尔奇可以直接与其业务主管们交流，可以在第一时间发现问题及潜在的商机，从而尽快地作出正确的决策。

通过通用电气减少的管理层次，韦尔奇决定将落实公司经营策略的职能从高级经理转移到事业部主管身上，从而使整个程序变得精简而迅捷。正因为这些，通用总能在第一时间抓住机遇，占尽先机，得到飞速发展。

就这样，通用在电气行业又一次腾飞，其经营业绩再创新高。

剥卦第二十三

【原文】

剥：不利有攸往。

《象》曰：剥，剥也，柔变刚也。“不利有攸往”，小人长也。顺而止之，观象也。君子尚消息盈虚，天行也。

《象》曰：山附于地，剥。上以厚下安宅。

【译文】

《剥卦》：不利于有所行动。

《象传》说：剥就是剥落的意思，即阴柔逐渐变盛，进而取代阳刚。“不利于有所行动”，是因为小人正当道，而君子的势力在逐渐削弱。看到这个卦象，应当顺应天时逐渐削弱小人的势力。

所以，君子应当推崇这个盈亏消长的规律，因为这顺应了天的运行规律。

《象传》说：《剥卦》的卦象是坤在下、艮在上，坤为地、艮为山，这好像高山遭到侵蚀被逐渐削为平地，因此把它叫作《剥卦》。上层统治者应当宽厚待民，使国家安定，人民生活富足。

【启示】

这一卦告诉我们，领导者要从根本上维护人民的利益，应抑制小人的势力，以防其残害忠良，扰乱政治。

【原文】

初六：剥床以足。蔑贞凶。

《象》曰："剥床以足"，以灭下也。

【译文】

初六：脱落是从床脚开始的，不要去占卜，都知道这是凶兆。

《象传》说：脱落是从床脚开始的，这表明其根基被毁了。

【启示】

这一爻告诉我们，损害了人民大众的利益，肯定会遭遇凶险。

【原文】

六二：剥床以辨，蔑贞凶。

《象》曰："剥床以辨"，未有与也。

【译文】

六二：脱落是从床脚的上面部分脱落的，不要去占卜，都知道这是凶兆。

《象传》说：脱落是从床脚的上面部分脱落的，说明没有人来帮助他。

【启示】

这一爻告诉我们，如那些上传下达的中层次的人已腐败，那么他们将担负不起自己的责任，最高层的领导将因为没有别人的帮助而垮台。

【原文】

六三：剥之，无咎。

《象》曰："剥之无咎"，失上下也。

【译文】

六三：虽然整个床脚脱落了，但不会有灾祸。

《象传》说：虽然整个床脚脱落了，但不会有灾祸，这是因为床没了床脚，已经不存在上下之分了。

【启示】

这一爻告诉我们，在你和人民不能进行正常的沟通时，就应放下架子，深入民众，和人民打成一片。

【原文】

六四：剥床以肤，凶。

《象》曰："剥床以肤"，切近灾也。

【译文】

六四：床板剥落了，危害到了肌肤，将会得到凶险的预兆。

《象传》说：床板剥落了，危害到了肌肤，是说祸事很快就要来临了。

【启示】

这一爻告诉我们，如果你的亲信也不能担负其重大的责任，甚至成了反叛你的主流，这是危险的。

【原文】

六五：贯鱼以宫人宠，无不利。

《象》曰："以宫人宠"，终无尤也。

【译文】

六五：宫妃们像贯穿的鱼一样，逐一得到君王的宠幸，没有什么不利。

《象传》说：宫妃们像贯穿的鱼一样，逐一得到君王的宠幸，当然不会有什么过失。

【启示】

这一爻告诉我们，对自己的亲信应逐一地重用。

【原文】

上九：硕果不食。君子得舆，小人剥庐。

《象》曰："君子得舆"，民所载也。"小人剥庐"，终不可用也。

【译文】

上九：不吃硕大的果实，君子获得了华丽的车子，小民的破草屋被毁坏了。

《象传》说：君子获得了华丽的车子，这实质上是老百姓所负担的。小民的破烂草屋都被毁坏了，这种现象表明这种对民的方式不可用。

【启示】

这一爻告诉我们，在危急中，过度进行财务积聚是不可取的。

【疑难解析】

“剥，无咎”、“剥床以肤，凶”和“贯鱼以宫人宠，无不利”

“剥，无咎”的大意是：虽然整个床脚脱落了，但不会有灾祸。这不与“剥床以足。蔑贞凶”相矛盾吗?

床脚剥落了，你跟大地的距离非常近了。这就好比在上的领导已解除中下层的腐败的管理层，只留下忠实可靠且非常能干的高层管理者。这样做使企业的管理层扁平化，领导的命令经过非常少的渠道就能到达老百姓的耳朵，老百姓的心声也不需费什么周折就能到达领导的耳朵。再说，这样做有两大好处：一是赢得了老百姓的信任，得到了老百姓的支持；二是老百姓又能发挥他的监督作用，使整个管理层的行为不出错。

而“剥床以足。蔑贞凶”是从床脚开始腐蚀的，是损害了老百姓的利益，失去了群众的支持。所以说，它们并不矛盾。

那为什么又说“剥床以肤，凶”呢?“剥床以肤，凶”的大意是：床板剥落了，危害到了肌肤，将会得到凶险的预兆。这就好比在领导者周围的亲信被腐蚀了，他欺上瞒下，直接破坏了领导者和人民大众的关系，危害了大家的利益。

连自己最信任的亲信都会被腐蚀，都不可相信，是不是事事都得领导亲自去办?显然不行。因为这样，领导要干的事就太多了，必定会顾此失彼，会造成更大的混乱。该怎么办呢?“贯鱼以宫人宠，无不利”就告诉我们解决这一矛盾的办法。

“贯鱼以宫人宠，无不利”的大意是：宫妃们像贯穿的鱼一样，逐一得到君王的宠幸，没有什么不利。这就暗示我们，要逐一地重用贤人。因为逐一地重用贤人，有百利而无一害：

一是逐一地重用贤人，就能对贤人们进行有效分工，让他们各施其能，各负其责。这样一方面避免他们因权责不清而做事草率。另一方面可避免矛盾在他们间产生，导致不团结。

二是在逐一地重用贤人前，你一定对他们的功与过进行了逐一的评价，这样就使你更加了解你的下属，更能做到知人善任。

三是面面俱到，让所有的亲信都感到自己得到了明智的领导的重用，从而为自己的领导努力工作。

四是可吸引其他的贤人。谁不愿意投靠英明的领导!

【事例】

《剥卦》暗示我们，要维护事业的根基。弗兰克·康塞汀领导的罐头公司能

成为世界上的第三大罐头公司的主要原因，是他维护了企业的根基——员工对工作的自豪感。

员工的满足感托起弗兰克·康塞汀的梦想

现代管理大师普遍认为，员工是帮老板实现梦想的最强有力的工具。弗兰克·康塞汀——美国国家罐头食品有限公司的总裁，他就深知这个道理，使这家公司成为世界上第三大罐头食品公司。

他的信条是："多跟员工进行交流，多给他们地位、被认可感和满足感……让他们在一个温馨的环境中工作，让他们以企业的兴衰为自己的荣辱。"由于有这个信条，这家公司从来不担心招聘不到好员工。当他们在俄克拉荷马城的分厂需100个工作职位时，在招聘广告发布后，竟然收到了2000份申请。也难怪，这个新工厂充满了家庭气息，有野餐，工作中还洋溢着抒情的音乐。作为一位员工，还有什么比这更快乐的呢?

在亚利桑那的费尼克斯的工厂成绩卓著。公司为了进一步激起员工的自豪感，就搭起了一个露天马戏场让员工们工作之余开心快乐。在马戏场建起的那一天，94名工人的日产量达到了100万个罐头的目标。那一天，马戏场成了欢乐的大本营。而3年以后，工人们将日产量提高到了差不多是200万个罐头。

公司还建立了心脏保健计划。有600多名受过训练的员工将负责心脏病紧急救护。他们已经成功地挽救了一些工友的宝贵生命。

康塞汀为了能让员工在心理上获得满足，把管理人员找来，跟他们讲："管理人员的工作就是把员工们放在合适的岗位上。如果你把适当的人安排在适当的岗位上，他们就会得到心理上的满足，这种满足是他们在他们所不能胜任的更高一点的职位上也得不到的。"

有的管理人员说："我们的工作太忙了，也没有太多的时间考虑他们的想法。"

"错了，我们对员工的关注花费并不大，而利益却在员工的忠诚和高度信心下自然而然地增长，你们的任务之一就是把人性的优点运用到同员工打交道的日常事务中去。"

康塞汀常常说："我们公司也许不会成为同行业中最大的一家公司，但是只要我们诚心地对待职员，就能最大限度地激起员工对工作的自豪感，为公司创造相当多的财富。"

美国国家罐头食品有限公司无疑为员工们创造了一个温馨的工作环境。公司在不断地壮大。

复卦第二十四

【原文】

复卦

坤上
震下

复：亨。出入无疾。朋来无咎。反复其道，七日来复。利有攸往。

《彖》曰：复，亨，刚反。动而以顺行，是以“出入无疾，朋来无咎”。“反复其道，七日来复”，天行也。“利有攸往”，刚长也。复其见天地之心乎！

《象》曰：雷在地中，复。先王以至日闭关，商旅不行，后不省方。

【译文】

《复卦》：亨通。无论是外出还是居家都不会得小病。朋友来了便可免灾。返回到原来的路上，经过七天就可回归。这是天的运行规则，有所前往是有利的。

《彖传》说：复有亨通的意思，是由于阳气重新上升。阳刚之气从下往上的活动并能够顺应天时，因此“无论是外出还是居家都不会得小病。朋友来了便可免灾”。“返回到原来的路上，经过七天就可回归”，这是天的运行规律。“有所前往是有利的”，是因为阳刚逐渐变强。《复卦》说明天地运行的规则。

《象传》说：《复卦》的卦象是震在下、坤在上，震为雷、坤为地，这表明雷在地中进行周而复始的活动，所以把它叫作《复卦》。先王在阳气初生的冬至这一天关闭关口，禁止商贾旅客通行，君王自己也不外出巡行。

【启示】

这一卦暗示我们，犯错误是难免的，如果迷途知返，则可以免灾。

【原文】

初九：不远复，无祇悔，元吉。

《象》曰：“不远之复”，以修身也。

【译文】

初九：没走多远就返回，不致后悔，这是十分吉利的。

《象传》说：没走多远就返回，说明能注意修身养性。

【启示】

这一爻告诉我们，知错就改有助于你成就大业。一个人不能成就大业的主要原因往往不是他天生弱智，而是他生性固执，不能接受别人的建议，不能迷途知返。

【原文】

六二：休复，吉。

《象》曰："休复之吉"，以下仁也。

【译文】

六二：返回来休息，这是吉利的。

《象传》说：返回来休息之所以吉利，是因为能居于仁德的人之下。

【启示】

这一爻告诉我们，让能者居上是明智之举。

【原文】

六三：频复，厉无咎。

《象》曰："频复之厉"，义无咎也。

【译文】

六三：皱着眉头回来，开始比较艰辛，但不会遭遇灾祸。

《象传》说：皱着眉头回来，开始比较艰辛，但不会遭遇灾祸，这是符合当时的道义的，不会有什么灾祸。

【启示】

这一爻告诉我们，改正错误不是一刻的事，它包括从认识自己的错误、中途的思想斗争到着手改正自己的错误，所以其过程是艰辛的，但由于能及时改正自己的错误，因此其结果是好的。

【原文】

六四：中行独复。

《象》曰："中行独复"，以从道也。

【译文】

六四：中途独自返回。

《象传》说：中途独自返回，这是为了顺从道义。

【启示】

这一爻进一步强调能迷途知返，就不会遭遇灾祸。即使已走了好远，能及时返回也是吉利的。

【原文】

六五：敦复，无悔。

《象》曰："敦复，无悔"，中以自考也。

【译文】

六五：敦厚的本性促使你迷途知返，不会有什么愧疚的。

《象传》说：敦厚的本性促使你迷途知返，不会有什么愧疚的，是因为由于你坚守正道，能够反省考察自己的言行以完善自我。

【启示】

这一爻暗示我们，为人敦厚的，往往能迷途知返。

【原文】

上六：迷复，凶，有灾眚。用行师，终有大败，以其国君凶。至于十年不克征。

《象》曰："迷复之凶"，反君道也。

【译文】

上六：误入歧途，并不知道怎么返回，这是凶险的预兆，有灾祸。得此兆去行军打仗，终将大败，并且致使君王也遭受凶险。以致十年都攻克不了敌人。

《象传》说：误入歧途，而且不知道怎么返回之所以凶险，这是由于违背君子的正道的缘故。

【启示】

这一爻从反面告诉我们要迷途知返。

【疑难解析】

迷复，凶，有灾眚

"迷复，凶，有灾眚"的大意是：误入歧途，并不知道怎么返回，这是凶险的预兆，有灾祸。

如果你误入歧途，不能及时返回，给你自己、给别人都会造成大的伤害。一是南辕北辙的人是不能到达目的地的；二是你偏离了正道，往往违背了事物发展的客观规律，而客观规律是不可逆转的，所以容易招致凶险；三是你的指鹿为马会误导其他人，使黑的变成白的，让小人有机可乘。

其实，误入歧途而不知返的人的本质就是固执，固执的人又怎么能自拔呢？

【事例】

"敦复，无悔"暗示我们，为人要敦厚，因为敦厚的本性能促使你迷途知返。刘湛为人不厚道，妒忌心强，先想害人，结果害了自己。

迷途不知返终被诛

刘湛生性多疑，且妒忌心较强。这就造成了他迷途不知返，遭遇杀身之祸。

刘湛由殷景仁引他入朝，做了官。刘湛上任后，认为殷景仁的地位原来不比自己高，现在却排在他前面，心中总是不平。

当时，他们二人都被文帝刘义隆所宠信。刘湛认为殷景仁专门负责内部事务，会在自己与皇帝之间挑拨离间，逐渐心生猜疑。他知道皇帝十分信任殷景仁，改变皇帝的心意是十分困难的，而当时彭城王刘义康专权，刘湛曾经做过刘义康的上佐，就尽力与他结交，想让刘义康改变皇帝的心意，罢黜殷景仁，使自己一个人负责朝廷事务。

刘宋元嘉十二年（公元435年）四月，刘义隆任殷景仁为中书令、中护军，并且可以在自己的府邸办公。刘义隆还加封刘湛为太子詹事，但刘湛就是觉得委屈，心里更加愤恨，让刘义康在刘义隆面前诋毁殷景仁。刘义隆不听谗言，反而更加器重殷景仁。

殷景仁不想与刘湛计较，便声称有病，要求辞职。上奏了好几次，刘义隆都不批准，只让他在家安心养病。

刘湛想派人假扮成强盗，乘殷景仁外出时杀掉他，那样就算皇帝知道了，总还是有办法解脱，刘义隆不至于为了殷景仁而伤害与刘义康的兄弟之情。

但刘湛没有悔改的意思，他还跟刘义康的幕僚及依附自己的人私下里约定，谁也不准登殷景仁的门。彭城王主簿刘敬文的父亲刘成，不了解内情，去殷景仁那里请求担任郡守。

刘敬文知道后，马上去刘湛那里谢罪，说："父亲老糊涂了，竟然到殷铁那儿求职。都是因为我愚蠢浅薄，辜负了您的大恩，我们全家都很惭愧，简直无地自容。"

殷景仁无奈，在家养病，不去上朝，刘湛还是不放心，为了巩固自己的势力，他与刘义康相互勾结，准备加害殷景仁。后来，刘义隆知道了这事，他怕刘义康的势力太强大，会对自己的统治不利，决定先诛杀刘湛。

其实，殷景仁卧病五年，虽然没有朝见刘义隆，但每天都有十几次密信往来，朝廷里的大小事务，刘义隆都询问他的意见。行动非常隐秘，没有一个人知道。

逮捕刘湛那天，殷景仁让家人整理衣冠，家人都不明白他的用意。当天夜里，刘义隆在华林国延贤堂召见殷景仁。殷景仁还说脚有毛病，用小椅子抬进宫就座。刘义隆把诛杀和处罚刘湛党羽的事情，全都委任殷景仁处理。

殷景仁逮捕了刘湛，并依法诛杀了他。刘湛一错再错，终于落得自取灭亡的下场。

无妄卦第二十五

【原文】

无妄卦

乾上

震下

无妄：元亨，利贞。其匪正有眚，不利有攸往。

《彖》曰：无妄，刚自外来而为主于内。动而健，刚中而应。大亨以正，天之命也。“其匪正有眚，不利有攸往”。无妄之往，何之矣？天命不，行矣哉！

《象》曰：天下雷行，物与无妄。先王以茂对时育万物。

【译文】

《无妄卦》：十分吉利，有利于去占卜。若不坚守中正，则有灾祸，不利于有所行动。

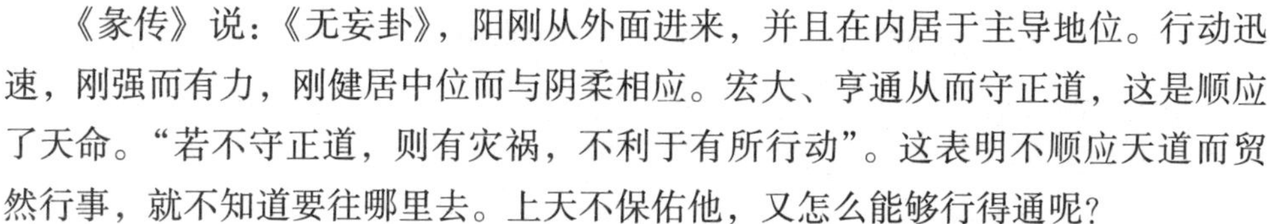

《彖传》说：《无妄卦》，阳刚从外面进来，并且在内居于主导地位。行动迅速，刚强而有力，刚健居中位而与阴柔相应。宏大、亨通从而守正道，这是顺应了天命。“若不守正道，则有灾祸，不利于有所行动”。这表明不顺应天道而贸然行事，就不知道要往哪里去。上天不保佑他，又怎么能够行得通呢？

《象传》说：《无妄卦》的卦象是震在下、乾在上，震为雷、乾为天，这好像高空响雷，雨声阵阵，万物茁壮成长，所以把它叫作《无妄卦》。先王看到此卦象，应顺应天时，尽力促进万物的生长。

【启示】

这一卦告诉我们，只要坚守中正，顺应天道行事，就不会有灾祸。

【原文】

初九：无妄往，吉。

《象》曰：“无妄之往”，得志也。

【译文】

初九：在行动时没有邪妄，不虚伪，这是吉利的。

《象传》说：在行动时没有邪妄不虚伪，是说行为能受到正确的意愿的控制。

【启示】

这一爻告诉我们，在行动时没有邪妄、不虚伪，前途就吉祥。

【原文】

六二：不耕获，不菑畬，则利有攸往？

《象》曰："不耕获"，未富也。

【译文】

六二：如果不耕作就能有所收获，不开荒地就有熟地，那么有所行动就有利。

《象传》说：不耕作就有所收获，但这不能给你带来真正的富裕。

【启示】

这一爻告诉我们，当客观条件已具备时，我们应有所行动。

【原文】

六三：无妄之灾。或系之牛，行人之得，邑人之灾。

《象》曰："行人得牛"，邑人灾也。

【译文】

六三：没有邪妄，不虚伪的人也遭灾。有人把牛拴在道边，牛跑了，对路人来讲是意外的收获，对丢牛的人来说，是灾难。

《象传》说：行人顺手把跑来的牛牵走而得到意外的收获，对丢掉牛的人来说，是飞来的横祸。

【启示】

这一爻告诉我们，坚守中正的可能遭遇灾祸，不坚守中正的也可能得到意外的收获。

【原文】

九四：可贞，无咎。

《象》曰："可贞，无咎"，固有之也。

【译文】

九四：可以去占卜，没有什么灾祸。

《象传》说：能够坚守中正，没有什么灾祸，这是理所当然的。

【启示】

这一爻告诉我们，能够坚守中正，不会遭遇灾祸，这是必然的。

【原文】

九五：无妄之疾，勿药有喜。

《象》曰："无妄之药"，不可试也。

【译文】

九五：不虚伪的人得了小病，他不吃药，就是令人高兴的事。

《象传》说：不虚伪的人得了小病，不能随便吃药。

【启示】

这一爻告诉我们，不能因自己坚守中正也遭遇小的灾祸，而胡乱请人指点。

【原文】

上九：无妄行，有眚，无攸利。

《象》曰："无妄之行"，穷之灾也。

【译文】

上九：没有邪念地行动，招致灾祸，没有任何利益。

《象传》说：没有邪念地行动，招致灾祸，这是无路可退的灾难。

【启示】

这一爻告诉我们，没有邪念地行动，途中遭遇灾难，这不能归咎于自己，这是天意，没有解救的办法。

【疑难解析】

无妄，往吉

"无妄，往吉"的大意是：在行动时没有邪妄，不虚伪，这是吉利的。但自古以来，生性耿直且讲义气的人虽说在行动时没有邪妄，但往往被小人所害，这是为什么呢？

这是因为人们对邪妄的理解有误。这里的邪妄，它有两层含义：一是来自内心的邪念；二是来自外面的胡乱干预。生性耿直的人往往能克制内心的邪念，但由于他生性耿直，往往容易得罪小人，引来小人的报复。再说，他过分地讲义气，往往对主人、对朋友过于忠心耿耿，即使他们的命令或建议是错误的，也不愿违背，这样就不能抵御外来的不正确的思想的干预。所以他们会为小人所害。

因此，我们在行动时，应抵御内心的和外来的邪念的干预。

无妄之灾。或系之牛，行人之得，邑人之灾

"无妄之灾。或系之牛，行人之得，邑人之灾"的大意是：没有邪妄，不虚伪的人也遭灾。有人把牛拴在道边，牛跑了，对路人来讲是意外的收获，对丢牛的人来说，是灾难。这就表明一个坚守中正的人也可能遭受灾祸。一般来说，坚守中正是吉利的，这该怎么解释呢？

一件事情的发生有其必然的因素和偶然的因素。这里的必然是指事物发展的方向，而不是对每一件事的发展的反映，更不是对每一件事的每一刻的具体反

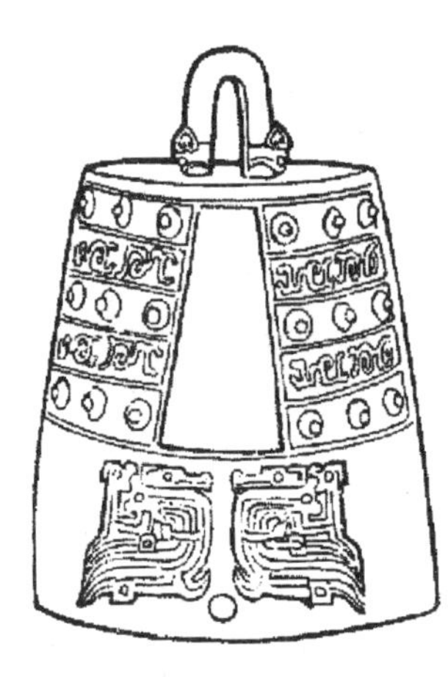

映，换句话说，它只是对事物进行定性，而不是定量，即反映的是事物发生的大概率。这里的偶然指的是各种具体的条件，它包括各种例外的情况。如你处于太平盛世，在任的总统也表现得很出色，虽然你具有竞选总统的才能、财力，并赢得了人心，你遵循正道，安心地等待时机。可是天有不测风云，你走在路上，被车撞成了痴呆。这自然也不能圆你的总统梦。

很显然，坚守中正只代表他有很大的可能成就大业，但也不能排除意外情况的发生。但我们不能因此而否定坚守中正。毕竟追求大概率的人比静候小概率的守株待兔者高明得多，其成功的概率也要大得多。

无妄之疾，勿药有喜

“无妄之疾，勿药有喜”的大意是：不虚伪的人得了小病，他不吃药，这是令人高兴的事。这就表明不虚伪的人遇到意外的灾祸，此时，他的最明智的选择是不改变自己的正确的策略。

一从事物发展来看，它不是直线上升的，而是螺旋上升的，这就表明，在做事时，遭遇意外之灾，是难免的。二从我们对此做的选择来看，如改变初衷，就面临着两种选择：做小概率的事，或与真理背道而驰，永远也到达不了胜利的彼岸；与此相反，坚守中正，就意味着成功的概率很大。再说，事物是向其对立面转化的，是相互依存的，究竟遭遇小的灾祸是祸还是福，还是个未知数。如得乙肝是祸，但你的身体特别强壮，就会产生抗体，以后对乙肝病毒产生免疫力。而人，经历了坎坷之后，会更坚强，更能应付意外的灾祸。

所以，我们在遇到意外的灾祸后，仍要坚守中正。

【事例】

《无妄卦》告诉我们，无论在什么情况下，我们都要坚持走正道。比尔·盖茨的经营管理中就渗透了这个理念，坚持以质取胜。

以质取胜　赶超通用

1979 年比尔·盖茨在一次演讲会上，第一次听到了有关图形操作的前景。后来，他又在苹果电脑公司见到了一套图形操作系统。此后，比尔·盖茨便一直对图形操作有着无限憧憬，并做了一系列准备。

1985 年年初，比尔·盖茨把“微软视窗”提到了公司的头等大事地位。在这年 6 月份，微软公司对外发布了“微软视窗”1.0 版。

刚开始，比尔·盖茨对视窗系统寄予特别大的希望，可是，市场的反应并不像他想象中那样热烈，市场继续是 MS－DOS 的天下。后来，比尔·盖茨认为，视窗的初版问题很多，无法有效地在个人电脑上操作。

比尔·盖茨领导全体员工彻底改造视窗系统，1990 年微软推出视窗 3.0 版。比尔·盖茨对宣传推广重锤出击，结果，这次成功了，视窗 3.0 版大受欢迎。它最大的优点是使用容易，不必像 DOS 那样记忆指令，使用容易明了的图形就可以操作。

微软视窗 3.0 版不仅仅是一个升级版本，而且它开辟了一个崭新的天地。微软视窗 3.0 版拥有高达 16M 扩充内存的直接存取，提供了可将硬件空间作为虚拟内存的存储管理，并提供了多任务管理和一组功能很强的应用程序，美观大方的图标和富有立体感的逼真的按钮以及丰富的屏幕显示，种类繁多的字形，方便实用的数据交换。微软公司投入巨大的代价也收到了相当大的回报。Windows3.0 顿时成为超级畅销软件，它以每月 10 万套的速度在全球出售，雄踞世界软件排行榜榜首。在其新版本 Windows3.1 推出的 1992 年以前，Windows3.0 版本的发售量已达 700 万套的天文数字。

比尔·盖茨永远不会满足。

1995 年 3 月，比尔·盖茨推出了 Windows95 试行版，给全球带来了开天辟地般的震撼。同年 8 月 24 日，比尔·盖茨宣布在 8 月 24 日 0 点将向全球同时推出 12 种语言的 Windows95，而中文、日文等其他 17 种语言的版本在 1995 年底也陆续上市。

1995 年，微软公司的市场价值远远超过了通用，成为世界上市场价值最大的公司。

大畜卦第二十六

【原文】

大畜：利贞。不家食，吉。利涉大川。

《彖》曰：大畜，刚健笃实，辉光日新其德。刚上而尚贤，能止健，大正也。“不家食吉”，养贤也。“利涉大川”，应乎天也。

《象》曰：天在山中，大畜。君子以多识前言往行，以畜其德。

【译文】

《大畜卦》：有利于去占卜。不在家里吃饭，将得到吉利的预兆。去渡大江大河将是吉利的。

《彖传》说：《大畜卦》，刚健、笃实，每天散发出辉煌的光芒，呈现一片新气象。阳刚在上位又能够崇尚贤能之士，有能力又懂得节制，这是最大的正道。“不在家里吃饭，将得到吉祥的预兆”，这是说国家用丰厚的待遇来蓄养贤人。“有利于渡过大江大河”，是说能够顺应天道涉江渡河。

《象传》说：《大畜卦》的卦象是乾在下、艮在上，乾为天、艮为山，就好像阳光照耀山上的万物，雨露滋润万物，万物茁壮成长，所以把它叫作《大畜卦》。君子看到这一卦象，一方面应当努力地学习前代圣人君子的言论，领悟其中的含义；另一方面应通过看前人的行为的得与失来提高自己的决策能力，从而使自己的德行更加美好，学识更丰富。

【启示】

《大畜卦》告诉我们，要干大事，就要做到：一要努力学习，增强自己的本领，培养自己美好的品德；二要培养和招聘贤人，并使用好贤人；三要等待时机。

【原文】

初九：有厉，利已。

《象》曰：“有厉，利已”，不犯灾也。

【译文】

初九：前进有危险，停止行动则是有利的。

《象传》说：行动有艰辛，停止行动则是有利的，这是因为没有触及灾祸。

【启示】

这一爻告诉我们，明知有危险，还是贸然前进，这是不可取的。

【原文】

九二：舆说輹。

《象》曰：“舆说輹”，中无尤也。

【译文】

九二：车轮脱离了车身。

《象传》说：车轮脱离了车身，这因为九二爻即阳爻阴位，居下卦中位，没什么可担心的。

【启示】

这一爻告诉我们，一个人根据客观条件停止行动时，更要坚守正道。

【原文】

九三：良马逐，利艰贞。曰：闲舆卫，利有攸往。

《象》曰："利有攸往"，上合志也。

【译文】

九三：骑着良马奔驰，有利于卜问艰难的事。每天练习驾驭的技术，演习防卫的战术。有利于有所行动。

《象传》说：有利于有所行动，是因为在上的和在下的意愿相同。

【启示】

这一爻告诉我们，一个人处在困难之中，应注意积蓄力量。这里的积蓄力量，是指提高领导能力，从而在整体上增加力量，给他们指明方向。因为一个具有强大的力量的团队顺应天时而战，能战无不胜，攻无不克。

【原文】

六四：童牛之牿，元吉。

《象》曰：六四"元吉"，有喜也。

【译文】

六四：小牛长牛角，大吉大利。

《象传》说：《大畜卦》的第四爻是阴爻阴位，这是大吉大利的，将有喜庆的事发生。

【启示】

这一爻告诉我们，一个人精心培育他的部下，他的部下变得聪明、能干，能胜任他所分派的工作，这是十分吉利的。

【原文】

六五：豮豕之牙，吉。

《象》曰：六五之吉，有庆也。

【译文】

六五：把野猪的牙齿拔出来，这是吉利的。

《象传》说：《大畜卦》的第五爻位阴爻阳位，之所以吉祥，是因为有值得庆祝的事。

【启示】

这一爻告诉我们，作为领导，如其部下具有十分强的能力，但他伶牙俐齿，老伤害同伴，应帮他改正这一缺点。

【原文】

上九：何天之衢；亨。

《象》曰："何天之衢"，道大行也。

【译文】

上九：受上天的保护，亨通。

《象传》说：受上天的保护，正道被大大地推行。

【启示】

这一爻告诉我们，一个人如果已积聚了大量的力量，又顺应天时，那么一定顺利地到达目的地。

【疑难解析】

有厉，利已

"有厉，利已"的大意是：前进有危险，停止行动则是有利的。这不违背了"明知山有虎，偏向虎山行"吗？

"有厉，利已"是大畜卦初九爻的爻辞。从卦画上看，初九为阳居阳位。如果按乾卦来说，他应处在潜龙的位置，应忙于积蓄力量。在力量不足的情况下，明知有危险，还不停止行动，就容易陷入危险的境地，而且往往因力量太小而不能自拔。

如他停止行动，等积蓄了一定的力量再行进，前进途中可能出现这两种情况：一种情况是他小心翼翼地回避了危险的境地；另外一种情况还是遇到危险，但他在行动之前已积蓄了力量：一是与他的周围的人对其危险所导致的后果进行分析，并提出应付的办法；二是他有了承受危险带来的压力的能力，所以能脱离危险。

这不难看出"明知山有虎，偏向虎山行"，是指一个人已积蓄一定的力量，能与虎进行较量了。

所以说，在自己力量不足时，就要积蓄力量，如已贸然行动了，就要停止行动。

【事例】

"有厉，利已"和"何天之衢，亨"暗示我们，在力量不足以击败对方时，不能贸然行动，一旦时机成熟，便顺应天时而动。田单深知这个道理，攻守结合败燕复齐国。

田单攻守结合败燕复齐国

公元前284年，燕昭王任命乐毅为上将军，统率六国军队攻齐。齐愍王未料到燕国会联合诸国攻齐，匆忙之中率军在济水之西展开决战。结果齐军一触即溃，遭到惨败，主力被消灭，齐王被迫出逃至莒。

乐毅攻克临淄后，兵分五路，仅六个月的时间，就攻取了齐国70多座城池，只剩下莒和即墨两城未被攻克。

公元前283年，齐王之子法章为齐襄王，守莒抗燕，并号召民众抵抗。乐毅又重新调整部署，集中右军和前军攻莒，左军和后军攻即墨。即墨军民在守将战死之后，共推齐宗室田单为将。田单充分运用孙武的善守还需善攻的制胜之道，坚守抗燕，静待反攻良机，形成两个抗燕的坚强堡垒。燕军围攻莒和即墨一年未下，乐毅改用攻心战，命燕军撤至距两城九里的地方设营筑垒，并下令凡城中居民有出来的不加拘捕，有困难的予以赈济，以争取齐民。如此相持三年，两城依然未被攻下。

公元前279年，燕昭王死，惠王继位。惠王做太子时便对乐毅不满，且对三年攻齐不下又有怀疑，田单乘机派人入燕进行间谍活动，宣扬说乐毅借攻齐为名，想控制军队在齐国为王。燕惠王果然中计，派骑劫代替乐毅。乐毅被撤换，不仅使田单少了一个难以对付的敌手，且使燕军将士愤愤不平，军心涣散。

骑劫到任后，一反乐毅的做法，改用强攻。由于齐国军民的顽强抵抗，未能奏效。田单为进一步激励士气，诱使燕军行暴，便散布谣言说齐军最怕割鼻子、挖祖坟。骑劫果然中计。即墨军民看到燕军的暴行，个个愤怒异常，纷纷要求同燕军决一死战。同时，田单积极进行反攻的准备工作，先命精壮甲士全部隐伏起来，以老弱、妇女登城守望，使燕军误以为齐军少壮已伤亡殆尽，然后派人向燕军诈降。燕军信以为真，一心坐待受降，更加麻痹松懈。

田单觉得反攻时机已经成熟，便收集了千余头牛，在牛角扎上锋利的尖刀，身披五彩龙纹的外衣，牛尾绑上渗透油脂的芦苇，并在城脚挖好几十个洞，直通城外。又挑选了5000名精壮勇士，扮成神怪模样，并令全城军民备好锣鼓以便出击时呐喊助威。

一切准备就绪。一天夜间，田单命令点燃牛尾上的芦苇，驱赶1000多头火牛从城墙洞中向燕营猛冲狂奔，5000名勇士随之杀出，全城军民擂鼓击器以壮声势，一时火光通明，杀声震天。燕军将士从梦中惊醒，仓皇失措，四处逃命，

死伤无数，骑劫在混乱中也被杀，围攻即墨的燕军主力彻底溃败。田单奇袭获胜后，立即大举反攻，齐国民众纷纷响应，很快将燕军逐出国境，收复沦陷的70多座城池。

此战，即墨田单在保卫战中积极防御，巧施反间计，以诈降手段麻痹对方，然后实施夜间奇袭，先坚守后反攻，最终一举击败燕军，取得了复国的胜利。

颐卦第二十七

颐卦

䷚

艮上
震下

【原文】

颐：贞吉。观颐，自求口实。

《彖》曰：颐，贞吉，养正则吉也。“观颐”，观其所养也。“自求口实”，观其自养也。天地养万物，圣人养贤以及万民。颐之时大矣哉。

《象》曰：山下有雷，颐。君子以慎言语，节饮食。

【译文】

《颐卦》：去占卜得到吉利的预兆。观察别人的养生之道，是打算自己寻找口中食。

《彖传》说：《颐卦》说去占卜获得吉利的预兆，这表明如果用正道培养他人和保养自己，那么就能获得吉祥。“观察别人的养生之道”，就是要观察一个人是怎样养育他人的。“自己寻找口中食”，就是要观察一个人是用什么办法来养活自己的。天地养活万物，圣人培养贤人是为了泽被天下百姓。多么伟大呀，顺应颐养的正道为天下百姓造福！

《象传》说：《颐卦》的卦象为震在下、艮在上，震为雷、艮为山。这表明山下有响雷，雨马上就要降临，滋润万物，因此把它叫作《颐卦》。君子看到这一卦象，说话要谨慎，饮食要有所节制。

【启示】

《颐卦》告诉我们，要顺应颐养的正道。

【原文】

初九：舍尔灵龟，观我朵颐，凶。

《象》曰：“观我朵颐”，亦不足贵也。

【译文】

初九：舍弃你的财宝，眼睛盯着我鼓起两颊咀嚼食物，这会导致凶险。

《象传》说：眼睛盯着我鼓起两颊咀嚼食物，这是不值得称赞的。

【启示】

这一爻告诉我们，与其把时间浪费在羡慕别人享用劳动所得上，不如充分发挥自己的聪明才智去创造财富。

【原文】

六二：颠颐，拂经，于丘颐征凶。

《象》曰：六二"征凶"，行失类也。

【译文】

六二：口中充满了食物，却违背常理到山坡上，去侵略、抢劫他人的财富，这将遭遇凶险。

《象传》说：六二是《颐卦》的第二爻位即阴爻阴位，说靠侵略、抢劫他人养活自己是凶险的，这是因为这种行为不符合正道。

【启示】

这一爻说明了人不能太贪心，特别是不能因贪心而去害他人。

【原文】

六三：拂颐，贞凶。十年勿用，无攸利。

《象》曰："十年勿用"，道大悖也。

【译文】

六三：违背求食的常理，去占卜将得到凶兆。十年都不能这么做，没有什么好处。

《象传》说：十年都不能这么做，是因为它违反求食的常理，大大违背了培养他人和保养自己的原则和方法。

【启示】

这一爻告诉我们，求取口中食必须采取正当的手段。

【原文】

六四：颠颐，吉。虎视眈眈，其欲逐逐，无咎。

《象》曰："颠颐之吉"，上施光也。

【译文】

六四：口中填满了食物，这是吉利的。虎视眈眈，说明他小心谨慎，能提防别人的侵犯，没有什么灾祸。

《象传》说：践行自己养活自己的养生之道，之所以吉利，是因为君主施舍宽广，做人光明磊落。

【启示】

这一爻告诉我们，要小心保护自己的权益。

【原文】

六五：拂经，居贞吉。不可涉大川。

《象》曰："居贞之吉"，顺以从上也。

【译文】

六五：违背常理跑到山丘上，开荒种地，养家糊口，去占卜将得到吉祥的预兆。不可去渡大江大河。

《象传》说：居守中正，获得吉祥，是因为能够顺从君主。

【启示】

这一爻告诉我们，在前期的积累阶段，避开激烈竞争的环境，找一个荒凉的地方定居下来，是明智之举，但不能有大的行动。因为在前期进行开辟时，需要投入虽说不多，但产出的也相当少，如果进行大的行动，就会因实力不足半途而废。

【原文】

上九：由颐，厉吉。利涉大川。

《象》曰："由颐，厉吉"，大有庆也。

【译文】

上九：奉行颐养的正道，开始遇到艰难但最终获得吉祥。有利于去渡大江大河。

《象传》说：奉行颐养的正道，开始遇到艰难但最终获得吉祥，有十分值得庆祝的事。

【启示】

这一爻告诉我们，只要始终坚守颐养的正道，就能成就大业。

【疑难解析】

舍尔灵龟，观我朵颐，凶

"舍尔灵龟，观我朵颐，凶"的大意是：舍弃你的财宝，眼睛盯着我鼓起两颊咀嚼食物，这会导致凶险。这就暗示我们，一个人正在看着别人享用劳动果实，羡慕之情顿生，这对他是不利的。

一是因为羡慕不会产生财富，这样只会白白浪费时间，结果一无所得。二是因为在他盯着别人享用劳动所得时，上天赐予他的创造财富的机会早悄悄从他身边溜走，被后来的人抢去。三是他那羡慕的眼神可能会引起其他人对他的误解，甚至是憎恶。因为只有有所企图的人才盯着别人的财富。四是他过分地羡慕别人能悠然自得地享受，可能会使他忘记别人的辛苦劳作，走捷径致富的邪念便会不知不觉地产生，导致他跌入深渊，不能自拔。

【事例】

“颠颐，吉。虎视眈眈，其欲逐逐，无咎”暗示我们，防人之心不可无。曾国藩是清代最为有名的大臣，其聪明可见一斑。可最后却被一个名不见经传的同乡蒙骗。

曾国藩马失前蹄竟被人欺

曾国藩一向自我要求“宅心仁厚”，对待自己的父老乡亲有着解不开的情结，常常明帮暗助，照顾有加。一天，有一位同乡到曾国藩的府院前求见曾国藩，对仆人说：“我是曾大人的同乡，现在一个人离乡背井，举目无亲，无奈之中，前来投奔曾大人，烦劳你通报一声！”

曾国藩得知后，立即接见。这个人也有几分才气，上知天文下晓地理，两人相谈甚欢。到了吃饭的时间，曾国藩热情地挽留此人共餐。在饭桌上，这个人发表了一个精辟的论断，他说：“就我所经历的事情，天下有三种人是不可欺的。”

曾国藩听后，有些好奇，不知这位阅历丰富的同乡会有什么高见，忙问道：“不知是哪三种人，说来我听听！”

同乡放下筷箸，一本正经地说：“第一种是不能欺，就像李中堂（鸿章），这种人精明练达，工于心计，别人想骗也骗不了他；第二种是不敢欺，比如权尊位高者，即便是欺骗了他们，就算跑到海角天涯也会被抓回来，到头来自己肯定没有好结果；第三种人是不忍欺，就像您，待人真诚，为人善良，这样的人到哪里找呢？您说还有谁忍心欺骗您这种人呢？”

曾国藩在心底觉得自己最大的优点正是这位同乡所说的，一听此言，立即就产生了相见恨晚的感觉。说道：“没想到我和你初次见面，这短短一个时辰的谈话竟然如此投机，知我者莫如君啊！”吃完饭，曾国藩立即安排这个人管理粮饷，掌握部分财政。

半年后，曾国藩引为知己的同乡竟然卷带巨款潜逃得无影无踪！知道这一消息

后，曾国藩抚胸后悔不已。自己怎么就没有注意到他欺骗我的迹象呢？又想立即派人捉拿这个骗子，可是毫无头绪。这才想起，原来自己既不是不能欺的人，也不是别人不敢欺的人，不禁叹息道："原来他说的不忍欺的人，就是不忍欺我啊！"

大过卦第二十八

【原文】

大过：栋桡。利有攸往，亨。

《彖》曰："大过"，大者过也。"栋桡"，本末弱也。刚过而中，巽而说。行，"利有攸往"，乃"亨"。"大过"之时大矣哉。

《象》曰：泽灭木，大过。君子以独立不惧，遁世无闷。

【译文】

《大过卦》：房屋的栋梁受重压而弯曲。有利于有所行动，顺畅。

《彖传》说：《大过卦》，它有阳刚之气过盛而产生动荡不安的意思。"房屋的栋梁受重压而弯曲"，是说栋梁的两端太细，不能承担重负，致使栋梁受压而弯曲。阳刚过于旺盛，应坚守中正的原则，谦恭而和悦。此时的行动是"有利于有所行动"的行动，于是"顺畅"。《大过卦》有多么伟大的现实意义。

《象传》说：《大过卦》巽在下、兑在上，巽为木、兑为泽，这有水淹没了树木之象，所以把它称作《大过卦》。君子看到此卦象，就应当坚持自己的正道，不必害怕和畏惧别人的非议，即使因此逃到世外也没有什么苦闷的。

【启示】

《大过卦》告诉我们，在动荡的年代，不要盲目采取过激或鲁莽的行动，但只要遵循正道，就有利于有所行动。

【原文】

初六：藉用白茅，无咎。

《象》曰："藉用白茅"，柔在下也。

【译文】

初六：祭祀时用白色的茅草垫在祭品的下面，这样做不会有什么灾祸。

《象传》说：祭祀时用白色的茅草垫在祭品的下面，就好像初六代表阴柔的阴爻居下位。

【启示】

这一爻告诉我们，在动荡的时期，要谦恭，甘于居下位。

【原文】

九二：枯杨生稊，老夫得其女妻，无不利。

《象》曰："老夫女妻"，过以相与也。

【译文】

九二：枯萎的杨树生出新的嫩芽，老头子娶了一位年轻的女子做妻子，这没有什么不利的。

《象传》说：老年男子娶年轻的女子做妻子，两人年龄差距十分大，但这意味着老年男子老当益壮，年轻女子少年老成，所以这超过一般的婚姻。

【启示】

这一爻告诉我们，要想在一个动荡的年代获得新生，就必须突破常规地用人。

【原文】

九三：栋桡，凶。

《象》曰："栋桡之凶"，不可以有辅也。

【译文】

九三：房屋的栋梁受重压而弯曲，凶兆。

《象传》说：房屋的栋梁受重压而弯曲，预示将有凶险发生，这表明大梁弯曲房屋倾斜而无法用一根副梁代替支撑。

【启示】

这一爻告诉我们，在一个动荡不安的年代，栋梁之材所担负的责任非常重大，能力非常强，他的助手都不能取代他的位置。所以栋梁被压弯是凶险的预兆。

【原文】

九四：栋隆，吉。有它，吝。

《象》曰："栋隆之吉"，不桡乎下也。

【译文】

九四：房梁高高隆起吉利。但一旦坍塌，后果不堪设想。

《象传》说：房梁高高隆起吉利，是因为房梁不再向下弯曲而房屋也不会塌。

【启示】

这一爻告诉我们，在非常时期，不能让一个人帮自己主持全面的工作。

【原文】

九五：枯杨生华，老妇得其士夫，无咎无誉。

《象》曰："枯杨生华"，何可久也？"老妇士夫"，亦可丑也。

【译文】

九五：枯萎了的杨树一反常态开起了花，老妇人得到年轻男子做丈夫，这既没有灾难，也不值得称道。

《象传》说：枯萎的杨树重新开花，但花能长久地开着不凋谢吗？衰老的女人得到年轻的男子做丈夫，这也不是正大光明的事。

【启示】

这一爻告诉我们，在非常时期为了正义采取了有悖当时政策的非常措施，既不会招致灾难，也不值得称道。

【原文】

上六：过涉灭顶，凶，无咎。

《象》曰："过涉之凶"，不可咎也。

【译文】

上六：在涨水时去渡河，淹没了头顶，凶险，但他本身没有过失。

《象传》说：在涨水时去渡河，淹没了头顶，凶险，但不可以归咎于他。

【启示】

这一爻告诉我们，在混乱的年代，当非正义如潮水般汹涌而来时，我们应迎刃而上，即使遭遇不测，也无悔，更不觉得自己有过失。

【疑难解析】

枯杨生稊，老夫得其女妻，无不利

"枯杨生稊，老夫得其女妻，无不利"的大意是：枯萎的杨树生出新的嫩芽，老头子娶了一位年轻的女子做妻子，这没有什么不利的。它是大过卦九二爻的爻辞。大过有动荡不安的意思。这就表明在动荡不安的年代要突破常规地用奇人。因为奇人的思维角度与常人不一样，能开发常人不曾涉及的领域，能从常规中推出常人不能推出的结论，采取不同常人的策略，从而出奇制胜。

栋隆，吉。有它，吝

"栋隆，吉。有它，吝"的大意是：房梁高高隆起，吉利。但一旦坍塌，后果不堪设想。这暗示我们，当危险到来时，有一个人挺身而出，为你主持全面的工作，抵御所有的外来侵蚀是吉利的，但也是非常危险的。

你能稳坐高位，全靠他一手托起。而此时，他很有可能倒下。一是外在的侵蚀使他腐化变质。由于他是处在一个动荡不安的年代，被竞争对手挖掘过去的可能性很大。另外，他禁不住名和利的诱惑，另立门户。二是内在的因素。因为要在混乱的环境中立住脚，必须要处理好各种事务，这就需要他十分努力地工作，而一个人的精力是有限的，所以他因劳累过度而倒下的可能性也非常大。我们不难看出，他一旦倒下，作为领导的你就会一败涂地。

“枯杨生华，老妇得其士夫，无咎无誉”和“过涉灭顶，凶，无咎”

“枯杨生华，老妇得其士夫，无咎无誉”的大意是：枯萎了的杨树一反常态开起了花，老妇人得到年轻男子做丈夫，这既没有灾难，也不值得称道。

因为在非常时期正义往往不能通过正常的手段维护，为了伸张正义，我们只有采取非常手段，所以不会招致灾难。但由于它违背了当时的政策，所以不值得提倡。因为提倡违背政策的事，就会给社会造成更大的混乱。这是因为：

一、不是每一个人的素质都达到很高的层次，能辨别是非，这样做错事的可能性就很大，便善意地颠倒黑白，造成混乱；

二、由于人是有感情的，往往难以摆脱感情的羁绊，以致明知是错，还是要去做；

三、让小人有了混进来的空隙，他们乘机干有损于人民利益的事。

“过涉灭顶，凶，无咎”的大意是：在涨水时去渡河，淹没了头顶，凶险，但他本身没有过失。前面不是不主张人民用非常的手段伸张正义吗？而此时为什么叫人民冒着生命危险采取非常手段呢？

一是非正义的行为马上就要危及人民大众的利益，此时，人民大众的唯一出路是与之作斗争，否则，只能等死。

二是我们积极行动起来，或许能战胜邪恶，获得新生；即使遭遇凶险，但至少能激发后来者与邪恶作斗争，并给他们留下与邪恶作斗争的经验和教训，为他们走上胜利的彼岸铺平道路。

【事例】

“枯杨生稊，老夫得其女妻，无不利”暗示我们，在动荡不安时，突破常规地用奇才是成功的法宝。胡雪岩不以人非而非，独具慧眼，帮王有龄起用司马松，结果平息了叛乱。

独具一格：起用司马松平叛乱

王有龄在湖州时，他统辖的一个县城发生民变。乱民杀死县官，攻占县城，竖起大旗，自称“无敌大王”。消息传到湖州，王有龄大为恼火，召集幕僚征询办法，手下幕僚大都言剿，王有龄也支持这种想法。

然而有一个叫司马松的幕士却反对这种办法。他认为，如今官兵久不训练，不知拼杀之事，乱军风头正劲，不与之相争才是上策。否则，一旦官兵失败，只怕四处乱民都会响应，况且民乱事出有因，当以抚为上，既可安抚民生，也可平定民乱。

王有龄不予理睬，派营官领兵1000前去镇压。

果不出司马松所料，1000官兵在半途便中了埋伏，死伤大半，其他饥民见官兵如此不堪一击，也纷纷起来闹事，响应“无敌大王”。王有龄大惊失色，召集众幕僚，再商对策。众幕士说来说去，都没有好主意，再想请司马松时，却发现他告假养病在家，坚辞不就。

胡雪岩听完王有龄的叙述，认定司马松就是平乱所需的英才。他解释道：司马松面相端正，属善良忠直之辈；眉间英气凝聚，有传世之才；行动愚钝，大智若愚，不表于色，心计必定极深沉。他平时少言寡语，不善辞令，但献计用抚不用剿，确实为计深远，非一般人所及。他平素藏而不露，到危难之际挺身而出，大展才智，才是中用之人，其所以隐忍不发，不愿为王氏效命，是因为王有龄以寻常眼光对之，未发现这一人才而已。

事实上，司马松命苦多难。他是遗腹子，全靠母亲把他辛辛苦苦养大，后来又给他娶妻。谁知老母却一病不起，过了几年，妻子留下几个儿女，也跟他人私奔了。司马松既要照顾老母，又要照顾孩子，欠债不计其数。有朋友见他可怜，便通过种种关系把他介绍到王有龄的衙门，却一直不受重视。平日他颇有怀才不遇之感，这一次给王有龄出计献策，王有龄刚愎自用，根本不把他放在眼里，使他大为恼怒。

胡雪岩了解这一切后，亲自登门拜访，为司马松还清旧债，临走又留下五百两银票，以备司马松日常开支。回来后，胡雪岩见到王有龄，将司马松的困窘备说详细，又劝王夫人以养婢赠予司马松为续弦。这一切令司马松感激涕零，第二天前来拜谢，胡雪岩便把王有龄的意思告诉他，司马松一听，主动要求去与乱民谈和。

司马松果然厉害，舌战乱民，很快就瓦解了乱民的斗志，乱民各自散去。王有龄闻讯大喜，奏明朝廷，朝廷令他就任民变的县城县令。司马松在任上，治理有方，很快就把人心平定，又大力发展生产，一时间政通人和。此时王有龄才意识到：“司马松素日在同僚中备遭非议，原来果真是奇才！”

坎卦第二十九

【原文】

习坎：有孚，维心亨。行有尚。

《彖》曰：“习坎”，重险也。水流而不盈。行险而不失其信，维心亨，乃以刚中也。“行有尚”，往有功也。天险不可升也。地险山川丘陵也。王公设险，以守其国。险之时用大矣哉。

坎卦

坎上
坎下

《象》曰：水至，习坎。君子以常德行，习教事。

【译文】

《习坎卦》：有了诚信，就能赢得人心，顺畅。出行肯定能获得帮助。

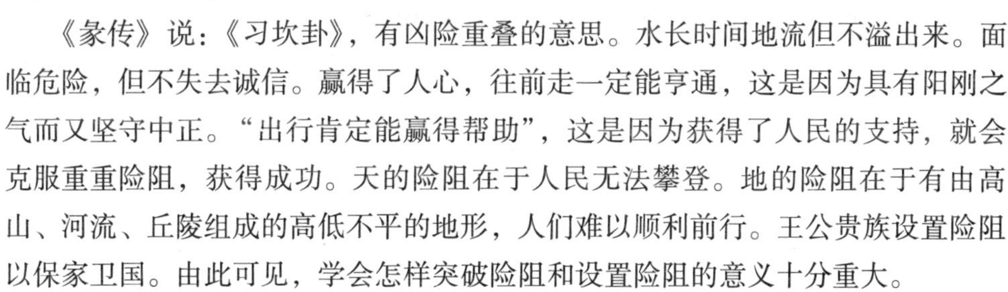

《彖传》说：《习坎卦》，有凶险重叠的意思。水长时间地流但不溢出来。面临危险，但不失去诚信。赢得了人心，往前走一定能亨通，这是因为具有阳刚之气而又坚守中正。“出行肯定能赢得帮助”，这是因为获得了人民的支持，就会克服重重险阻，获得成功。天的险阻在于人民无法攀登。地的险阻在于有由高山、河流、丘陵组成的高低不平的地形，人们难以顺利前行。王公贵族设置险阻以保家卫国。由此可见，学会怎样突破险阻和设置险阻的意义十分重大。

《象传》说：《习坎卦》的卦象是上下都是坎，坎为水，这是水流之象。水流长久地流而不停止，所以把它叫作《习坎卦》。君子看到此卦象，要长久保持崇高的品行、熟练教诲人的事业。

【启示】

《习坎卦》告诉我们，长期处在不顺利、不得志的情况下，不但需要有坚定的信念，勇往直前，而且要随机应变，谨慎行事。

【原文】

初六：习坎，入于坎窞，凶。

《象》曰：“习坎入坎”，失道凶也。

【译文】

初六：重重叠叠的险阻，陷入进去，凶险。

《象传》说：重重险阻，坠入这充满险阻的深渊的原因是没有坚守正道。

【启示】

这一爻告诉我们，面临重重险阻，是非常危险的，如果不遵守正道，就会招致灾祸。

【原文】

九二：坎有险，求小得。

《象》曰："求小得"，未出中也。

【译文】

九二：处在重重叠叠的险阻中，肯定有凶险，此时只能求得小的收获。

《象传》说：求得小的收获，因为九二爻居于坎卦的中位，就好像人能坚守正确的道路。

【启示】

这一爻告诉我们，处在重重叠叠的危险中，只能求得小的成绩。

【原文】

六三：来之坎坎，险且枕，入于坎窞，勿用。

《象》曰："来之坎坎"，终无功也。

【译文】

六三：危机四伏，这里的险阻有险要的高山和深不可测的水流，陷入这样的凶险中，不可轻举妄动。

《象传》说：危机四伏，最终难以成功。

【启示】

这一爻告诉我们，当处在危机四伏的境地中，我们要小心谨慎。

【原文】

六四：樽酒簋贰，用缶，纳约自牖，终无咎。

《象》曰："樽酒，簋贰"，刚柔际也。

【译文】

六四：用瓦缶盛着醇酒，用竹盒盛着饭菜，十分简约地从窗户递进来。最终没有什么灾祸。

《象传》说：用瓦缶盛着醇酒，用竹盒盛着饭菜，从窗户递进来，没有灾祸，这是因为在困境中能简约程序，不分尊卑地交谈，以至于刚柔相济，自然能免灾。

【启示】

这一爻告诉我们，当被危险重重包围时，只要下属有诚心，所有的繁文缛节都可省略。

【原文】

九五：坎不盈，祇既平，无咎。

《象》曰："坎不盈"，中未大也。

【译文】

九五：水还未溢出来，小丘的土已经铲平，不会有灾祸。

《象传》说：水还未溢出来，这表明九五的中正之道还未发挥到最大的效用，所以，还有迎接困难的潜力。

【启示】

这一爻告诉我们，在迎接重重困难时，应善于从多方的压力中找出相对立的压力，让他们相互抵消，而自己坐收渔翁之利。

【原文】

上六：系用徽纆，寘于丛棘，三岁不得，凶。

《象》曰：上六失道，凶三岁也。

【译文】

上六：如果被别人用绳索牢牢捆住，放在荆棘丛生的林中，多年不得逃脱，非常凶险。

《象传》说：《坎卦》的上六爻位表示如不能顺应天道，将多年处在险境中。

【启示】

这一爻告诉我们，如果被困难一层又一层地包围，就好比被人用粗的绳索捆了一道又一道，难以逃脱。

【疑难解析】

"习坎，入于坎，凶"和"坎有险，求小得"

"习坎，入于坎，凶"的大意是：重重叠叠的险阻，陷入进去，凶险。他为什么会陷进去呢？

"习坎，入于坎，凶"是坎卦初六爻的爻辞。从卦画上看，初六是阴居阳位，这表明他没有正确对待失败，没有坚守正道。现在，我们可列举主要的两种对待失败的错误态度及由此带来的结果：

一、遇到失败就否定自己，或者埋怨上天对自己不公平。这样的态度将使他

失去与困难作斗争的信心，自然不会积极主动去迎接困难的到来，当然就会被困难撞入充满险阻的深渊。

二、多次失败可能激发他想成功的强烈愿望，以至于急于求成，贸然行动，跌入深渊。

所以，他陷进去的原因是没有以正确的态度对待失败，没有坚守正道。

那么，什么是处在重重叠叠的险阻中的正道呢？“坎有险，求小得”给了我们正确的答案：当被危险重重包围时，我们只能求得小的收获。

一般说来，取得大的成就不是一步能到位的，往往需要突破一道又一道的关口，而我们处在重重叠叠的险阻中，这就意味着很可能遭遇凶险，即每一个危险都有可能落在自己的头上，都会使自己前功尽弃，陷入不能自拔的境地。所以说，要取得大的成就的概率太小了，其风险系数太大了。

相反，如果我们把目标定低一点，只要有机会，就积极行动起来，能够获得小成绩的机会就大得多。而且我们一点一滴地克服困难，积少成多，终会脱离危险。

所以，一个人处在重重叠叠的险阻中，应以“求小得”为目标。

樽酒，簋贰，用缶，纳约自牖，终无咎

“樽酒，簋贰。用缶，纳约自牖。终无咎”的大意是：用瓦缶盛着醇酒，用竹盒盛着饭菜，十分简约地从窗户递进来。最终没有什么灾祸。这就暗示我们，处在危险中的领导，为了脱险，他应省去所有的繁文缛节，直接跟下属商量脱险的办法。

因为这样做有几大好处：一是可抢得时间，以致灾难还未到来时，就已经采取有力的措施防范。二是让下属更加佩服自己，尊敬自己，从心里愿意为自己效力。因为人们喜欢的是平易近人的上司，希望得到的是理解，愿意实施的是自己参与制定的措施。

【事例】

《坎卦》暗示我们，一个人经历失败，并不可怕。可怕的是，就此倒下。只要继续奋斗，就有重新站起来的可能。邦尼的起家就说明了这一点。

从报童到百万富翁

在美国，石油大亨不少。但像邦尼一样，屡败屡战，以超人的毅力扫除重重险阻，获得成功的极少。所以说，邦尼一生的经历具有传奇色彩。

1928 年，邦尼出生于美国俄克拉荷马州的荷顿威尔镇。从 12 岁起，他给人送报，并给报社做钟点工。

1949 年，邦尼转入俄克拉荷马大学，主修地质学，并于 1951 年以优秀的成绩毕业。遗憾的是，他没有成为地质学家，而是进入菲纳斯石油公司当了一名职员。

1954 年，邦尼辞职。邦尼用自己的银行储蓄，采取分期付款的形式，买下一辆福特牌客货两用车。创办了一家石油公司，其职员就他一人。他的公司周转快、成本低，收费当然也低廉。而且办事又迅速又可靠，因此，获得同行们的器重，营业额逐日增加。

随着业务的增加，工作量的日益加大，邦尼决定扩大他的一人公司规模。

1956 年 9 月，邦尼和约翰·奥伯恩、麦卡特组成一个新公司——石油发展机构。

石油发展机构的资金由邦尼投资 50%，麦卡特和约翰·奥伯恩各占投资额的 25%。此外，他俩还借给公司 10 万美元，由邦尼在 5 年内连本带利一并归还，否则公司由这两位股东接管。

公司开业后，邦尼任董事经理。他雇了两名优秀的助手：一个是初任公司秘书的施拉芙小姐，后来被提升为经理；另一个是后来任加拿大卡加里分公司经理的罗顿。这两个人都非常熟悉石油业这一行，有着特别丰富的经验。

1958 年 3 月，公司提出开发 16 口油井的计划，立即就有 51 名投资者参加，集资达 50 万美元。一年以后，16 口井中除 7 口井是干井外，8 口井开始生产石油气，1 口井可供开采石油。这一年的生产总值达 225 万美元，超过投资基金的 4 倍。公司和投资者都赚钱了。

他们信心倍增，同一年年底又推出马沙利斯计划，以医生马沙利斯为主准备开发 13 口油井，集资 47.5 万美元。结果，又一次大获成功，13 口油井中仅有 4 口干井，全年生产总值达 300 万美元；邦尼的事业跃上了一个新的台阶。

这两次的巨大成功使邦尼雄心勃勃，他决定大干一番。1959 年，一项新的

开采计划又匆匆上马。由于判断失误，公司在得克萨斯州历时 4 个月所钻的油井全部是干井，整整损失了 50 万美元。

这一沉重打击，使公司业务开始跌入低谷，不得不大量裁减人员，最少的时候只剩下 3 个人。可是，邦尼并没有气馁，他继续在美国和加拿大之间不停地奔波，积极寻找机会，寻找理想的采油点，以图东山再起。

可是，邦尼的努力一次次遭到失败，在整整 3 年中，看不见一点起色。但是邦尼没有绝望，还是积极奔波，功夫不负有心人，终于一个机会来了。1962 年，邦尼在得克萨斯州一个小郡发现了一块满意的油田，可钻 98 口油井，每天可保证产油 60 桶。这时，公司财务状况已经难以维持正常经营了，邦尼只好以每口井 4 万美元的价格批给投资者。尽管这样，还是赚了 75 万美元，还清了债务。职工人数又增加了。

邦尼在危境中不绝望，沉着应付，迎来了成功。

离卦第三十

【原文】

离：利贞，亨。畜牝牛，吉。

《彖》曰：离，丽也。日月丽乎天，百谷草木丽乎土。重明以丽乎正，乃化成天下。柔丽乎中正，故亨。是以“畜牝牛吉”也。

《象》曰：明两作，离。大人以继明照于四方。

【译文】

《离卦》：有利于去占卜，顺畅。像母牛一样顺从，十分吉利。

《彖传》说：离，即附丽，也就是附着的意思。就好像日月要附在在天空上，百谷草木要附在大地上。日月大放光明并且依附正道，于是造化万物。柔顺依附正道，所以顺畅。因此卦辞说：“像母牛一样顺从，吉利。”

《象传》说：《离卦》的卦象为上下都是离，离为火，有光明接连升起之象。太阳早晨升起，月亮晚上出现，给人类带来光明，所以把它叫作《离卦》。君主应接连不断地施恩于民。

【启示】

这一卦告诉我们，在自己乱了方寸时，可以借助外力脱离危险，但要遵循正道。

【原文】

初九：履错然，敬之，无咎。

《象》曰："履错之敬"，以辟咎也。

【译文】

初九：脚步错乱，但能谨慎小心，就没有什么过失。

《象传》说：步履错乱，但能谨慎从事且未轻举妄动，是要防患于未然。

【启示】

这一爻告诉我们，在已经乱了方寸时，切不可心慌意乱，要设法使自己冷静下来，做到谨慎行事，就不会有什么过失。

【原文】

六二：黄离，元吉。

《象》曰："黄离元吉"，得中道也。

【译文】

六二：穿黄色的衣服，十分吉利。

《象传》说：穿黄色的衣服，十分吉利，是因为六二爻居下卦中位，就好比人坚守正道。

【启示】

这一爻告诉我们，如果我们在行动中始终依附正道，且有贵人相助，则会获得吉祥。

【原文】

九三：日昃之离，不鼓缶而歌，则大耋之嗟，凶。

《象》曰："日昃之离"，何可久也！

【译文】

九三：夕阳西下时的光辉，不击瓦器而唱歌，这是八十岁老人的嗟叹，这样必然遭遇凶险。

《象传》说：夕阳西下，映红西天，怎么能长久呢！

【启示】

这一爻告诉我们，如果在自己乱了方寸时，悲观丧气，那么必将招致凶险。

【原文】

九四：突如其来如，焚如，死如，弃如。

《象》曰："突如其来如"，无所容也。

【译文】

九四：依附者突然得意扬扬地来了，烧死他，杀死他，抛弃他。

《象传》说：依附者突然得意扬扬地来了，他将没有容身的地方。

【启示】

这一爻告诉我们，依附者不能太嚣张。

【原文】

六五：出涕沱若，戚嗟若，吉。

《象》曰：六五之吉，离王公也。

【译文】

六五：人们痛哭流涕，悲哀地叹息不已，这是吉利的。

《象传》说：《离卦》的六五爻之所以能够得到吉利的预兆，这是因为他依附于王公贵族，受到了他们的庇佑。

【启示】

这一爻告诉我们，即使依附于至尊的人，也知忧惧，将是吉利的。

【原文】

上九：王用出征，有嘉折首，获匪其丑，无咎。

《象》曰："王用出征"，以正邦也。

【译文】

上九：遵循天命出征讨伐尚未依附的异己，取得胜利，斩杀敌方首领，俘虏他的同党，这样就不会遭遇灾祸。

《象传》说：遵循天命出征讨伐尚未依附的异己，是为了安邦定国。

【启示】

这一爻告诉我们，在以坚守正道为前提下，遵循自己所依附的至尊的人的命令去讨伐异己，这是可取的。

【疑难解析】

"履错然，敬之，无咎"　和"黄离，元吉"

"履错然，敬之，无咎"的大意是：脚步错乱，但能谨慎小心，就没有什么过失。这就暗示我们，一个人在做事时乱了方寸，此时，冷静行事是最佳的选择。

如果不冷静，就会导致陷入错综复杂的迷宫，更难以走出困境。相反，通过冷静地分析，往往能找到问题的症结，能理出正确的思路，找到解决问题的方法。

那么，解决问题的具体方法是什么呢？是“黄离”。

“黄离”是六二爻的爻辞。从卦画上看，六二为阴居阴位，居下卦中位，就好比一个人处于困境中，为了脱离困境，他以坚守正道为前提依附贵人。为什么说这是吉利的？

首先，他在贵人的指点下，不会因悲观而丧失斗志，不会因悲观而头脑不清醒。而且，贵人的力量非常大，足以帮助他走出困境。其次，他坚守正道，就不会因嚣张而导致两种不利的后果：一是引起他所依附的人的怀疑、戒备；二是人民一贯讨厌趋炎附势、仗势欺人的依附者。再次，他坚守正道，就知忧惧，这样就不会张扬，就不会仗势欺人。自然会赢得至尊的人的保护，人民的信任、支持。

所以说，当处于困境中时，在坚守正道的前提下找一个贵人来帮助自己，是上策。

【事例】

“黄离，元吉”暗示我们，处于困境中，应依附实力派。“孝庄下嫁多尔衮，扶持自己的儿子登上皇位”就验证了它的正确性。

赏赐笼络　孝庄深谋远虑下嫁多尔衮

清朝建立以后，为了保护儿子的皇位，皇太后不惜贡献出自己，下嫁给大臣。这位皇太后便是清朝入关后第一个皇帝顺治的母亲博尔济吉特氏，史称孝庄后。

孝庄后是清朝奠基者皇太极（史称清太宗）的皇后。公元1643年，皇太极未能看到清朝的最后胜利便溘然长逝。皇室成员展开了激烈的帝位争夺战，其中最具实力的是皇太极的弟弟多尔衮和皇太极庶出的长子豪格。

孝庄后却有自己的想法。此时，她的小皇子福临年方六岁，他是皇太极的嫡亲儿子，最具有继承帝位的资格。可是，他们孤儿寡母，若不能得到实力派的支持，帝位是轮不到他头上的。为此，孝庄后单独召见了多尔衮，提出让福临继承皇位，而让多尔衮为摄政王，全权负责国家大事，虽没有皇帝的头衔，却握有皇帝的实权。

多尔衮对这位美丽聪慧的皇嫂早已存有爱慕之心，又觉得她的安排对自己有好处，便同意了。一年以后，明朝灭亡，清王朝在北京正式建立，刚刚七岁的福

临便成了清朝的第一位皇帝（史称顺治帝）。

对于清朝的建立，多尔衮是立有汗马功劳的。他并没有放弃当皇帝的念头，他手握军政大权，又将与他争夺帝位的豪格幽禁而死，另一位摄政王也被贬官。他唯我独尊，势焰熏天，根本不把小顺治放在眼里，凡事独断专行，从来也不向顺治禀奏，只等有一个合适的时机便取而代之。

孝庄后（此时已是皇太后了）意识到局势的危险，她忧心忡忡，怎么样才能扭转这个局面，保住幼子的皇位呢？多尔衮自然不稀罕什么官爵、钱财，但多尔衮极好色，孝庄后也知道多尔衮长期以来一直对自己怀有好感，并有据而有之的念头。此时此刻，为了保住儿子的皇位，也只有贡献出自己娇美之躯这一个办法了。从此，她故意在多尔衮面前展露风情，多尔衮怎能抵住这种诱惑，便留宿宫中，孝庄后终于以自己的美色将多尔衮牢牢地笼络住了。

公元1645年，二人宣布正式结婚。为此朝廷还下了一道正式的诏书，大意是说：皇父摄政王丧偶，皇母皇太后寡居，众大臣同词吁请，以为皇父皇母不宜分居，应当合宫同居，此议甚合朕心，谨请皇父皇母于某年某月某日行大婚典礼，合宫同居，以便朕得以芝肘时尽孝心。

到了孝庄后大婚的这一天，文武百官一律朝贺，朝廷还因此大赦天下。

这段政治联姻，使多尔衮被控制在孝庄皇太后手中，多尔衮纵有篡位野心，也慑于孝庄皇太后的压力和监视而无法有过分的行动。

后来，福临渐渐长大，身边已有了自己的心腹，培养起了自己的势力。为了彻底消除身边的隐患，孝庄皇太后终于不顾与多尔衮多年的夫妻情分，派人将他杀掉。至此，迎来了顺治帝长达11年的统治。

周易（插图版）

下经

咸卦第三十一

【原文】

咸：亨，利贞。取女吉。

《彖》曰：咸，感也。柔上而刚下，二气感应以相与，止而说，男下女，是以"亨，利贞，取女吉"也。天地感而万物化生，圣人感人心而天下和平，观其所感，而天地万物之情可见矣！

《象》曰：山上有泽，咸。君子以虚受人。

【译文】

《咸卦》：顺畅，有利于去占卜。迎娶女子，吉利。

《彖传》说：咸有相互感应的意思。就好像阴柔在上面而阳刚在下面，因此阴阳二气能相互感应而相交，阳刚能克制自己的行动，阴柔能欣赏阳刚，就好像男子能屈尊向女子求婚，所以说"顺畅，有利于去占卜。迎娶女子，吉利"。天地相互感应，产生雷雨风电，就促成万物发育生长，圣人以其德行感化百姓就会使天下太平。通过观察男女之间的爱慕之情，以小见大，我们就发现天地万物的真情了！

《象传》说：《咸卦》艮在下、兑在上，卦象表现为山供养泽，即上方的水泽滋润山，下面的山体承托上方的水泽并吸收其水分的形象，所以把它叫作《咸卦》。君子效法山水相连这一现象，谦虚地听取他人的意见。

【启示】

这一卦告诉我们，男女之间的情爱是相互的，不可强求。从这可推知，感应应是相互的，绝不可强求。

【原文】

初六：咸其拇。

《象》曰："咸其拇"，志在外也。

【译文】

初六：感应到大脚趾。

《象传》说：感应到大脚趾，说明想在外发展。

【启示】

这一爻暗示在初次和别人交往时，受到别人的鼓动想去做某事，但由于不知凶吉，必须谨慎行事。

【原文】

六二：咸其腓，凶。居吉。

《象》曰：虽凶居吉，顺不害也。

【译文】

六二：感应到小腿肚，这是凶险的事情。安居静处，是吉利的。

《象传》说：即使发生危险的事情，但是只要安居静处，便是吉利的。顺从占卜的预兆，就不会遭遇灾祸。

【启示】

这一爻进一步强调，不应操之过急，而应安居待时。

【原文】

九三：咸其股，执其随，往吝。

《象》曰："咸其股"，亦不处也。"志在随人"，所执下也。

【译文】

九三：感应到大腿上，执意要随着别人而行动。这样做，往往会有过失。

《象传》说：感应到他的大腿，这表明九三爻要采取行动。但他的志向的实质是追随他人，他执意跟随，显得卑下。

【启示】

这一爻告诉我们，应有主见，不应盲目地跟随他人行动。

【原文】

九四：贞吉，悔亡。憧憧往来，朋从尔思。

《象》曰："贞吉，悔亡"，未感害也。"憧憧往来"，未光大也。

【译文】

九四：去占卜得到吉祥的预兆，后悔自己没有坚守正道。人们来来往往不断，朋友会顺从你的意愿。

《象传》说：去占卜得到吉祥的预兆，后悔自己没有坚守正道，这表明没有因受感应而去做不利于自己的事。与朋友交往频繁，这表明交往不广。

【启示】

这一爻告诉我们，在说服别人做某事时，能勇于承认自己的过失，往往能赢得别人的信任。

【原文】

九五：咸其脢，无悔。

《象》曰："咸其"，志末也。

【译文】

九五：感应到脊背上，没有什么后悔的。

《象传》说：感应到脊背上，这表明想感应对方的意愿还没有实现。

【启示】

这一爻告诉我们，如我们再三地说服别人，但别人一直无动于衷，我们应暂且不说。

【原文】

上六：咸其辅颊舌。

《象》曰："咸其辅颊舌"，滕口说也。

【译文】

上六：感应到腮帮、两颊、舌头。

《象传》说：感应到腮帮、两颊、舌头，说明其只会夸夸其谈。

【启示】

这一爻再一次强调，感应别人应适可而止。

【疑难解析】

咸其股，执其随，往吝

"咸其股，执其随"的大意是：感应到大腿上，执意要随着别人而行动。大腿是随着脚和小腿去动作，这就好比一个人做事没有主见。做事没有主见，无论是对社会还是对他自己都是不利的，所以此时下了一个这样的判语"往吝"是有道理的。

一是没有主见的人往往人云亦云，立场不坚定，容易见风使舵，导致丑恶的得到宣扬。二是他对鼓动他的人的人品和能力都不知道，而他又是不假思索地跟随别人行动，这就好比瞎子由一个陌生人指点着往前走，不能把握自己的命运。

所以说，做事没有主见会招致凶险。

"咸其，无悔"和"咸其辅颊舌"

"咸其，无悔"的大意是：感应到脊背上，没有什么后悔的。这就好比你已费了九牛二虎之力去感应别人，可别人还是背对着你。但为什么说没有什么后悔的呢？

首先，我们联系上下文，看它省略了什么没有。"咸其辅颊舌"是上六的爻辞。它的大意是：感应到腮帮、两颊、舌头。就好比你感应不了别人，但你不甘心，在不停地说话，让人认为是“夸夸其谈”。而“咸其，无悔”是九五爻的爻辞。从卦画上看，九五和上六是相对的。此时就不难看出，在“咸其”和“无悔”之间省略了“止”。这一爻辞的完整的含义是：在不能感应别人时，就顺应时势暂且不说，没有什么后悔的。

再从结果来看，暂且不说，至少不会引起别人的反感，这就意味着也许还有感应别人的机会；如继续说下去，很可能变成夸夸其谈，引起别人的反感，从而堵住了后路。

【事例】

“咸其股，执其随，往吝”暗示我们，做事应有主见，不能人云亦云，盲目听从他人的建议。胡雪岩驰骋商场，根据具体情况作出灵活反应，不盲目听从他人的建议，结果又为自己点化出一条财路。

据情况不守一方　灵活出击

胡雪岩为自己的蚕丝生意和帮办王有龄湖州官府的公事，几下湖州，结识了湖州颇有势力的民间把头、现正做着湖州“户房”书办的郁四。胡雪岩凭着他的仗义和识见，也因为他帮助郁四妥善处理了家事，深得郁四敬服。为了报答胡雪岩，郁四做主，为胡雪岩娶了寡居的芙蓉姑娘。

芙蓉姑娘的娘家本来也是生意人，祖上开了一家很大的药店，牌号“刘敬德堂”。传至芙蓉姑娘父亲一辈时也还能勉强支持，不料她父亲十年前到四川采办药材，在三峡新滩遇险，船毁人亡。她的叔叔外号“刘不才”，本来就是一介纨绔，极尽挥霍还特别好赌，接下家业不到一年就无法维持，药店连房子带存货都典给了别人。不过刘不才非常顾及脸面，自己穷困潦倒，却不同意侄女芙蓉给人做“偏房”。芙蓉再嫁，他不肯认胡家这门亲戚。他即使到了告贷无门的地步，都不肯押出自己手上的祖传秘方，以为只要秘方还在，“家底”就还在，心里还想着有一天要重振家业。

胡雪岩娶了芙蓉姑娘，对刘不才不能不管，人们认为他有两个选择，一是按郁四的想法，送刘不才一笔银子，不再与他发生任何关系；二是按芙蓉的想法，由芙蓉劝刘不才拿出祖传秘方，胡雪岩帮忙卖掉，让他自己生活。

胡雪岩却不这样想，他要认这门亲戚，借刘不才开一家药店。他凭自己的眼光，看出药店生意是一个相当不错的行业。只要货真价实，创下牌子，药店生意就不会差。

不过自己不懂这行生意，刘不才懂，只要能将他收服，帮他改掉身上的毛

病，他就可以起大作用，而且他手上的祖传秘方也正好可以充分利用。想妥之后，胡雪岩请郁四帮忙，摆了一桌认亲宴，在席宴上便谈妥了药店开办的地点、规模、资金等事项。

胡雪岩的“胡庆余堂”就是这样立起来的。在其后的几十年中，“胡庆余堂”成为名闻天下的老字号药店，不仅成为胡雪岩的一个稳定财源，也为他挣来了“胡大善人”的好名声，对他的其他生意也带来了极好的影响。

恒卦第三十二

【原文】

恒：亨，无咎，利贞，利有攸往。

《彖》曰：恒，久也。刚上而柔下，雷风相与，巽而动，刚柔皆应，恒。恒，“亨，无咎，利贞”，久于其道也。天地之道，恒久而不已也。“利有攸往”，终则有始也。日月得天而能久照，四时变化而能久成。圣人久于其道而天下化成。观其所恒，而天地万物之情可见矣！

《象》曰：雷风，恒。君子以立不易方。

【译文】

《恒卦》：顺畅，将不会招致灾祸，有利于去占卜，有所行动则有利。

《彖传》说：恒，有恒久的意思。阳刚处在上，阴柔处在下。雷与风相互感应推进事物发展，做到谦恭而相互顺从地行动，刚柔相济，所以把它叫作《恒卦》。《恒卦》卦辞说“顺畅，将不会招致灾祸，有利于去占卜”，是说长久地坚持正道。大自然固有的客观规律是恒定不变的，而且贯穿于事物发展的始终。“有所行动则有利”，是说事物变化发展的规律是周而复始的。太阳月亮遵循大自然固有的客观规律就能长久地普照万物，四季交替变化能使作物茁壮成长，圣人长久地坚守正道进行教化，就能达到治理天下的目的。通过观察研究恒久之道，我们就不难发现天地万物瞬息万变的规律！

《象传》说：《恒卦》是巽在下、震在上，巽为风、震为雷，此卦象为风雷交加，二者相辅相成，长久地哺育万物，所以把它叫作《恒卦》。君子应当长久地坚守正道。

【启示】

《恒卦》教导人们处事要有恒心。但这里的“恒”并不是一成不变的意思，而是恒中应有变，变中要有恒，是恒是变，应根据实际情况而定。

【原文】

初六：浚恒，贞凶，无攸利。

《象》曰：“浚恒”之“凶”，始求深也。

【译文】

初六：过分地追求恒久，去占卜得到凶险的预兆，没有什么好处。

《象传》说：过分地追求恒久，去占卜得到凶险的预兆，是因为开始就求深入。

【启示】

这一爻告诉我们，追求恒久，没错，但过分追求恒久，就成了强迫别人做事，就会给自己带来凶险。

【原文】

九二：悔亡。

《象》曰：九二“悔亡”，能久中也。

【译文】

九二：后悔自己没有坚守正道。

《象传》说：《恒卦》的九二爻说后悔自己没有坚守正道，恰恰是因为它能够长久地坚守中正。

【启示】

这一爻告诉我们，做错事能有所醒悟，恰恰反映了自己能长久地坚守正道。“人非圣贤，孰能无过”就告诉我们犯错误是不可避免的，所以，能及时改正错误正是坚持正道的表现。

【原文】

九三：不恒其德，或承之羞，贞吝。

《象》曰：“不恒其德”，无所容也。

【译文】

九三：不能长久地保持美好的德行，就要承受羞辱，卜问有灾祸。

《象传》说：不能长久地保持美好的德行，这表明贪功冒进，没有恒心，结果不为人民所容。

【启示】

这一爻告诉我们，要长久地坚持美好的德行。

【原文】

九四：田无禽。

《象》曰：久非其位，安得禽也？

【译文】

九四：打猎归来，见不到捕获的猎物。

《象传》说：长期处在不适当的位置，怎么能捕到猎物呢？

【启示】

这一爻暗示我们，执恒不要太机械、太执着了。

【原文】

六五：恒其德，贞，妇人吉，夫子凶。

《象》曰：妇人贞吉，从一而终也。夫子制义，从妇凶也。

【译文】

六五：始终保持美好的德行，去占卜，妇人可以得到吉祥的预兆，丈夫则遭遇灾祸。

《象传》说：女人贞洁守道可以获得吉祥，是说女人一生只应该嫁一夫。男人处理事务应果断，顺从妇女就会遭遇凶险。

【启示】

这一爻告诉我们，既要恪守一般的道德，又应当各有其序，即我们做事要因时、因地、因人而异。

【原文】

上六：振恒，凶。

《象》曰："振恒"在上，大无功也。

【译文】

上六：犹豫不决，将遭遇凶险。

《象传》说：统治者经常更改政策，结果终将一无所成，不会有所建树。

【启示】

这一爻告诉我们，作为统治者，办事要果断，立场要坚定。

【疑难解析】

浚恒，贞凶，无攸利

"浚恒，贞凶，无攸利"的大意是：过分地追求恒久，去占卜得到凶险的预兆，没有什么好处。我们常常说做事要有恒心，感情要专一，而这里却说“过分地追求恒久，去占卜得到凶险的预兆”，这是为什么呢？

“浚恒，贞凶，无攸利”是恒卦初六的爻辞。初六为阴居阳位，所以这里的“过分追求恒久”的真实含义是：急切地与别人深交或让别人认同自己的观点。一般说来，急切地与别人深交或让别人认同自己的观点会给自己招来凶险：

一是由于初次接触，别人对你还有戒备，不愿与你深交，而你却相信“真正的友谊要天长地久”或“真正的爱情要以身相许”，并强迫别人相信，这自然不会有好的结果。一方面别人对你处处提防，而你对别人却是一片衷心，所以一旦别人禁不住外界的干扰而失信于你，你的心里往往会产生极大的不平衡，很可能会对别人打击报复，从而引起一场不必要的战争；另一方面，别人会觉得你的心理不正常，因为深切的友谊或真正的爱情不是一蹴而就的。

二是急切地让别人认同你的观点，往往造成在别人对你的观点还不理解时，就强迫别人认可，这样必引起别人的强烈反感，从而跟你对着干，成为你行动的阻力。

不恒其德，或承之羞，贞吝

“不恒其德，或承之羞，贞吝”的大意是：不能长久地保持美好的德行，就要承受羞辱，卜问有灾祸。

首先，我们要懂得，造成不能长久地坚持美好的德行，有两种原因：一是贪功冒进；二是不能忍受为保持美好的德行而受的苦难。如是第一种原因造成的，这就表明我们成为名利的奴隶，奴隶能把握自己的命运吗？如是第二种原因造成的，这就表明我们是生活的弱者，禁不住生活的磨炼，就好比温室的花朵，一旦条件改变，便被摧毁。所以，无论是第一种原因造成的，还是第二种原因造成的，都会给我们带来坏的结果。

再说，一步登天只在神话里有，而在我们现实生活中，只有一步一个脚印，才能登上成功的殿堂。这就要求我们要恒久地走正道，而长久地保持美好的德行是走正道的强有力的保障。所以，不长久地坚持美好的德行，就会半途而废。

振恒，凶

“振恒，凶”的大意是：犹豫不决，将遭遇凶险。

一是因为办事不果断，就容易优柔寡断，当决策时不决策，造成误了良机。二是因为办事不果断，就害怕得罪人，不敢轻易地对自己的手下作公正的评价，结果造成贤明的人对他无信心——觉得他是昏庸无能之辈，无能的人滥竽充数。三是因为办事不果断，立场就不坚定，他今天听信A的话，制定了一个法令，明天听信B的话，又宣布废除。这样造成政局的不稳定，不利于老百姓的安居乐业。

【事例】

“振恒，凶”暗示我们，作为领导，办事要果断，立场要坚定。康熙遇到噶礼搬弄是非的情况，当机立断，毫不犹豫地给噶礼当头一棒，让忠良之臣放心，让奸佞小人死心，气氛顿时为之一新。

当机立断　康熙帝迎面一击怒斥噶礼

康熙末年，江南总督噶礼贪婪骄横，尤其喜欢诬陷别人。当时，苏州知府陈鹏年为官清廉，刚正不阿，因看不惯噶礼的所作所为，经常与他发生矛盾。噶礼由此怀恨在心，想方设法寻找机会，欲将陈鹏年置于死地。

康熙对噶礼的每一次诬告都心中有数，并不介意，他还劝噶礼与陈鹏年和平共处，同为天下百姓和国家着想。他还认为陈鹏年很有才华，便将他调到京城任编修。

噶礼对陈鹏年恨之入骨，不肯罢休。他又密奏康熙，说陈鹏年写过一首《游虎兵》的诗，诗中有些句子对康熙怨恨不满，所以应从重整治，他并将原诗呈给康熙。

康熙仔细阅读了陈鹏年的诗，并未见到陈鹏年诗中有任何对自己怨恨之心，再仔细研读噶礼的密奏，他看出噶礼深有意图，欲将陈鹏年置于死地。

于是，康熙召集众臣，在朝堂上当众宣布：

“噶礼总爱搬弄是非，苏州知府陈鹏年稍有一点声誉，他就想方设法加以诬陷，还密奏陈鹏年的诗中有怨恨不满之心。我细读之后，并未见诗中有这种意思，再细看噶礼的奏章，满篇欲置陈鹏年于万劫不复之言辞，这不是诬告吗？凡卑鄙猥琐的小人，其手段伎俩，大都是这样的！我岂能受这种小人的欺骗？以后如果有人再敢诬陷他人，我绝不轻饶。”

康熙说完，将噶礼的密奏和陈鹏年的诗扔在地上，并让各位大臣传阅，噶礼自讨没趣，窘迫得一句话也说不出来。

康熙给噶礼这当头一棒，的确是杀一儆百。那些心胸狭窄、心术不正，喜欢嫉恨、诬陷别人的大臣顿时心生恐惧，不得不收敛行为。

遁卦第三十三

【原文】

遁：亨。小利贞。

《彖》曰：遁亨，遁而亨也。刚当位而应，与时行也。“小利贞”，浸而长也。遁之时义大矣哉。

《象》曰：天下有山，遁。君子以远小人，不恶而严。

【译文】

《遁卦》：顺畅。去占卜有小利。

《彖传》说：《遁卦》之所以亨通，说明只有逃跑隐藏起来，才能顺畅。刚强者处于适当的位置和阴柔者相应，随时势的变化而变化。“去占卜有小利”，这表明君子及时退隐，有利于保全自身，但促使小人逐渐得势。所以《遁卦》所揭示的及时隐遁意义是多么重大呀。

《象传》说：《遁卦》是艮在下、乾在上，艮为山、乾为天，这上有天下有山，天高山远之象，所以把它叫作《遁卦》。君子应疏远小人，虽不凶恶，但能震慑住小人。

【启示】

《遁卦》告诉我们，要及时退避。

【原文】

初六：遁尾，厉。勿用有攸往。

《象》曰：“遁尾”之厉，不往何灾也。

【译文】

初六：最后才想到逃跑隐藏，非常危险。不能有所行动。

《象传》说：最后才想到逃跑隐藏，非常危险，干脆不行动又哪里有灾难呢？

【启示】

这一爻告诉我们，与其等到大家都逃跑隐藏好了才开始逃跑，不如不采取行动。

【原文】

六二：执之用黄牛之革，莫之胜说。

《象》曰：“执用黄牛”，固志也。

【译文】

六二：执有这个信念，就好像用黄牛皮把他捆绑在自己身上，没有人能说动他改变这个想法。

《象传》说：执有这个信念，就好像用黄牛皮把他捆绑在自己身上，这是因为志向坚定。

【启示】

这一爻告诉我们，在形势对自己不利时，要坚持“逃跑”的策略，不要轻易改变。

【原文】

九三：系遁，有疾厉。畜臣妾，吉。

《象》曰：“系遁”之“厉”，有疾惫也。“畜臣妾吉”，不可大事也。

【译文】

九三：由于受拖累而难以逃跑隐藏，就像有疾病缠身一样，危险。此时，蓄养仆人和侍妾，这是吉利的。

《象传》说：由于受拖累而难以逃跑隐藏，危险，就像疾病缠身那样使人疲惫不堪。蓄养仆人和侍妾将会获得吉祥，但不可以干大事。

【启示】

这一爻告诉我们，在该急流勇退时，不可受牵制，应当机立断；如受到了牵制，应该沉溺于享受。总而言之，就是要消除对方的疑虑。

【原文】

九四：好遁，君子吉，小人否。

《象》曰：君子“好遁”，“小人否”也。

【译文】

九四：喜爱逃跑隐藏，对君子来说，是吉利的，对小人来说，是坏事。

《象传》说：君子喜爱逃跑隐藏是吉利的，是因为君子能做到该退就退，从容自如，而小人却做不到这一点。

【启示】

这一爻告诉我们，急流勇退对君子来说，是吉利的，但对小人来说，是坏事。

【原文】

九五：嘉遁，贞吉。

《象》曰："嘉遁，贞吉"，以正志也。

【译文】

九五：在适当的时机逃跑隐藏，值得赞美，去占卜得到吉利的预兆。

《象传》说：在适当的时机逃跑隐藏，值得赞美，去占卜得到吉利的预兆，是因为坚定了自己的信念和志向。

【启示】

一个人即使身居高位，又有贤明的人帮助他，他也应顺应时势退避。

【原文】

上九：肥遁，无不利。

《象》曰："肥遁，无不利"，无所疑也。

【译文】

上九：逃得远远的，没有什么不利。

《象传》说：逃得远远的，没有什么不利，就在于遁逃者不会引起别人怀疑他还会回来抢夺胜利果实。

【启示】

这一爻告诉我们，为了躲避由于对方的疑虑而引起的灾难，逃得越远越好。

【疑难解析】

遁尾，厉。勿用有攸往

"遁尾，厉。勿用有攸往"的大意是：最后才想到逃跑隐藏，非常危险，不能有所行动。按一般的常理来说，遇到危险，我们应赶快想办法脱离危险，而它却说"不能有所行动"，这是为什么呢？

一、等到最后才想逃跑隐藏，这已经太迟了，必会被抓住。如不采取行动，至少你能正面对着对方，不会一开始就陷入被动，还有可能做到"知己知彼，百战不殆"。

二、从对方的心理来讲，一方面他们很可能会觉得你是忠心耿耿的，因为按一般的常理说来，一个人走了是因为害怕或者心怀鬼胎；如他不走，可能是因为他心怀坦荡，做事光明磊落，并坚信：不做亏心事，不怕鬼敲门；另一方面不采

取任何行动，不慌不忙地干自己的事，对方会觉得你胸有成竹，万事俱备，不敢贸然行动。

系遁，有疾厉。畜臣妾，吉

“系遁，有疾厉”的大意是：由于受拖累而难以逃跑隐藏，就像有疾病缠身一样，危险。这就暗示我们，在急流勇退时，要当机立断，要尽快地逃跑，逃得远远的。因为越远就越能消除对方的疑虑：你距离对方越远，对他所构成的威胁就越小。

如已受到拖累，不能逃脱。该怎么办呢？畜臣妾（沉溺于享受）。这样对方就会认为自己已胸无大志，已走向颓废了，自然消除了疑虑。

好遁，君子吉，小人否

“好遁，君子吉，小人否”的大意是：喜爱逃跑隐藏，对君子来说，是吉利的，对小人来说，是坏事。为什么君子和小人同是喜爱逃跑，但其结果却不一样呢？

一、君子坦荡荡，不受外界干扰，能透过事物的现象看本质，能把握好退的时机。而小人往往为名利所牵制，不能适时而退。

二、君子能正确理解急流勇退的含义，退就是彻底地退，绝不打算回头，以致彻底地消除了对方的疑虑。而小人即使已退到安全的地方，心也不甘，于是私下干图谋不轨的事，结果引起对方的怀疑，进行讨伐。由于小人的行动是非正义的，会招致人民的反对，结果自然以失败而告终。

三、君子知道大的时势，能从一个对自己不利的地方逃到一个有利于自己发展的地方。小人的目光短浅，无法顺应时势，不能找到一个适合自己发展的地方。

嘉遁，贞吉

“嘉遁，贞吉”的大意是：在适当的时机逃跑隐藏，值得赞美，去占卜得到吉利的预兆。这一爻是阳爻阳位，且与六二爻柔中相应，这就好比一个人身居高位，又有贤明的人帮助他，但此时他还是要顺应时势退避。这样做当然是最明智的选择。时势是一个历史潮流，是谁都不能逆转的，否则，将被压在历史的车轮下。也许这个道理谁都懂，但大多数人是不知道该怎么做才能顺应时势，以至于不能及时退避而招致灾祸。为了顺应时势，我们必须做到：

一、注意观察周围情况的细微的变化，以小见大，从短期的变化推知未来的发展趋势。

二、要深深懂得，同一角色在不同的时期需要不同的人去扮演。如在创业初期需要的是善于寻找机会的企业家型的人才，但在企业已发展成颇具规模的企业时，需要的是能使之稳定发展的专业管理人才，所以创业初期的勇士只能退避。

三、即使自己能随着时代而改变自身，也要注意自己是不是最适合那个位置的人才，因为最适合的往往比最优秀的干得更好。这里的最适合指的是在变化了的新时期，适合上级的品味、同级的趣味、下级的口味。

【事例】

“遁尾，厉。勿用有攸往”暗示我们，在交战双方力量悬殊的情况下，力量弱的一方想顷刻间就变强大是不可能的，所以在大敌当前时，不妨不采取任何防范的措施，使敌人反以为自己有准备，而不敢贸然进攻。叔詹就深知这个道理，摆了一个空城计，使楚军不战而退。

叔詹智退公子元

公元前666年，楚文王去世，王后息伪是一位倾国倾城的美人，楚文王的弟弟公子元想讨好嫂嫂，得到美人的欢心，在息伪寝宫附近的馆舍中日夜歌舞。息伪知道公子元的用意，感叹道：“我的丈夫文王，问军事，未曾向国外扬威，致使声望日下。阿督身为令尹，不奋发图强，重振国威，却沉醉于靡靡之音中，真令人担心！”息伪的话传到公子元耳朵里，公子元想讨好嫂嫂，决定率领大军去攻打邻邦郑国。

郑国兵力远不及楚国。面对来势汹汹的侵略军，郑文公惊慌失措，急忙召人商讨对策。叔詹不慌不忙地说：“从前，楚国出兵，从未有这么大规模。据我所知，公子元这次出兵，不过是讨好他的嫂嫂，没有什么其他目的。楚兵若来，老臣自有退兵之计。”

不久，楚军先头部队直抵皇城。叔詹下令军队埋伏在城内，大开城门，街上商店照常做买卖。百姓来来往往，熙熙攘攘，秩序井然，毫无紧张气氛。楚军见到这番情景，出乎意料，料定城中早有防备，是在故意诱敌深入。他们满腹狐疑，不敢贸然杀进皇城，下令就地扎营，等候主帅的指示。

公子元率领大部队赶到，大吃一惊，见城内秩序井然，似有埋伏，心里踌躇。他想到郑国与齐、宋、鲁有盟约，眼下城内有埋伏，万一不能取胜，齐、宋、鲁援军一到，前后夹击，楚军失利，脸上无光，嫂嫂会瞧不起自己。再说这次出兵，已攻下几个地方，几天之间，就打到郑国都城，也算是打了胜仗，目的已经基本达到，还是见好就收吧！

于是，公子元连夜班师回国，又怕郑军追击，命令所有营帐保持原样，遍插旗子，也想摆一个空城计，迷惑郑兵。

次日，叔詹登城遥望楚营，一会儿，便高兴地叫道：楚兵撤走了！众人都不相信，叔詹指着远处说："凡是军队驻扎的营地，必定击鼓壮威，以吓骇鬼神。你们看那里有飞鸟盘旋，证明军营里连一个人也没有了。我料定楚军怕齐国援军赶到，被内外夹击，连夜撤走，还摆下一座空营计来迷惑我们。可惜，公子元会摆空营计，却识不破我的空城计！"

大壮卦第三十四

【原文】

大壮：利贞。

《彖》曰：大壮，大者壮也。刚以动，故壮。

大壮"利贞"，大者正也。正大而天地之情可见矣。

《象》曰：雷在天上，大壮。君子以非礼弗履。

【译文】

《大壮卦》：有利于去占卜。

《彖传》说：《大壮卦》，有大而强壮的意思。阳刚之气充沛而有所行动，因此把它叫作《大壮卦》。《大壮卦》卦辞说："有利于去占卜"，是因为大而强壮的人能坚守正道。正道得以发扬光大，那么天地万物中的各种情况都可以观察到。

《象传》说：《大壮卦》的卦象是乾在下、震在上，乾为天、震为雷，这有雷声响彻天空之象，所以把它叫作《大壮卦》。君子应该严于律己，不能做不合礼仪的事。

【启示】

《大壮卦》暗示我们，一个人即使十分强大，也不能莽撞行事。

【原文】

初九：壮于趾。征凶，有孚。

《象》曰："壮于趾"，其孚穷也。

【译文】

初九：脚趾强壮有力。这时如果出兵，即使有诚信，也会招来灾祸。

《象传》说：脚趾强壮有力时去侵略他国，招来灾祸，是因为他的诚信被他的莽撞的行动淹没了。

【启示】

这一爻告诉我们，即使再勇武有力，而且又有诚信，也不能莽撞行事。

【原文】

九二：贞吉。

《象》曰：九二“贞吉”，以中也。

【译文】

九二：去占卜获得吉利的预兆。

《象传》说：《大壮卦》的九二爻占卜获得吉利的预兆，是因为九二爻虽是阳爻阴位，但它居于下卦的中位，这表明能够坚守正道。

【启示】

这一爻再一次强调，壮大者不莽撞行事，坚持纯正，就能获得吉祥。

【原文】

九三：小人用壮，君子用罔。贞厉，羝羊触藩，其角。

《象》曰：“小人用壮”，君子罔也。

【译文】

九三：小人捕获猎物用力气，君子捕获猎物用网围。去占卜得到危险的预兆。公羊只会用角去顶触篱笆，结果把角卡在篱笆中而难以脱身。

《象传》说：小人捕获猎物用力气，君子捕获猎物则讲求方法用网围。

【启示】

这一爻告诉我们，不可利用壮大，逞强任性。

【原文】

九四：贞吉，悔亡。藩绝不羸，壮于大舆之。

《象》曰：“藩绝不羸”，尚往也。

【译文】

九四：去占卜得到吉祥的预兆，悔恨消除。因为公羊冲撞篱笆，篱笆被撞坏了，羊角得以解脱，它强壮得像大车轮一样结实。

《象传》说：冲破篱笆，羊得以脱身，这表明还可以有所行动。

【启示】

这一爻告诉我们，如我们非常强壮，并采取了莽撞的正义行动，就不能退缩。

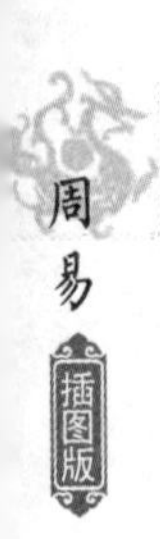

【原文】

六五：丧羊于易，无悔。

《象》曰："丧羊于易"，位不当也。

【译文】

六五：公羊在疆场丧失了它的刚猛，没什么后悔的。

《象传》说：公羊在疆场丧失了它的刚猛，这是因为虽说六五爻位置不当，但它居上卦的中位，能坚守正道。

【启示】

这一爻告诉我们，如果自己的行为是非正义的，应顺从正义之声，及时撤退。

【原文】

上六：羝羊触藩，不能退，不能遂，无攸利。艰则吉。

《象》曰："不能退，不能遂"，不详也。"艰则吉"，咎不长也。

【译文】

上六：公羊因用角顶触篱笆而被卡在篱笆中，不能退，也不能进，没有什么利益。但是，挺过难关，就会获得吉祥。

《象传》说：处于不能退、不能进的境地，是因为考虑不周。挺过难关，就会获得吉祥，这表明只要坚持忍耐，灾祸是不会长久的。

【启示】

这一爻告诉我们，如处于进退两难的境地，就要坚持忍耐。

【疑难解析】

壮于趾。征凶，有孚

"壮于趾。征凶，有孚"的大意是：脚趾强壮有力。这时如果出兵，即使有诚信，也会招来灾祸。它是初九爻的爻辞。初九为阳居阳位，这就暗示我们，一个人非常有实力，但他如果莽撞行事，还是会招致灾祸。

因为莽撞就会使他不听贤明的人的忠言，从而导致几种坏的结果：

一、由于莽撞，逆耳的忠言就变成刺耳的恶语，不辨是非，致使在内部出现"小人当道，君子失势"的局面。

二、莽撞行事就意味着不假思索地做事，无时间运用自己的智慧，往往容易掉进对方设的陷阱中，为对方所利用。

再从他所要进攻的对象来看，如攻打的是弱者，由于大多数人形成了一个定式：强者对弱者发动进攻，就是侵略。莽撞就会使他的正义变为非正义，就好像围观的人看到一大人正在打一小孩，便纷纷指责大人，即使这大人有理，如不冷静行事，就会造成“众口铄金，积毁销骨”。如攻打的是比他还强大的人，其后果更是不堪设想。

贞吉，悔亡。藩绝不，壮于大舆之

“贞吉，悔亡。藩绝不，壮于大舆之”的大意是：去占卜得到吉祥的预兆，悔恨消除。因为公羊冲撞篱笆，篱笆被撞坏了，羊角得以解脱，它强壮得像大车轮一样。这就暗示我们，当一个人的势力非常强大时，他即使采取了莽撞的行动，与强敌交上了手，也不能退缩。

因为他非常强大，就是通过硬拼也能获得胜利。相反，如果退缩，就很可能使自己陷入被动的局面。因为退缩的人是无心恋战的，他也因此斗志低落，这将助长对方的士气，从而就把主动权让给了对方，自己只能疲于应付。

所以，我们在自己采取了莽撞的行动时，如自己颇有实力，应继续进攻。

羝羊触藩，不能退，不能遂，无攸利。艰则吉

“羝羊触藩，不能退，不能遂，无攸利。艰则吉”的大意是：公羊因用角顶触篱笆而被卡在篱笆中，不能退，也不能进，没有什么利益。但是，挺过难关，就会获得吉祥。就好比一个人处于进退两难的境地，如能坚持到最后，就能取得胜利。

因为双方的力量难以分高低，处于伯仲之间，他们的较量就不是单纯的力量的较量，而主要是意志力的较量。所以，谁能坚持到最后，谁就笑到最后。

【事例】

“羝羊触藩，不能退，不能遂，无攸利。艰则吉”暗示我们，如你与对方的力量差不多，在未决胜负时，不能贸然撤退。项羽就是因为无心恋战，仓皇东去，结果以失败而告终。

势均力敌不坚持　到手肥肉落他手

项籍是下相人（今江苏宿迁县西），字羽。他勇猛无比，在与秦作战时，表现了极大的英雄气概。然而，他在与汉对峙时，却没有恒心，中途撤退，结果被

迫在乌江自杀。

秦始皇巡游会稽（今江苏、浙江、福建一带），渡浙江时，项梁与项籍都去观看那盛大的场面。看得兴起，项籍脱口而出说：“我可以取而代之他的皇位！”

秦二世元年（公元前209年）七月，陈胜等人在大泽乡举起反秦义旗。项梁便召集以前熟识的有权势的官吏商议局势，讲明自己决定起义的原因和道理，说服大家后，就在吴中（今江苏吴县）举兵响应陈胜起义了。

项梁得知楚王的孙子流落在民间，为富人放羊的消息后，便把他请出来，立他为楚怀王。不久，秦朝派出大军进攻楚国，项梁战死。秦将章邯乘胜渡过黄河进攻另一支起义军建立的赵国。楚怀王召集宋义商议此事，听到宋义谈得头头是道，楚怀王十分佩服他的军事才能，便任命他为上将军，而任命项羽为鲁公，当宋义的副手，率领楚军救援赵国。楚军赶至安阳后，宋义按兵不动，一连观望了46天，还不下令前进。这时天气严寒，而且大雨不断，士兵们又冷又饿。项羽认为楚军救赵，是要与赵国合力进攻秦军，现在长期按兵不动，军中又没有存粮。于是就起了除掉宋义的念头。第二天早晨朝见宋义时，项羽就在军帐中把宋义杀了。楚怀王知道后，即派人正式任命项羽为上将军。

项羽杀了宋义后，威震楚国，名闻诸侯。当即派遣当阳君和蒲将军率领2万士兵，渡河救援巨鹿。两军一相接，他们就打了一个小胜仗。赵国的陈余继续向楚军求援。项羽就率领全军砸坏做饭的锅，烧毁房屋，带上三天的干粮，以此向士兵显示自己有进无退，不是战胜，就是战死的决心。

楚军与秦军相遇，一连经过九次战斗，直到项羽派人断绝了秦军的通道，才彻底打败了秦军。

刘邦攻下秦咸阳后，项羽马上率领兵马向西进发，在咸阳大开杀戒，杀死投降的秦王子婴，搜走秦宫中所有金银财宝和宫女，然后纵火焚烧秦王宫殿。

项羽欲自立为王，便先封那些将相为王。沛公刘邦被封为汉王，项羽则自立为西楚霸王。不久，汉王刘邦统率五大诸侯，共56万人向东讨伐楚国。楚汉双方相持好久，都未能决出胜负。这时，项羽沉不住气了，便和刘邦约定平分天下，楚汉以鸿沟为界，鸿沟以西，属汉；鸿沟以东，属楚。签约之后，项羽便领兵东归。

此时，汉王刘邦听从部下的意见，指挥军队向东去的楚军发动了攻势。

项羽未料刘邦有此举，只得在垓下（今安徽灵璧县南），筑起营垒固守。由于项羽的仓皇东去使楚军无心恋战，都想回老家，战斗力较弱，处于劣势。后又中了汉军的计，项羽无奈，只得带着800名士兵突围，终因寡不敌众，被迫在乌江自杀。

晋卦第三十五

【原文】

晋：康侯用锡马蕃庶，昼日三接。

《彖》曰：晋，进也。明出地上。顺而丽乎大明。柔进而上行，是以“康侯用锡马蕃庶，昼日三接”也。

《象》曰：明出地上，晋。君子以自昭明德。

晋卦

离上

坤下

【译文】

《晋卦》：康侯蒙受成王的赏赐，得到众多良马，并在一天之内多次得到成王的接见。

《彖传》说：晋就是进取、晋升的意思。就好像太阳从地平线上升起，做臣子的坦然顺从地依附君主的光明伟大，以柔顺之道前进，从而步步高升。因此卦辞说“康侯蒙受成王的赏赐，得到众多良马，并在一天之内多次得到成王的接见”。

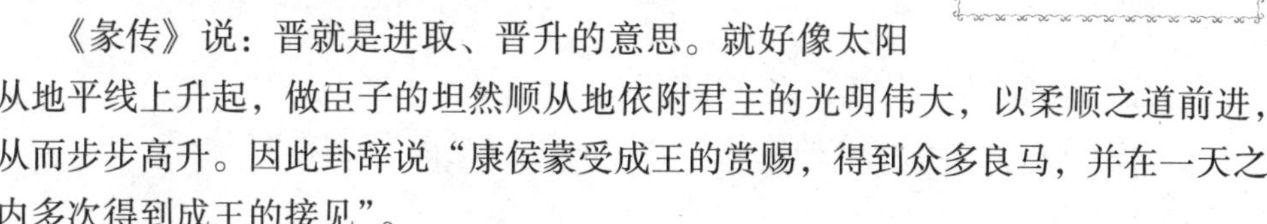

《象传》说：《晋卦》的卦象是坤在下、离在上，坤为地、离为火，这代表太阳从地面升起，所以把它叫作《晋卦》。君子应该充分发挥自己的才能，使自己的美好的德行得以发扬。

【启示】

《晋卦》说明，要想使事业发展壮大，必须要坚守正道。

【原文】

初六：晋如摧如，贞吉。罔孚，裕无咎。

《象》曰：“晋如摧如”，独行正也。“裕无咎”，未受命也。

【译文】

初六：在前进之初就遭受挫折，去占卜得到吉利的预兆。这表明如果在前进之初没有得到别人的信任，还宽厚待人，将没有什么过失。

《象传》说：在前进之初就遭受挫折，却得到吉祥的预兆，这是因为能遵循正道。宽厚待人是没有什么过失的，之所以遭受挫折，是因为别人还没有得到上天的命令——相信他。

【启示】

这一爻告诉我们，在前进之初，即使因别人不相信自己而遭遇挫折，也要宽

厚待人。

【原文】

六二：晋如愁如，贞吉。受兹介福，于其王母。

《象》曰："受兹介福"，以中正也。

【译文】

六二：在前进之初就愁苦，卜问得吉祥。因为有他的祖母赐福分给他。

《象传》说：之所以得到这样大的福气，是因为它位置适当，坚守正道。

【启示】

这一爻告诉我们，不能前进，不必愁苦，只要坚守正道，就能迎来成功。

【原文】

六三：众允，悔亡。

《象》曰："众允"之志，上行也。

【译文】

六三：得到群众的信任，没有什么悔恨。

《象传》说："得到群众的信任，没有悔恨"，是因为意愿得到推行。

【启示】

这一爻告诉我们，前进要以获得群众的信任为前提。

【原文】

九四：晋如鼫鼠，贞厉。

《象》曰："鼫鼠，贞厉"，位不当也。

【译文】

九四：前进时十分贪心，就好像偷吃的大老鼠，去占卜得到凶兆。

《象传》说："前进时十分贪心，就好像偷吃的大老鼠，去占卜得到凶兆"，是因为它所在的位置不对。

【启示】

这一爻告诉我们，在前进时贪心，危险。

【原文】

六五：悔亡，失得勿恤。往吉。无不利。

《象》曰："失得勿恤"，往有庆也。

【译文】

六五：悔恨已经消失，不用担心得与失。前进就会吉祥，没有什么不利。

《象传》说："不用担心得与失"，勇往直前，一定会吉祥如意的。

【启示】

这一爻是阴爻阳位，处在上卦至尊的中位，这表明还有进取的余地，所以前进时不要患得患失，应勇往直前。

【原文】

上九：晋其角，维用伐邑。厉吉，无咎，贞吝。

《象》曰："维用伐邑"，道未光也。

【译文】

上九：前进已到了极点，此时去攻打别人的城邑。是凶险，是吉利，还是没过失，卜问困难。

《象传》说："考虑攻击对方的城邑"，说明正道没有得到发扬光大。

【启示】

这一爻暗示我们，前进已到了极点，到底要不要向外扩展，寻求更广阔的发展空间，这必须慎重考虑。

【疑难解析】

晋如摧如，贞吉。罔孚，裕无咎

"晋如摧如，贞吉。罔孚，裕无咎"的大意是：由于没有得到别人的信任，在前进之初就遭受挫折。此时宽厚待人，去占卜将得到吉利的预兆。这就暗示我们，在前进之初因别人不信任你而遭受挫折时，一如既往地对他好是最佳的选择。

试想想，如果别人能在你对他采取不利的行动后，还能对你好，你能不被他的诚信所感动吗？

退一步说，即使别人不能被你感动，也不会给你带来大的灾难。因为假如你一开始就改变对他的态度，必定会引起他有这样的想法——幸亏当初没相信他，现在狐狸尾巴露出来了，自然就毁了你将要树立的良好形象。再说，如不能感动对方，就表明此人不值得你对他好，便远离他，因而远离了灾祸。

晋如鼠，贞厉

"晋如鼠，贞厉"的大意是：前进时十分贪心，就好像偷吃的大老鼠，去占卜得到凶兆。我们可从大老鼠的特点推出贪心的几种状况和相对应的结果：

一、自己的能力有限，为了得到更多的称誉，去做自己力所不能及的事，结果造成失败。

二、不但能力有限，而且居心不良，通过不正当的手段窃取别人的劳动果实，损人利己，违背了道义，遭到了被窃取的人的仇视，人民的鄙视。

三、由于对自己不能作出正确的评价，总不满足现状，怨天尤人，让日子在埋怨中消磨，结果一事无成。出现这种状况的主要原因是在对自己作评价时，只把现在的自己与原来的自己作比较，而忽略了整个时代也在进步，于是对于同一职位的要求也在不断提高，这样就造成了自己对自己的评价高于现实的客观评价。

四、在前进时，忽略先来后到的时间价值，只盲目地把自己的能力与别人相比，导致违背了“先入为主”的道义，成了贪心的抢夺者或窃取者，引起了人民的公愤。

所以，在前进时，不可有贪求之心。

晋其角，维用伐邑。厉吉，无咎，贞吝

“晋其角，维用伐邑。厉吉，无咎，贞吝”的大意是：前进已到了极点，此时去攻打别人的城邑。是凶险，是吉利，还是没过失，卜问困难。这就好比一个人在自己所熟悉领域已取得相当高的成就，为了自己的事业进一步壮大，打算进入一个陌生的领域，这是祸还是福，还不知道。它暗示我们，此时要谨慎。贸然闯入一个陌生的领域是不明智的选择：

一、他对陌生领域的深浅还不知道，当灾难来临时，别人早已躲开，或采取了防范的措施，而他还傻乎乎地等待灾难降临在自己的头上。

二、从陌生的领域的主人来说，对一个贸然闯入的人充满了敌视，为了防止自己的既得利益的失去，严加防范，甚至想方设法把他驱除出去。

三、从与这两方都无关的第三方来说，他会认为贸然闯入者是侵略者，自然不会支持他。

四、一个人的能力及精力是有限的，也许刚开始能取得成绩，但由于他没有对自己的实力进行充分估计，结果力不从心，就是自己所熟悉的产业也被拖垮。

【事例】

“晋如鼠，贞厉”暗示我们，在前进高升的途中，不要太贪心，要遵循正道。太平天国的高级领袖杨秀清被诛，就是因为他在晋升的途中过于贪心。

贪心终被贪心误

太平军攻破清军南大营后，清将向荣战死，太平军举酒相庆，歌颂太平军东王杨秀清的功绩。杨秀清自认为他的功勋无人可比，能力无人能及，于是想自立为王。

杨秀清借天父之口要求洪秀全禅位，洪秀全表面上积极筹备禅位大典，把杨秀清稳住；暗中调兵遣将，召见韦昌辉秘密商量对策。韦昌辉自从江西兵败回来，杨秀清责备他没有功劳，不许入城，韦昌辉十分气愤。后征得杨秀清的同意，韦昌辉回来了。他先去见洪秀全，洪秀全假装责备他，让他赶紧到东王府听命，但暗地里告诉他如何应付，韦昌辉心怀戒备去见东王。韦昌辉谒见杨秀清时，杨秀清告诉他别人对他呼万岁的事，韦昌辉佯作高兴，恭贺他，留在杨秀清处宴饮。酒过半巡，韦昌辉出其不意，拔出佩刀刺中杨秀清，当场穿胸而死。韦昌辉向众人号令："东王谋反，我暗从天王那里领命诛杀他。"他出示诏书给众人看，又命令紧闭城门，搜索东王一派的人予以灭除。结果是东王一派的人多数死亡或逃匿。洪秀全的妻子赖氏说："驱除邪恶不彻底，必留祸。"因而劝说洪秀全以韦昌辉杀人太酷为名，施以杖刑，并安慰东王派的人，召集他们来观看对韦昌辉用刑，可借机全歼他们。洪秀全采用了她的办法，而突然派武士围杀观众。经此一劫，东王派的人差不多被除尽，前后被杀死的多达3万人。

杨秀清的能力并不及洪秀全，他过高地估计了自己，以致起了贪欲，结果被诛杀。

明夷卦第三十六

【原文】

明夷：利艰贞。

《彖》曰：明入地中，明夷。内文明而外柔顺，以蒙大难，文王以之。"利艰贞"，晦其明也。内难而能正其志，箕子以之。

《象》曰：明入地中，"明夷"。君子以莅众，用晦而明。

【译文】

《明夷卦》：有利去卜问艰难之事。

《彖传》说：太阳已沉入地中，所以把它叫作《明夷卦》。如果内有文明，在外就会表现忍让、克制和顺从，这样就能够承受巨大的灾难，周文王就是这样做的。“有利去卜问艰难之事”，就好像太阳隐晦它的光明，但总会再次重放光明，明亮耀眼。因此，内有超人的才智、高尚的品德，虽然处在困难中，但能坚守自己的正确的志向，就像处在殷纣王黑暗统治中的箕子那样。

《象传》说：《明夷卦》的卦象是离在下、坤在上，离为火、坤为地，这代表太阳沉入地下，天昏地暗，所以把它叫作《明夷卦》。君子要能够遵循这个道理去管理民众，看似糊涂，实则政治清明。

【启示】

《明夷卦》告诉我们，一个人陷于困境，既要坚守自己的节操，又要顺应时势保护好自己。

【原文】

初九：明夷于飞，垂其翼。君子于行，三日不食。有攸往，主人有言。

《象》曰：“君子于行”，义不食也。

【译文】

初九：光明沉没，就好像鸟在黑暗中飞行，低垂着受伤的翅膀。君子从家里往外出行，多日没有吃东西，有所行动，则必遭主人的斥责。

《象传》说：君子离家出行，从道义上说，不能蒙羞受食。

【启示】

这一爻的爻辞说在黑暗中应学会自保，而不是有所行动。

【原文】

六二：明夷，夷于左股，用拯马壮，吉。

《象》曰：六二之吉，顺以则也。

【译文】

六二：在黑暗中行走，君子左腿负伤，用强壮的马帮助行走。这是吉利的。

《象传》说：六二爻讲之所以能够得到吉祥，是因为马天性柔顺，以至于听主人的话。

【启示】

这一爻告诉我们，一个人处在困境中，难以自拔，如有一个性格柔顺，且非常有能力的助手来帮他，则是吉利的。

【原文】

九三：明夷于南狩，得其大首。不可疾贞。

《象》曰：南狩之志，乃大得也。

【译文】

九三：在黑暗中向南征伐，可以俘虏其首领，但不能急躁冒进，须等待时机。

《象传》说：有到南方征伐的志向，一定大有收获的。

【启示】

此爻是阳爻阳位，居下卦的最上位，这表明到南方征伐暴君的志向是正确的，但这是非常行动，所以要谨慎行事。

【原文】

六四：入于左腹，获明夷之心，于出门庭。

《象》曰："入于左腹"，获心意也。

【译文】

六四：在黑暗之中，得知小人之心，便离家远逃，避免受到伤害。

《象传》说：回到深山里，实现退隐的愿望。

【启示】

这一爻告诉我们，一个人身处黑暗中，如不能与小人相抗衡，那么走就为上计。

【原文】

六五：箕子之明夷，利贞。

《象》曰：箕子之贞，明不可息也。

【译文】

六五：箕子处于最黑暗的时候，保持中正是有利的。

《象传》说：箕子处于最黑暗的时候，保持中正是有利的，他的高风亮节千古不灭。

【启示】

这一爻告诉我们，一个人处在黑暗中，必须保持中正。

【原文】

上六：不明晦。初登于天，后入于地。

《象》曰："初登于天"，照四国也。"后入于地"，失则也。

【译文】

上六：太阳下山，灰暗。开始如登天一般地得高位，光芒四射，而后又沉入地中。

《象传》说：次日清晨太阳再次升起，这表明它的光明能够普照四方各国。而后又沉入地中，这表明它失去了正确的原则。

【启示】

这告诉我们，在身居高位时，更要坚持正道。

【疑难解析】

君子于行，三日不食。有攸往，主人有言

“君子于行，三日不食。有攸往，主人有言”的大意是：君子从家里往外出行，多日没有吃东西，有所行动，则必遭主人的斥责。他又没去偷主人的东西，主人为什么要斥责他呢？

“君子从家里往外出行，多日没有吃东西”表明君子十分饥饿，十分狼狈。此时他有所行动，很容易被主人误以为是偷东西的，当然就大声责备他。

所以说，一个人处在黑暗中，不能有所行动。

明夷于南狩，得其大首。不可疾贞

“明夷于南狩，得其大首。不可疾贞”的大意是：在黑暗中向南征伐，可以俘虏其首领，但不能急躁冒进，须等待时机。它是九三爻的爻辞。此爻是阳爻阳位，居下卦的最上位。这暗示我们，即使到南方征伐暴君是正义行动，也要谨慎行事：

一、暴君居于至高无上的位置，还有一定的实力，就好比“瘦死的骆驼比马壮”，所以我们不能等闲视之。

二、人往往不愿打破原有的生活，除非原有的生活已把他逼上绝路。所以在逼到绝路前，人就应设法维护原有的生活秩序，对打破者的行动构成阻碍。

三、一个人往往受到本地域的爱国主义教育，所以在他还没有对暴君彻底绝望前，他以维护暴君的利益来保自己的名节。

不明晦。初登于天，后入于地

“不明晦。初登于天，后入于地”的大意是：太阳下山，灰暗。开始如登天一般地得高位，光芒四射，而后又沉入地中。它是上六的爻辞。此爻是阴爻阴位，又是上卦的最上位，表明昏庸到了极点，人一昏庸就辨不清东南西北，分不清高低，所以在他登上高位后，就容易一脚踩空，坠落于地。这就暗示我们，在身居高位时，更要坚持正道。

一是因为身居高位的人的每一句话都起作用，所以就是说错一句话，也会对人民造成大的伤害。

二是因为他的一举一动也在人民的视野之中，他的每一个错误的行动都有可能给人民造成这样的想法：他的能力和他的位置不相匹配。就好比站在高山上的人，只有很小的一块活动的地方，周围都是悬崖，稍微不慎，就会掉进悬崖。

【事例】

“箕子之明夷，利贞”暗示我们，在黑暗中要坚守正道。食品产业是成熟产业，其前景是灰暗的，而雀巢公司通过坚守正道，迎来了一个又一个光明。

雀巢公司的成功之道

食品产业是成熟产业，没多大的发展前景，一般的公司都因利润不佳而转到其他行业中，但雀巢公司一直以食品为主业，并且在此行业取得了辉煌的战果。这其中的奥秘是什么呢?

雀巢面对食品业的黑暗前景，不盲目转行，更不盲目扩张，而是在保持食品饮料为主业的基本战略不变的前提下，根据市场、技术、消费者的变化适时而动。如雀巢公司为保证业绩能稳定增长，开始转换赢利结构，医药品、矿泉水等商品成为公司新的赢利来源。

1999 年雀巢公司医药品部门的营业额是 10.77 亿瑞士法郎，比前一年增加 18%，首次超过巧克力和甜点部门 (8.82 亿瑞士法郎)。巧克力是雀巢的传统商品，这个部门的赢利被新兴的医药品部门超过，象征公司获利结构的改变。

另一个带动雀巢业绩增长的新产业是矿泉水。1969 年，雀巢买下的 Vittel 和 1992 年买下的 Perrier 是生产矿泉水的两大支柱，它们在全球的市场占有率非常高，约 16.96%。成为继咖啡之后，另一个重要获利来源。

雀巢公司的领导人员普遍认为：与其盲目扩张，陷入更危险的境地，还不如维持本公司在本行业市场内的领先地位。为了达到此目的，雀巢公司实施持久战略。不局限于短期收益，而是着眼于长远。进入 21 世纪后，雀巢的战略目标是，执食品与饮料业的牛耳，用一流的设备生产一流的产品，不仅要占有发达国家的市场，而且还要占有拥有 40 多亿人口的发展中国家的市场。雀巢的这一新世纪战略规划显示了其做事的专注，眼光的长远，百年企业的成功秘诀可见一斑。

不难看出，雀巢公司在黑暗中行走，坚守正道——凭借着自己在食品业的经验保持原有业务在本行业市场内的领先地位，并根据市场、技术、消费者的变化开发新的产品。

家人卦第三十七

【原文】

家人：利女贞。

《彖》曰：家人，女正位乎内，男正位乎外。男女正，天地之大义也。家人有严君焉，父母之谓也。父父，子子，兄兄，弟弟，夫夫，妇妇，而家道正。正家而天下定矣。

《象》曰：风自火出，家人。君子以言有物而行有恒。

【译文】

《家人卦》：有利妇女去卜问。

《彖传》说：一家人，女人应在家内主持好家务，男人应在家外干好工作。男主外女主内，合乎天地的大道义。家庭中应该有严厉而正直的家长，这就叫作父母。对家里的每个人来说，父亲应该尽到做父亲的责任，儿子应该承担做儿子的义务；兄长要尽到当兄长的责任，弟弟要尽到做弟弟的义务；丈夫要尽到做丈夫的责任，妻子要承担做妻子的义务，如果这种家庭的伦理道德纳入正轨，家就合乎规范。每一家都被治理好，天下也就安定了。

《象传》说：《家人卦》的卦象是离在下、巽在上，离为火、巽为风，这就有风从火中出来之象，就好像一家人各尽其责，严明的家风也就形成了，所以把它叫作《家人卦》。君子要言而有信，不能夸夸其谈，行动要合乎客观规律。

【启示】

《家人卦》告诉我们，一家之主，负有领导职责，要防患于未然，因此治家要刚柔相济，既要有诚信，又要有威严。同时家庭的成员要各安其位，各司其职，分工协作。

【原文】

初九：闲有家，悔亡。

《象》曰："闲有家"，志未变也。

【译文】

初九：平时要保护和管理好自己的家庭，防止意外发生，没有什么后悔的。

《象传》说：平时要保护和管理好自己的家庭，能防止意外发生，这是因为有坚贞不渝的意志。

【启示】

这一爻告诉我们，平时做一些预防工作，能防患于未然。

【原文】

六二：无攸遂，在中馈，贞吉。

《象》曰：六二之吉，顺以巽也。

【译文】

六二：妇人没有什么大的志向，在家中操持好家务，去占卜一定得到吉利的预兆。

《象传》说：《家人卦》的六二爻位是阴爻阴位，它之所以是吉祥的，是因为它位于下卦的中位，顺从而又互相配合。

【启示】

这一爻暗示我们，作为一个家庭的成员，能尽到自己应尽的责任，就能获得吉祥。

【原文】

九三：家人嗃嗃，悔厉，吉。妇子嘻嘻，终吝。

《象》曰："家人嗃嗃"，未失也。"妇子嘻嘻"，失家节也。

【译文】

九三：家长很严肃，有时因自己发脾气或太严肃，又有点后悔，自然会有不利的影响，但最终是吉利的。母亲、儿女在一起嘻嘻哈哈的，治家不严，最终是不利的。

《象传》说："家长很严肃"，没有失去正派家风。"母亲、儿女在一起嘻嘻哈哈"，有失家中的礼节。

【启示】

这一爻告诉我们，一个人治家要严格。

【原文】

六四：富家，大吉。

《象》曰："富家，大吉"，顺在位也。

【译文】

六四：家庭富有了，十分吉利。

《象传》说："家庭富有了，十分吉利"，这是由于六四爻位的柔顺居正位。

【启示】

这一爻告诉我们，一个家庭无论在物质上还是在精神上都是富有的，一定是吉祥之家。

【原文】

九五：王假有家，勿恤，吉。

《象》曰："王假有家"，交相爱也。

【译文】

九五：君王把治家之道带给了大家，不要担心什么，这是吉利的。

《象传》说：君王在家里以身作则，使家庭成员互相关爱。

【启示】

这一爻告诉我们，君王应以身作则，并以自己的正确的治家之道教化人们。

【原文】

上九：有孚威如，终吉。

《象》曰："威如"之吉，反身之谓也。

【译文】

上九：有诚信又有威严，最终是吉利的。

《象传》说：之所以既有诚信又有威严是吉利的，是因为做家长的能严于律己。

【启示】

这一爻告诉我们，作为一家之长，一方面他虚心谦和，善于改正自己的错误，并且善待家庭成员；另一方面他办事果断，颇有魄力。这是吉利的。

【疑难解析】

"王假有家，勿恤，吉"和"有孚威如，终吉"

"假"是至、到的意思。"有家"是有家道的意思。"王假有家，勿恤，吉"是九五爻的爻辞。九五为阳居阳位，就有正当之意。所以，它的大意是：君王把正确的治家之道带给了他的臣民，不要担心什么，这是吉利的。怎样把它带给他的臣民？一是以身作则；二是以之来教化人民。

这里的治家之道指的是什么呢？是有孚威如。"有孚威如"是上九爻的爻辞。上九为阳居阴位。这就表明：

一、作为一家之长，虽居于上位，但他谦虚，善待家庭的每一个成员。这样做有两大好处：一是家庭的各个成员都信任他；二是大家都以他为榜样，关爱他人，从而家里充满了爱。

二、作为一家之长，他又根据当时的道义，制定了家规，并以之来治家。这样，他在家里又树立了威信（注意这里的家规包含两层含义：一是家里的规矩；二是家外的规矩，即跟别人相处的法则），能出现两种好的情形：一是大家的行动就有序，不会陷入“群龙无首”的混乱局面；二是能抵御家人的不正确的干扰，做到公正无私，能使家外的人服从。

总而言之，如君王能以正确的治家之道教化人们，让每一个家长既赢得家里的每一个成员的信任，又办事果断，十分有魄力，那么天下就太平了。

【事例】

“王假有家，勿恤，吉”和“有孚威如，终吉”暗示我们，君王要以身作则。汉武帝带头遵守国法，斩杀了自己的亲戚，使万民服从。

汉武帝挥泪斩亲

汉昭平君是汉武帝胞妹隆虑公主唯一的儿子。由于是晚年得子，众人都把他视为掌上明珠，并让他与帝室联姻，娶武帝的女儿夷安公主为妻。隆虑公主考虑得比较长远，她在病危的时候，担心娇宠过度的儿子将来会惹下大祸，特意献出钱财百万，请求武帝以此替昭平君预先赎死罪。

武帝因为顾惜兄妹的情谊，又看到人之将死，不忍心拒绝，只得含泪答应了隆虑公主的要求。

果然不出隆虑公主所料，昭平君后来闯下大祸。

在隆虑公主死后，失去约束的昭平君日益骄横放纵，在一次醉酒后，竟将侍奉公主的老大夫给杀了，朝廷便派人把他押送到内宫的监狱里，等待审讯。

昭平君是公主的儿子，属八议范围。按规定，八议范围内的罪犯，当判定死罪时，一般的司法官吏无权审理裁决，只能将罪犯所犯的罪行以及判定的理由上奏给公卿大臣，再由公卿大臣议定后奏明皇帝，由皇帝决定。这实际上就是给罪犯以从宽处理的机会。

因此，当廷尉将这个案子以公主之子为由向汉武帝求情时，武帝左右的亲信侍臣也都为昭平君说情，并提醒武帝说：“不要忘了隆虑公主临终的话啊！”

汉武帝沉吟道：“我的妹妹到了老年才得到这个儿子，因此对他百般疼爱，临死时又将他托付给我，现在他闯下这样的大祸，叫我如何是好？”

说完，他伤心地流下眼泪，叹息不已。

过了一会儿，汉武帝从悲痛中清醒过来，却断然说道：

“先帝制定法律，最根本的一点就是：上自天子，下至百姓，一律平等。如果我因为这件事情而违反了先帝的本意，以后，在朝廷上我又有什么脸面呢？”

说完，他下令将昭平君以死罪斩首。

睽卦第三十八

【原文】

睽：小事吉。

《象》曰：睽，火动而上，泽动而下；二女同居，其志不同行。说而丽乎明，柔进而上行，得中而应乎刚，是以“小事吉”。天地睽而其事同也，男女睽而其志通也，万物睽而其事类也。睽之时用大矣哉！

《象》曰：上火下泽，睽。君子以同而异。

【译文】

《睽卦》：去卜问小事是吉利的。

《彖传》说：《睽卦》的卦象为离在上、兑在下，离为火、兑为泽，这就好像火往上窜，水往下流。两个女人在一起居住，但志向、情趣、行为却大不一样。以欢喜愉悦依附着光明，凭着柔顺的力量前进向上，这样做就符合中正之道，且与阳刚相应，就会得到卦辞中所讲的“去卜问小事是吉利的”结果。天和地性质不同，差别很大，但共同滋润万物，使万物茁壮成长；男人和女人性别不一样，但男女都渴望组建家庭，共同哺育后代；天下万物各有各的形态，但它们都有共同点。《睽卦》所展示的对立的道理和把握时机的意义是多么大呀！

《象传》说：《睽卦》的卦象是兑在下、离在上，兑为泽、离为火，这表示水火相遇，所以把它叫作《睽卦》。君子找出事物的共同点，并辨别它们各自的特点。

【启示】

《睽卦》讲家庭及社会成员的背离，暗示我们，矛盾的双方是对立统一的。即事物是矛盾的，相互对立的，但一方的存在以另一方的存在为条件，并且在一定的条件下相互转化。根据矛盾的特性，我们一方面要同心同德消除异己力量，一方面要求同存异，要创造条件使矛盾向好的方向转化，推动事物发展。

【原文】

初九：悔亡。丧马，勿逐自复。见恶人，无咎。

《象》曰："见恶人"，以辟咎也。

【译文】

初九：悔恨消失。不用去找丢失的马，它自己就会回来。遇到坏人，不会有什么灾祸。

《象传》说："遇到坏人"，用这种态度跟他们相处，意在避开灾祸。

【启示】

这一爻暗示我们，我们要一分为二地看问题，找出对立事物的同一性，就能避免灾祸。

【原文】

九二：遇主于巷，无咎。

《象》曰："遇主于巷"，未失道也。

【译文】

九二：在小胡同里遇到自己的主人，没有什么灾祸。

《象传》说："在小胡同里遇到自己的主人，没有什么灾祸"，是因为没有脱离正道。

【启示】

这一爻告诉我们，一个人在处理事物时，应对事不对人，按照自己的道德、良心去办事。

【原文】

六三：见舆曳，其牛掣，其人天且劓。无初有终。

《象》曰："见舆曳"，位不当也。"无初有终"，遇刚也。

【译文】

六三：一头牛使劲地拉着货车，赶车的人是一个额头刺了字又被割掉鼻子的奴隶。虽然开始是困难的，但最终是有好结果的。

《象传》说："看见一个烙额割鼻的奴隶在拉车"，这是因为六三爻是阴爻阳位，所处的位置不恰当。"开始时特别困难，但最终还是有好结果的"，这是因为六三阴爻上遇到九四阳爻，就好像有贵人相助。

【启示】

这一爻告诉我们，即使一开始就遇到阻碍，也不必忧惧，因为只要巧妙地应付，就能变阻力为推动力。

【原文】

九四：睽孤，遇元夫，交孚。厉无咎。

《象》曰："交孚"无咎，志行也。

【译文】

九四：孤独又自负，遇到上大夫，有诚信地和他交往。开始艰难，但最终没有什么灾祸。

《象传》说："有诚信地和上大夫交往"，能免去灾祸，这是因为他们从不同的角度推行他们共同的心愿。

【启示】

这一爻告诉我们，诚信是求同存异的保证。

【原文】

六五：悔亡。厥宗噬肤，往何咎？

《象》曰："厥宗噬肤"，往有庆也。

【译文】

六五：悔恨消失了。同宗族的人能唇齿相依。一起行动起来，又有什么灾祸呢？

《象传》说：同宗族的人能唇齿相依，一起行动起来，一定是吉庆的。

【启示】

这一爻告诉我们，如果大家同心同德，就能克服困难，获得吉祥。

【原文】

上九：睽孤，见豕负涂，载鬼一车。先张之弧，后说之弧。匪寇，婚媾。往遇雨则吉。

《象》曰："遇雨之吉"，群疑亡也。

【译文】

上九：孤独而自负，看见一头背上沾满污泥的猪，又遇见一辆车，有一群穿奇装异服的人在上面坐着，于是就拉开了弓准备射它，但是后来又放下弓。因为定下神来一看，发现并不是强盗，而是要婚娶的。继续前往，遇到大雨，就获得吉利的预兆。

《象传》说："遇上大雨，会获得吉利的预兆"，是说原来的种种怀疑都已经烟消云散了。

【启示】

这一爻暗示我们，猜疑是导致离散的原因。所以，设法消除对方的疑虑，就能合同。

【疑难解析】

悔亡。丧马，勿逐自复。见恶人，无咎

“悔亡”的大意是：悔恨消失。它是初九爻的爻辞。从卦画可以看出是刚刚遇见一个与自己背离而行的人。为什么悔恨会消失呢？

“丧马，勿逐自复。见恶人，无咎”的大意是：悔恨消失。不用去找丢失的马，它自己就会回来。遇到坏人，不会有什么灾祸。这就暗示我们：事物是异中有同，离中有合。即使遇见一个与自己志不同的坏人，既不要回避，也不要强迫人家根据你的意志行事，而是设法与他好好相处。一般说来，要离坏人远点，而这里为什么说“要设法与坏人好好相处”呢？

一、人类文明还未达到极高境界——坏人都自动从地球上消失，所以我们不遇见坏人是不可能的，不和坏人同居一个地球是不现实的。

二、如积极和坏人交往，设法找到彼此的共同点，并以此为切入点，教化、感化坏人，那坏人就会变成好人。

三、如强迫人家根据你的正确意志行事，那坏人会更坏。因为坏人本来和你的观点就不一样，所以强迫他按照你的意志行事，就会引起强烈的逆反心理，从而他的行动与正义的行动相隔得更加远了。

【事例】

“悔亡。丧马，勿逐自复。见恶人，无咎”暗示着：事物是异中有同的。我们在经商时，要善于找出成本与利益的相同点，从而赚取更多的钱。胡雪岩认为，做生意不能太小气，要大方待人。如果在各方面斤斤计较，刻薄寡义，是不能成大事的。正因为有这样的观点，胡雪岩才把生意做到洋场。

为人慷慨大度终成大事

经过数年苦心经营，胡雪岩的阜康钱庄一跃成为同行之首，银钱往来业务超过任何一家钱庄。

有一次，一位顾客递给伙计一张银票，声言要支取现银。胡雪岩一看来人竟是苏南青帮同福会的管家，他专管钱财往来，此次到杭州取现银，为了“安家费”一事。

胡雪岩知道，青帮需要流血拼命时，才发放“安家费”给眷属，以使他们解除后顾之忧，甘心赴死。管家告诉胡雪岩，同福会将替太平军护送一批军火从上海到金陵，途中官军重重设防，难免冲突，所以选了一百多位敢死的弟兄，去完成任务，当然应有“安家费”。

胡雪岩爽快地让他提走大批现银。他走后，胡雪岩心里反复掂量这条消息的价值。一直以来，胡雪岩十分垂涎军火生意，但苦于无处着手，如今知道这条消息，正可以捷足先登。于是，他立刻前去王有龄府宅协商如何参与军火买卖。

几天之后，胡雪岩带着王有龄开出的3万两银子的官票到了上海，求见上海青帮首领廖化生，表示想与其合伙做这批军火生意，并愿意把利润三七分成。廖化生喜出望外，没想到胡雪岩如此慷慨豪爽，他答应为他办事，并介绍一个名叫欧阳尚云的人。此人在洋行混了多年，懂法语和英语，是上海洋商看重的人物。万事俱备，胡雪岩叫欧阳尚云同麦得利联系，亲自和他面谈。

第二天，欧阳尚云陪同胡雪岩前去会晤麦得利，同麦得利谈起军火交易。麦得利却说已同别人签约，不可失信。胡雪岩指出麦得利与乱民签约，是反对中国政府。这一招很厉害，麦得利无言以对。胡雪岩抓住要害，进一步说，如果清廷得知这笔交易，派兵截获军火，那时他不但血本无归，还要受到政府追究责任。又说自己可以代表浙江地方当局买下这批军火，并可提高出价。

这样没费多大力气，麦得利就放弃了原来的打算，同胡雪岩商谈起购买枪支的具体事宜。

蹇卦第三十九

蹇卦

䷦

坎上
艮下

【原文】

蹇：利西南，不利东北。利见大人，贞吉。

《彖》曰：蹇，难也，险在前也。见险而能止。知矣哉！蹇“利西南”，往得中也。“不利东北”，其道穷也。“利见大人”，往有功也。当位“贞吉”，以正邦也。蹇之时用大矣哉！

《象》曰：山上有水，蹇。君子以反身修德。

【译文】

《蹇卦》：有利于向西南方向走，不利于往东北方向走。有利于拜见王公贵族，去占卜得到吉祥的预兆。

《彖传》说：蹇有艰难的意思。遇到危险能停止行动，多么明智的做法呀！《蹇卦》的卦辞说："有利于向西南方向前进。"只有这样行动，才会顺利。"不利于向东北方向前进"，是因为东北是山，自然道路尽了。"利于会见王公贵族"，是说在这时如果能够积极行动，就会建功立业。位置正当时去占卜得到吉利的预兆，这是因为坚守正道，始终如一，就能拯救国家，摆脱困境，因此，《蹇卦》的实际意义真伟大呀！

《象传》说：《蹇卦》的卦象是艮在下、坎在上，艮为山、坎为水，这就表明山上存水，不利于行，所以把它叫作《蹇卦》。看到这个卦象，君子应该好好反省自己，培养自己良好的德行。

【启示】

《蹇卦》告诉人们该如何看待困难、走出困境。一要知难而退，坐待时机。二要加强自我的道德修养，并聚集起各方力量，确定核心领导。

【原文】

初六：往蹇，来誉。

《象》曰："往蹇，来誉"，宜待也。

【译文】

初六：刚前往就遇上了困难，自己知道返回则会受到称誉。

《象传》说：刚前往就遇上了困难，自己知道返回则会受到称誉，是告诫人们应知难而退，等待时机。

【启示】

这一爻告诉我们，一个人应知难而退，等待时机。

【原文】

六二：王臣蹇蹇，匪躬之故。

《象》曰："王臣蹇蹇"，终无尤也。

【译文】

六二：君王的臣子屡碰艰难，这是因为他为正王室而奋不顾身的缘故。

《象传》说："君王的臣子屡碰艰难"，但终究不会有什么怨尤。

【启示】

这一爻告诉我们，一个人为了大家的利益而奋不顾身，虽遇到重重困难，但最终没有什么怨尤。

【原文】

九三：往蹇，来反。

《象》曰："往蹇，来反"，内喜之也。

【译文】

九三：出门时遇到困难，又返回来了。

《象传》说："出门时遇到困难，又返回来了"，从内心为此事感到高兴。

【启示】

这一爻告诉我们，即使不是为了个人私利而采取行动，为了安全起见，也应停止行动。

【原文】

六四：往蹇，来连。

《象》曰："往蹇，来连"，当位实也。

【译文】

六四：出门时遇到艰难，回来联系自己的同志。

《象传》说："出门时遇到艰难，回来联系自己的同志"，是指这一爻所处的位置恰到好处。

【启示】

在艰难的时候，应联合同志，壮大力量，共渡难关。

【原文】

九五：大蹇，朋来。

《象》曰："大蹇，朋来"，以中节也。

【译文】

九五：大难临头，各地受难的人民都来到贤明的大王的身边。

《象传》说："大难临头，各地受难的人民都来到贤明的大王的身边"，因为九五爻居上卦中位，就好像王坚守中正，把同处于危机中的人民都集合起来，以渡过难关。

【启示】

这一爻告诉我们，大难当头，如果自己的实力不够，应联合其他人共渡难关。

【原文】

上六：往蹇，来硕，吉。利见大人。

《象》曰："往蹇，来硕"，志在内也。"利见大人"，以从贵也。

【译文】

上六：经历了许多困难，归来时大有收获，这是吉利的。有利于见王公贵族。

《象传》说："经历了许多困难，归来时大有收获"，说明志气高昂，奋勇取胜。"有利于会见王公贵族"，这是因为他们认为他高贵了，要大家以他为榜样。

【启示】

这一爻告诉我们，大难之后必有大的收获。

【疑难解析】

"王臣蹇蹇，匪躬之故"和"往蹇，来反"

"王臣蹇蹇，匪躬之故"的大意是：君王的臣子之所以屡碰艰难，是因为他为正王室而奋不顾身的缘故。"往蹇，来反"的大意是：出门时遇到困难，又返回来了。一般说来，为了大家的利益应奋不顾身，那为什么一遇到困难要返回呢？

"往蹇，来反"是蹇卦九三爻的爻辞。九三是阳居阳位，这就表明他十分冲动，走得十分快，十分急，后又因遇到困难而返回，这当然是明智之举。因为这样做有几大好处：

一、遇到困难返回，可以在联系自己的同志后，大家一起向困难进军。俗话说得好：众人拾柴火焰高。所以大家一起去克服困难的成功的概率非常大。

二、遇到困难后返回，还能避免"打草惊蛇"。因为你之所以遇到困难，是因为遇到了来自对方的阻力。如你不及时抽身，自然会被对方发觉。

三、遇到困难时返回，还有利于自己休养生息，并拖垮对方。因为你要返回的地方是你的领地，你可边退边得到当地的人民的补给，而他会因得不到补给而疲惫不堪。

四、遇到困难返回，还可能为你提供施展"诱敌深入"的计谋的机会。因为敌人不见你有动静，就以为你没有力量与他抗衡，认为进攻的机会来了，结果贸然地进入你的领地。

五、你如果遇到困难就返回，还有可能凭借自己的有利的地势跟对方相抗衡。

一般说来，撤退不是指撤退的一瞬间，而是指的一个过程，它包括撤退前的谋略和撤退后应遵守的原则。所以，我们在撤退的前后都要坚守正道，不受外界的干扰而贸然出击，特别是不会因受到对方的诱惑而贸然出击，因为这样就会陷入对方预先设计的圈套。

【事例】

"往蹇，来反"暗示我们，初一交战，就遇到险阻，应撤退；而且要注意这里的撤退不是指撤退的一瞬间，而是指的一个过程，这就要求我们撤退前后都要坚守正道。陈余得知代地失守，便格外严防，扼险固守，本是件好事，但由于他没有听从李左车的意见，据险而守，而是禁不住诱惑，贸然出击，在撤退后没有坚守正道，结果被汉军的乱刀砍死。

陈余之死

公元前204年，韩信驻兵平阳，进攻代郡，汉军攻入代城，随即又挥兵南下，进至离井陉口约30里处安下营寨。

代郡为陈余封地，他得知代地失守，便格外严防，扼险固守，阻止汉军前进。这时，谋士李左车向陈余献策："韩信、张耳乘胜远斗，锋不可当。但他远道来此，利在速战，我有井陉口天险，他们从这里进军，难以同时兼运粮草。因此，我请求领兵截取汉军粮草辎重，您只需在此深沟高垒，不与交锋。这样，汉军将前不能战，后不能还，荒山之间，又无从寻找粮草，不出十日，汉军便为我打败。"

不料陈余书生气十足，非常迂阔，不仅不听李左车的意见，还把他辞退了。韩信听到这个消息，非常高兴，连忙叫来骑都尉靳歙，交代一番，又叫来左骑将傅宽，授以密计。等到半夜时分，率领全军进抵井陉口。天刚亮时，韩信向士卒分发干粮，只叫权且充饥，等今日破赵，再会食。同时又挑选精兵万人，叫他们渡过泜水，背靠河岸，列阵等待。韩信、张耳也相偕渡河。到达对岸后，韩信命令军士扬旗示众，擂鼓助威，大模大样地闯进了井陉口。

陈余听说汉军已到井陉口，便大开营门，挥兵出战。赵军人多势众，一拥向前。韩信命令军士抛去帅旗，掷掉战鼓，一起返回，退至泜河。赵军以为得胜，拼力追击，据守大营的赵兵也乘势邀功，掠取汉军旗鼓。

韩信、张耳退到泜河，下令军中，决一死战，后退者立斩不赦。汉军本无退路，只能拼力向前，争先杀敌。自辰时战至午时，双方难分胜负，陈余担心将士饥饿，不能再战，便收军回营。哪知刚走到半途，远远看到大营上已遍插汉军旗帜，原来韩信安排靳歙趁赵军倾巢而出的时候，占领了赵军大营。陈余见状，心惊胆战。正在慌忙的时候，斜刺里又杀出一支军马，原来是汉左骑将傅宽。陈余急忙迎战，且战且走，忽又遇到一路人马迎头拦住，为首将领是汉常山太守张苍。陈余不知所措，又被傅宽、张苍合兵赶杀，逼至泜水，前有阻拦，后有追兵，走投无路，被汉军乱刀砍死。

解卦第四十

【原文】

解：利西南，无所往，其来复吉。有攸往，夙吉。

《彖》曰：解，险以动，动而免乎险，解。解，“利西南”，往得众也。“其来复吉”，乃得中也。“有攸往，夙吉”，往有功也。天地解而雷雨作，雷雨作而百果草木皆甲坼，解之时大矣哉！

《象》曰：雷雨作，解。君子以赦过宥罪。

解卦

震上

坎下

【译文】

《解卦》：有利于向西南方向行进，但如果大难已解，就要返回去正纲纪，明法度，光复大业则能吉祥如意。应该有所行动，因为早点行动就能获得吉祥。

《彖传》说：《解卦》的下卦为坎、上卦为震，遇到危险而能有所行动，就会脱离困境，所以把它叫作《解卦》。卦辞说：“有利于向西南方向行进”，是因为西南代表众人，如往西南方向前进就能得到群众的支持。“返回去吉祥如意”，是因为这样做坚守了中正，“早行才能获得吉祥”，这表明只要有所行动，就一定会建功立业的，天与地一旦得到交融和解，就好像春雷震荡，甘霖润泽，就会使天下所有的果木花草突破种子的外壳而绽露出勃勃生机。《解卦》的实用意义是多么大呀！

《象传》说：《解卦》的卦象是坎在下、震在上，坎为水、震为雷。这就好比春雷阵阵，春雨潇潇，万物生长，所以把它叫作《解卦》。因此，君子也应该宽恕别人，减轻处罚，使他们得到教育，重获新生。

【启示】

《解卦》告诉我们，要解除大难，就要诚信待人以获得群众的支持，就要坚守中正。尤其是，一个人不要在大难解除后，就认为万事大吉，因为新的任务又出现在他的面前。

【原文】

初六：无咎。

《象》曰：刚柔之际，义无咎也。

【译文】

初六：没有什么灾祸。

《象传》说：处在刚柔相济、相辅相成的位置，就好像君臣、夫妻同舟共济，不会有什么灾祸。

【启示】

即使处于危险的境地，但如果能刚柔相济，也不会有什么灾祸。

【原文】

九二：田获三狐，得黄矢。贞吉。

《象》曰：九二"贞吉"，得中道也。

【译文】

九二：狩猎获得了三只狐狸，而且得到了赏识——黄色的箭。去占卜得到吉祥的预兆。

《象传》说：《解卦》的九二爻之所以"去占卜得到吉祥的预兆"，是因为它能够遵循中正之道。

【启示】

这一爻告诉我们，要在险境中有大的收获，必须坚守正道。

【原文】

六三：负且乘，致寇至。贞吝。

《象》曰："负且乘"，亦可丑也，"自我致戎"，又谁咎也？

【译文】

六三：背着一个东西坐在华丽的大车上，招来强盗抢劫。去占卜得灾祸的卦象。

《象传》说："背着一个东西坐在华丽的大车上必然引来横祸"，这样的行为简直是太可笑了。"由于自己的原因而招致盗寇"，这又能怪谁呢？

【启示】

这一爻告诉我们，不要求虚位。

【原文】

九四：解而拇，朋至斯孚。

《象》曰："解而拇"，未当位也。

【译文】

九四：脚的大拇指得到解脱就去赴约，朋友也来了，这表明双方都初步有了诚信。

《象传》说：脚的大拇指得到解脱就去赴约，说明解开的部位不当。

【启示】

这一爻暗示我们，如从局部解决问题，只能延迟灾祸发生，起到缓解的作用。

【原文】

六五：君子维有解，吉，有孚于小人。

《象》曰：君子有解，小人退也。

【译文】

六五：束缚君子的绳索全部得到解脱，吉祥。这是因为君子首先对小人有诚信。

《象传》说：束缚君子的绳索全部得到解脱，小人就会被君子的诚信所感动，自动退出。

【启示】

这一爻告诉我们，要得到别人的信任，首先自己要光明磊落，诚信待人。

【原文】

上六：公用射隼于高墉之上，获之，无不利。

《象》曰："公用射隼"，以解悖也。

【译文】

上六：王公用箭射中了一只站在高高的城墙上的鹰，并且抓到它，没有什么不吉利的。

《象传》说："王公用箭射中了一只站在高高的城墙上的鹰"，解除了祸乱。

【启示】

这一爻告诉我们，大难之后，更要戒备。

【疑难解析】

无咎

"无咎"是解卦初六的爻辞。为什么一开始就说"没什么灾祸"呢？

初六是阴爻阳位，在这一卦的最下方。就好比一个人已经接近险地了，面对强大的敌人，他故意站在一个不显著的地方，而且表现得十分柔顺，这样做是没有什么过失的。这是因为：

一、他站在一个不显著的地方，引起对方的注意的可能性比较小，他可以暗中积蓄力量，等待良机。

二、柔顺使他做事谨慎，不贸然行动。这样就不会轻易陷入危险中。

三、如对方发现了他，由于他表现得十分柔顺，对方会认为他是弱者，即使他有一肚子坏水，也成不了大器。因此，对方就会轻视他，忽略他的存在，对他的发展一点也不构成威胁。

【事例】

“君子维有解，吉，有孚于小人”暗示我们，要想清除因矛盾而产生的险阻，首先自己要心胸宽广，诚信待人。张英胸襟宽广，劝母亲退一步，结果感动了邻居，主动向他们道歉，避免了一场因干戈而带来的灾难。

张英胸襟宽广写诗化干戈

清代中期，当朝宰相张英是安徽桐城人。他素来注重修身养性，颇得他人的喜欢和尊重。同时他也非常孝敬父母，在朝廷任官时，把母亲安顿在家乡，并经常回家探望。张老夫人的邻居是一位姓叶的侍郎。张英在一次回家看望母亲时，觉得家中的房子呈现破败之象，就命令下人起屋造房，整修一番。安排好一切后，他又回到了京城。

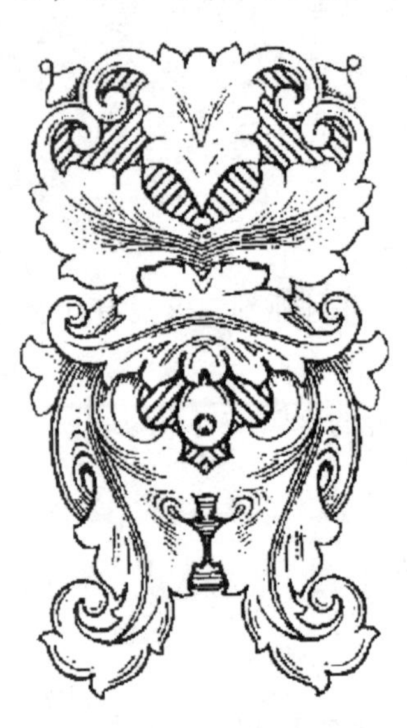

很巧的是，侍郎家也正打算扩建房屋，并想占用两家中间的一块地方。张家也想利用那块地方做回廊。于是，两家发生了争执。张家开始挖地基时，叶家就派人在后面用土填上；叶家打算动工，拿尺子去量那块地，张家就一哄而上把工具夺走。两家争吵过多次，有几次险些动武，双方都不肯让步。

张老夫人一怒之下，便命人给张英写信，希望他马上回家处理这件事情。张英看罢来信，不急不躁，抖起如椽大笔写下一首短诗：“千里家书只为墙，再让三尺又何妨？万里长城今犹在，不见当年秦始皇。”封好后派人迅速送回。

张老夫人满以为儿子会回来为自家争夺那块地皮，没想到左等右等只盼回了一封回书。张母看完信后，顿时恍然大悟，明白了儿子的意思。为了三尺地既伤了两家的和气又气坏了自己的身体，更何况，如真大动干戈，对双方来说，都是灾难，这样太不值得了。老夫人想明白了，立即主动把墙退后三尺。邻居见状，深感惭愧，也把墙让后三尺，并且登门道歉。这样一来，以前两家争夺的三尺地反而形成了一条六尺宽的巷子。

当地人纷纷传颂这件事情，引为美谈，并且给这条巷子取了一个特别的名字——六尺巷。有人还据此作了一首打油诗：“争一争，行不通；让一让，六尺巷。”

损卦第四十一

【原文】

损：有孚，元吉，无咎，可贞。利有攸往。曷之用？二簋可用享。

《彖》曰：“损”，损下益上，其道上行。损而有孚，元吉、无咎、可贞、利有攸往。曷之用？二簋可用享，二簋应有时，损刚益柔有时。损益盈虚，与时偕行。

《象》曰：山下有泽，损。君子以惩忿窒欲。

损卦

艮上
兑下

【译文】

《损卦》：双方都有所收获，大吉大利，没有什么灾祸，是称心的卜问。有利于有所行动。二簋食物可用来干什么呢？可用来祭祀。

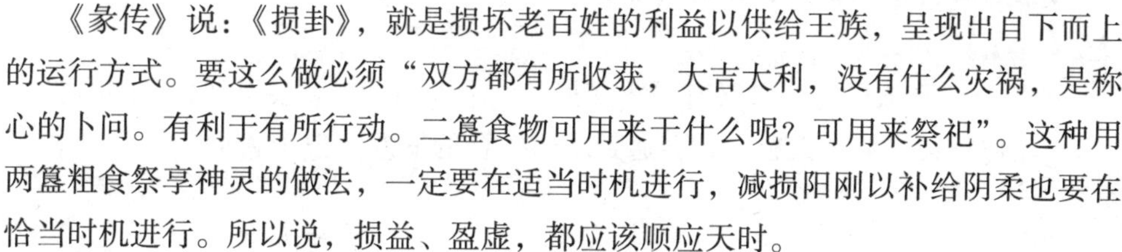

《彖传》说：《损卦》，就是损坏老百姓的利益以供给王族，呈现出自下而上的运行方式。要这么做必须“双方都有所收获，大吉大利，没有什么灾祸，是称心的卜问。有利于有所行动。二簋食物可用来干什么呢？可用来祭祀”。这种用两簋粗食祭享神灵的做法，一定要在适当时机进行，减损阳刚以补给阴柔也要在恰当时机进行。所以说，损益、盈虚，都应该顺应天时。

《象传》说：《损卦》的卦象是兑在下、艮在上，兑为泽、艮为山。这就表示山下有湖泽，湖泽渐深而山渐高，所以把它叫作《损卦》。君子看到此卦象，应该抑制自己的情绪，克制自己的贪欲、欲望。

【启示】

《损卦》告诉人们，损不是单方面的损，而是利人、利己的损。所以应损则损，绝不吝惜。

【原文】

初九：已事遄往，无咎。酌损之。

《象》曰：“已事遄往”，尚合志也。

【译文】

初九：祭祀的大事要快速去做，这样就没有什么灾祸。酌情减少祭品。

《象传》说："祭祀的大事要快速去做"，表达了对神灵的崇拜。

【启示】

说明应损则损，但必须适时、适量。

【原文】

九二：利贞。征凶。弗损益之。

《象》曰：九二利"贞"，中以为志也。

【译文】

九二：有利于去卜问。征讨则会有凶险。这样做不但不会削弱他国实力，反而会增益它。

《象传》说：《损卦》的九二爻讲"有利于去卜问"，这是因为九二爻居下卦中位，就好像人行事坚守中正之道。

【启示】

这一爻告诉我们，不能为了自己的利益，去侵犯他人。

【原文】

六三：三人行，则损一人；一人行，则得其友。

《象》曰："一人行"，三则疑也。

【译文】

六三：三个人同行，则必有一人受损；一个人独行，就会得到自己的朋友。

《象传》说：一个人独行，会遇到志同道合的朋友。三个人同行，就会相互猜疑。

【启示】

这一爻暗示我们，事物的矛盾是双向的，只有两两相应，才能互补，从而达到双赢。

【原文】

六四：损其疾，使遄有喜，无咎。

《象》曰："损其疾"，亦可喜也。

【译文】

六四：要改掉自己的坏毛病，并且行动迅速，就有喜庆的事发生，没有什么灾祸。

《象传》说："改掉了自己的坏毛病"，也是值得庆祝的事。

【启示】

这一爻告诉我们，犯了严重的错误，如果迅速改掉导致错误产生的恶习，也不会遭遇灾祸。

【原文】

六五：或益之十朋之龟，弗克违，元吉。

《象》曰：六五“元吉”，自上也。

【译文】

六五：有人诚心诚意送来价值十朋的宝龟，没法拒绝，十分吉利。

《象传》说：《损卦》的六五爻是“大吉大利的”，这是因为有来自上天的庇护。

【启示】

这一爻告诉我们，以柔居尊，能得到大家的帮助。

【原文】

上九：弗损益之，无咎，贞吉。利有攸往，得臣无家。

《象》曰：“弗损益之”，大得志也。

【译文】

上九：不减损就可以增益他人，没有什么灾祸，去占卜得到吉祥的预兆。有利于有所行动，就好像不停地减损自己，到最后，自己的家没有了，得到了天下的臣民。

《象传》说：不减损就可以增益他人，是因为从表面上看，施恩惠给人民是减损了自己，实际上是巩固了他的政权。

【启示】

这一爻告诉我们，在上的应与老百姓共同分享劳动果实。

【疑难解析】

巳事遄往，无咎。酌损之

“巳事遄往，无咎”的大意是：祭祀的大事要快速去做，这样就没有什么灾祸。大家都知道，我们要祭祀的是神灵，而神灵是财富的掌管者，所以这就好比到了向能提供给你帮助的人表明诚心的时候，你赶紧向他表示自己的诚意。为什么说这样做就没有什么灾祸呢？

如你不及时向别人表示自己的诚心，一方面别人就觉得你心不诚，就不愿意帮助你。因为你平时老求别人帮助你，并许下承诺：“如当真得到你的帮助，我一定好好报答你。”而到了关键时刻，其他的人都带着礼品来拜望他，你却没有

出现。别人误解你也是理所当然的。另一方面让小人有了从中挑拨的机会。因为你不在，小人想说什么，就说什么，即使是诬陷，你也没有辩驳的机会。而且“你没有来”本来就是事实，小人便以之为幌子，借题发挥，把你的缺点越放越大，甚至还编造一些事实。这就好像提供了小人遮掩自己丑恶的嘴脸的衣服，使能提供对你帮助的人无法识别小人的本来面目。

相反，你及时拜望了别人，别人的疑虑尽释，觉得你确实是个有诚信的人，就会给你帮助。

如果你没有什么财产，拿不出好的贡品该怎么办呢？“酌损之”。你没有好的东西给别人，为了表示自己的诚心，如果你向别人去借，结果你因此背上了沉重的包袱，使你不能轻松前行；如果你因此而起了歹意，则更糟糕了。再说，你要去拜望的那个人，他品德高尚，办事公正无私，他需要的是你的诚心，而不是许多钱财。

【事例】

“或益之十朋之龟，弗克违，元吉”暗示我们，在上的虚心听取在下的意见，表面上有损在上的威严，实际上是有益于在上的事业。晋文公虚心听取臣子的意见的美名已远播，他的臣子也因此更加愿意向他提出意见，结果他终成霸业。

晋文公虚心听劝　终成霸主

春秋时，大家都知道晋文公是个贤明的君王，善于纳谏。晋文公手下的臣子也因此敢大胆地向他提出自己的看法。

公元前636年，晋公子回国当上国君，是为晋文公。他当上国君后，开始征发百姓，组织军队，训练作战。两年后，晋文公便准备用训练的百姓称霸诸侯。

大臣子犯劝阻说：“百姓虽然经过训练，身体强健，但还不懂得义，还没能各居其位，不能用。”

晋文公觉得有道理，他便想办法让百姓懂得义。正在这时，周朝发生了“昭叔之难”。

昭叔是周惠王的儿子，他和他的哥哥襄王之后狄隗密谋叛乱，襄王知道后，便将狄隗废掉。这件事触怒了狄隗的娘家，他们派重兵进攻周朝，周襄王被迫逃到郑国。

周朝在当时名义上是各诸侯国的宗主，晋文公决定帮助周襄王返回周朝并用此事教育晋国的百姓什么是义。

他派出左、右两军，右军攻打昭叔，左军去郑国迎接周襄王返国。事成后，周襄王为表彰晋文公的功劳，以天子的礼仪迎接文公。

晋文公却推辞说："这是臣下分内之事。"

他帮助襄王返国后，又回国致力于便利百姓，使百姓安居乐业。他认为可以使用百姓了。

子犯出来阻拦说："百姓虽然懂得了义，但还不知道信是什么，还不能用。"

晋文公听了，觉得有道理。

他率领军队攻打原国，命令士兵携带三天的口粮。军队围困原国城池整整三天，士兵们的粮食全部吃完了，而原国还坚守城池不出。于是晋文公下令退兵，正当晋军刚退兵时，间谍从城里出来报告说："原国已经准备投降了。"

有人主张再坚持一下，等待原国投降。晋文公坚决地说："当初带三天军粮，就是准备攻打三天的；如今已下令退兵，就应该说话算数。如果不退兵，即使得到原国，也会失去信用。得失相比哪个多呢？"

由于晋文公利用攻打原国教育百姓知道信，所以国内民风大变，凡事以信为本，他们做生意不求暴利，不贪不骗。

做完这些后，晋文公问子犯："这回行了吧？"

子犯回答："百姓虽知信、义，还不知道礼，还没有养成恭谦让范。"

于是，晋文公又在让百姓知礼方面下苦功。他举行盛大的阅兵仪式，每个环节都依照军礼执行，使百姓看到礼仪；他又规定百官的等级及职责，使百姓知道对什么职官行什么礼仪。百姓们不但如此，还知道根据礼来判断一件事的是非。这时，子犯笑着说："可以用民了。"

于是，晋文公开始伐曹，攻卫，取得齐国之地，大败楚军于城濮，成为春秋五霸之一。

益卦第四十二

益卦

巽上
震下

【原文】

益：利有攸往，利涉大川。

《彖》曰：益，损上益下，民说无疆，自上下下，其道大光。“利有攸往”，中正有庆。“利涉大川”，木道乃行。益动而巽，日进无疆。天施地生，其益无方。凡益之道，与时偕行。

《象》曰：风雷，益。君子以见善则迁，有过则改。

【译文】

《益卦》：有利于有所行动。有利于渡过大江大河。

《彖传》说：《益卦》，减损在上的利益补给在下的老百姓，老百姓内心喜悦无限。人民感到皇恩浩荡广施民间，这种体恤民情的精神必定会得到推广。“有利于有所行动”，是因为坚守中正，有值得喜庆的地方。“有利于渡过大江大河”，就是说借助于舟楫前进，前进的道路将会畅通无阻。想体恤民情就要果断采取行动，并逐渐培养谦恭的态度。就好比上天降雨，雨露滋润万物一样，这种增益活动不受地域限制，遍及四面八方。总而言之，减损在上的利益补给在下的老百姓，就是要顺时而进行。

《象传》说：《益卦》的卦象是震在下、巽在上，震为雷、巽为风，这表示狂风和惊雷互相激荡，相得益彰，所以把它叫作《益卦》。君子看到此卦象，有了错误就要马上改正。

【启示】

《益卦》强调要施恩惠给人民，因为这对双方都有利。

【原文】

初九：利用为大作，元吉，无咎。

《象》曰：“元吉，无咎”，下不厚事也。

【译文】

初九：有利于进行大的行动，大吉大利，没有什么灾祸。

《象传》说：大吉大利，没有什么灾祸，表明百姓不为自己的私利而工作。

【启示】

这一爻告诉我们，如果老百姓都不计私利地做事，就有利于干大事。

【原文】

六二：或益之十朋之龟，弗克违。永贞吉。王用享于帝，吉。

《象》曰：“或益之”，自外来也。

【译文】

六二：有人诚心诚意送来价格昂贵的大乌龟，没有办法不接受。无论何时去占卜其结果都是吉祥的。君王用此祭祀先帝，也是吉利的。

《象传》说：“有人诚心诚意送来价格昂贵的大乌龟”，这是意外的收获。

【启示】

谦虚地坚持走正道，就能获得吉祥。

【原文】

六三：益之用凶事，无咎；有孚中行，告公用圭。

《象》曰：益用凶事，固有之也。

【译文】

六三：在灾荒年月施恩惠给人民，没有灾祸。但要心诚，行为适当，还要用玉圭作信物禀报王公。

《象传》说：在灾荒年月施恩惠给人民，自古以来就有这种做法。

【启示】

这一爻告诉我们，在灾荒年岁，不但要自己施恩惠给人民，而且还要向上级汇报，以求得更多的帮助。

【原文】

六四：中行告公从，利用为依迁国。

《象》曰：“告公从”，以益志也。

【译文】

六四：把对上对下都有益的行动计划报告周公，周公听从了，并以此为行动的依据，迁移国都。

《象传》说：“向周公提出建议，周公采纳了”，说明君臣同心。

【启示】

这一爻告诉我们，制订计划要以增益上下为依据。

【原文】

九五：有孚惠心，勿问元吉。有孚惠我德。

《象》曰："有孚惠心"，勿问之矣。"惠我德"，大得志也。

【译文】

九五：君王有诚心、仁爱之心，不用去卜问，大吉大利。百姓也因此有诚心，将感激我的恩德。

《象传》说："君王有诚心、仁爱之心"，不用去卜问这件事，"因为百姓将感戴我的恩德"，大家都能遂心成愿。

【启示】

这一爻告诉我们，在上的要有诚心和仁爱之心。因为在上的诚心对待在下的，在下的将感激在上的，这样对双方都有利。

【原文】

上九：莫益之，或击之，立心勿恒，凶。

《象》曰："莫益之"，偏辞也；"或击之"，自外来也。

【译文】

上九：不增益他人，有人将攻击他。这说明他没有持之以恒施恩于民，必然凶险。

《象传》说："不增益他人"，这是偏激的做法。"有人攻击他"，这是从外边来的呀。

【启示】

这一爻告诉我们，如果你不施恩于人，将会遭遇灾祸。

【疑难解析】

"有孚惠心，勿问元吉。有孚惠我德"和"莫益之，或击之；立心勿恒，凶"

"有孚惠心，勿问元吉。有孚惠我德"的大意是：君王有诚心、仁爱之心，不用去卜问，大吉大利。百姓也因此有诚心，将感激我的恩德。这就告诉我们，君王应有诚心和仁爱之心。具体地说，君王有诚心、仁爱之心有几大好处：

一、君王有了诚心和仁爱之心，一个地方遇到了灾荒的年岁，他就会减免当地的赋税，并且发动其他地方的人民来帮助他们，这样使天下的人民无论在什么年岁都能安居乐业。

二、君王有了诚心和仁爱之心，在平时他也会为百姓着想，不但自己生活节俭，而且还以"俭以养德"教育天下臣民。一方面，天下会因此形成节俭之风，这样节余的财富也自然而然多了起来，即使遇到了灾荒的岁月，大家也能应付；另一方面，节俭之风能清洗污浊的空气，从而使贪病病毒失去了依附物。因为人一节俭，他就容易满足现有的财务状况。再说，人一爱惜自己的财物，就不会把钱花在不正当之处。

三、君王有了诚心和仁爱之心，就经常施恩惠给老百姓，那些富有的人也受到了感化，也把自己的财富分给贫困的人。一方面，不会因贫富的差距过大而造成混乱。因为人一旦看到别人家聚集相当多的财富，而自己家贫如洗，就会觉得不公平，心里就不平衡，自然就容易起坏心——抢或偷富人家的财富。另一方面，得到了恩惠的老百姓也会受到感化，准备“以恩报恩”。

“莫益之，或击之，立心勿恒，凶”的大意是：不增益他人，有人将攻击他。这说明他没有持之以恒施恩于民，必然凶险。联系上下文，就知道“不增益他人”的主语是富有的人，“有人”是指那些心里不平衡的穷人。富有的人为什么遭到攻击？是因为他没有持之以恒施恩于民。他们为什么不能持之以恒施恩于民，是因为他们没有持久地具有诚心、仁爱之心。

所以说，作为在上的，不但要有诚心、仁爱之心，而且还要让它持久地占据自己的心。

【事例】

“有孚惠心，勿问元吉。有孚惠我德”暗示我们，做生意要以“互利”为原则，因为它是达到利己的桥梁。胡雪岩深知这个道理，就是对自己的对手也遵守这个原则，结果他的事业越做越大。

为对手留有余地

在生意场中，不是互利的行动千万不要采取。胡雪岩以此为行动的准则，善于让人，结果赢得了对手的信任。

胡雪岩到苏州，到永兴盛钱庄兑换十个元宝急用，这家钱庄不仅不给他兑换，还指责阜康银票没有信用，使他很生气。

永兴盛钱庄本来就来路不正。原来的老板节俭起家，干了半辈子才创下这份家业，但40岁出头就病死了，留下一妻一女。现在钱庄的档手是实际上的老板，他在东家死后骗取了寡妇孤女的信任，人财两得，实际上已霸占了这家钱庄。永兴盛的经营也有问题。他们贪图重利，只有10万银子的本钱，却放出二十几万的银票，已经岌岌可危了。

胡雪岩在这家钱庄无端受气，自然想狠狠整它一下。起初他想借用京中“四大恒”排挤义源票号的办法。京中票号，最大的有四家，称为“四大恒”，行大欺客，也欺同行。义源本来后起，但由于生意随和，信用又好，而且专和下层人民打交道，名声很盛，官府都知道它的信誉，因此生意蒸蒸日上。“四大恒”同行相妒，想打击义源，于是出了一手黑招。他们暗中收存义源开出的银票，又放

出谣言说义源面临倒闭，终于造成挤兑风潮。

胡雪岩仿照这种办法，实际上可以比当年“四大恒”排挤义源时更方便。浙江与江苏有公款往来，胡雪岩可以凭自己的影响，将海运局分摊的公款、湖州联防的军需款项、浙江解缴江苏的协饷几笔款合起来，换成永兴盛的银票，直接交江苏藩司和粮台，由官府直接找永兴盛兑现，这样借刀杀人，一点痕迹都不留。

不过，胡雪岩最终还是放了永兴盛一马，没有实施他的报复计划。他放弃计划，有三个考虑。一是这一招实在太辣太狠，一招既出，永兴盛绝对没有一点生路。二是这样做，很可能只是徒然搞垮永兴盛，而对自己来说，也没有什么利益。因为太辣太狠的招数一使，就会在同行中留下坏的印象。三是永兴盛一垮，老百姓存在它那里的钱也要打水漂了。

结果，永兴盛的老板对胡雪岩感激不尽，胡雪岩也因此树立了更好的形象，生意也越做越顺。

夬卦第四十三

夬卦

兑上
乾下

【原文】

夬：扬于王庭，孚号有厉。告自邑，不利即戎；利有攸往。

《彖》曰：“夬”，决也，刚决柔也。健而说，决而和。“扬于王庭”，柔乘五刚也。“孚号有厉”，其危乃光也。“告自邑，不利即戎”，所尚乃穷也。“利有攸往”，刚长乃终也。

《象》曰：泽上于天，夬。君子以施禄及下，居德则忌。

【译文】

《夬卦》：不仅在王庭里公布小人的所作所为，而且号令天下的人都要认清这种人，这是危险的。文告来自于邑中，不利于立即动武，但有利于有所行动。

《彖传》说：有决断的意思。刚能决断柔。刚健而又和悦，与人决裂又和在一起。“在朝廷里小人的所作所为被公布”，这是因为上六阴爻居于全卦中的五个阳爻之上。“号令天下的人要认清小人”，因此而遭遇的危险是为了宣扬好的德行。“文告来自于邑中，不利于立即动武”，因为崇尚武力，会使你的道义穷尽。“有利于有所行动”，是说阳刚之爻再增进一步，则全卦纯阳，这就表明君子当道。

《象传》说：《卦》的卦象是乾在下、兑在上，乾为天、兑为泽，这就好像湖水蒸发上天，然后又成云致雨，所以把它叫作《卦》。君子应向老百姓广施恩德，如自己把功德据为己有，这是最忌讳的。

【启示】

这一卦告诉我们，要号召所有的人与小人决断，并且不能贸然采取强硬的措施。

【原文】

初九：壮于前趾，往不胜，为咎。

《象》曰：不胜而往，咎也。

【译文】

初九：强壮在前边脚趾，前往就有可能由于自己的能力有限而招致灾祸。

《象传》说：如果不能胜任某事而贸然行动，将招致灾祸。

【启示】

这一爻告诉我们，一开始行动就要慎重，因为很可能会因为自己的能力有限而招致灾祸。

【原文】

九二：惕号，莫夜有戎，勿恤。

《象》曰：“有戎，勿恤”，得中道也。

【译文】

九二：听到惊叫声而忧惧，其实，即使深夜敌人来犯，也用不着忧惧。

《象传》说：“即使深夜敌人来犯，也用不着忧惧”，这是因为九二爻处在下卦的中位，即居于有利的形势。

【启示】

这一爻告诉我们，如果处于有利的形势，即使遇到别人来侵犯，也没什么担忧的。

【原文】

九三：壮于頄，有凶。君子夬夬，遇雨若濡，有愠，无咎。

《象》曰：“君子夬夬”，终无咎也。

【译文】

九三：强壮在于尾骨，有凶险。君子独自作出将小人决断的决定，就好像遇

上大雨浑身湿透而心怀恼怒，但不会有什么灾祸。

《象传》说："君子独自作出将小人决断的决定"，但没有灾祸。

【启示】

这一爻告诉我们，要坚决决断小人，哪怕遭到大家的反对，也要采取行动。

【原文】

九四：臀无肤，其行次且。牵羊悔亡，闻言不信。

《象》曰："其行次且"，位不当也。"闻言不信"，聪不明也。

【译文】

九四：屁股没有皮肤，走起路来摇摇摆摆。牵着羊行走，悔恨就会消失，这是因为不听取别人的不正确的意见。

《象传》说："走起路来摇摇摆摆"，是因为所处位置不当。"不听取别人的劝告"，耳朵有毛病。

【启示】

这一爻告诉我们，在决断小人时，要坚决抵制在上的胡乱干扰。

【原文】

九五：苋陆夬夬，中行无咎。

《象》曰："中行无咎"，中未光也。

【译文】

九五：细角山羊在路上跳跃奔驰，没有什么灾祸。

《象传》说："在道路中快速地奔跑，只是没有灾祸"，还没有达到万事大吉的地步，这是因为道路还不够宽广。

【启示】

这一爻告诉我们，一方面要说服与小人最亲近的在上者跟小人决裂。一方面要防微杜渐，从根本上消除奸佞势力。

【原文】

上六：无号，终有凶。

《象》曰："无号之凶"，终不可长也。

【译文】

上六：不能听到小人的号叫了，小人最终将是凶险的。

《象传》说："不能听到号叫的小人凶险"，这表明小人得势的日子长不了。

【启示】

这一爻暗示我们，要彻底跟小人决裂，因为小人当道的日子长不了。

【疑难解析】

“臀无肤，其行次且。牵羊悔亡，闻言不信”和“苋陆，中行无咎”

“臀无肤，其行次且”的大意是：屁股上没有皮肤，行动起来摇摇摆摆。“牵羊悔亡，闻言不信”的大意是：牵着羊行走，悔恨就会消失，这是因为不听取别人的不正确的意见。本来牵着羊行走是容易的事，而前面却说他的行动是如此的艰难。从它的卦位来看，它是卦的九四爻的爻辞。九四是阳爻阴位，就说明他身居九五的下位，性格刚强，能抵制九五的胡乱干扰。在下的抵制在上的干扰自然是艰难的。而且还可以看出这里的“羊”是指九五。

既然抵制在上的胡乱干扰是如此的艰难，是不是该放弃呢？不能。

事物是变化发展的，不会静止不变的，阴向阳转变，阳向阴转变是不可改变的。所以，小人当道的日子终究会过去。当然如果我们不努力去改变，小人也不会自动退出历史舞台。

再说，如不抵制九五的胡乱干扰，就有可能出现以下的恶果：

一、此时停止决断小人的行动，就等于给了他卷土重来的机会。

二、小人遭到这一劫后，会变得更狡猾，以后更难抓住他。大家想想看，九五为什么干扰九四处置小人？不难看出，这是因为他和小人的关系密切，被小人迷惑了。此小人能巴结九五，蒙蔽九五，就说明他非常狡猾，其能力是不可小觑的。而一个能力强的人，往往善于从失败中吸取教训，使自己的能力越来越强。所以小人的手段会越来越高明。

三、此时停止决断小人的行动将会失信于民。联系上文，就知道小人的所作所为已被大多数人知道了，自然放了小人，就给人民一个这样的印象——天下乌鸦一般黑，当官的没一个好东西。

四、小人也因大家公布他的所作所为而怀恨在心，日后将疯狂报复。

五、由于没有抵制九五的胡乱干扰，小人的大的阴谋将得逞，上自九五下至黎民百姓都要遭殃。九四也稀里糊涂成了千古罪人。

退一步说，即使因自己的抵制得罪了九五，受到了损失，但与没有抵制而造成的损失比起来要小多了。

我们应该怎样抵制九五呢？当然不是强硬地抵制，而是去说服。

九五的爻辞“苋陆，中行无咎”的大意是：细角山羊在路上跳跃奔驰，没有什么灾祸。这就暗示：一方面九五决定要决断小人，九五的前进道路是宽广的，不会有什么灾祸；另一方面九五是被说服的。

【事例】

“壮于前趾，往不胜为咎”暗示我们，惩治小人，应谨慎行事，要不然，可能会因自己的力量不济而遭遇灾祸。孟昶深知这个道理。在自己力量不足时，不是贸然动武，而是谨慎行事，终于诛杀了逆臣，真正掌握了蜀国的大权。

谨慎行事灭逆臣

五代时期，后蜀国国君孟昶于公元934年即位。他在危机四伏，烽烟迭起的混乱年代里做了三十多年的“偏安之王”，实属不易。

孟昶即位时才16岁，将相大臣都是老臣旧将。这些人自恃资历深厚，并不把这个年幼的皇帝放在眼里。他们骄恣放肆，为所欲为，公然逾越国家制定的法律，建造豪华房舍，规模巨大，靡费钱财，引起了人们的不满。其中以李仁罕、李肇、张业、赵廷隐最为过分。

孟昶刚继帝位，大将李仁罕便提出要主管六军的要求，他的言辞充满了威胁。他不但派人到枢密院提出明确的要求，还到学士院让人按照他的要求起草命令，根本就不通过孟昶，这不仅是目无幼主，实际是犯上作乱。

这一咄咄逼人的举动深深地刺激了孟昶，他知道这样下去的后果是什么。他当然不愿意就此受到别人的摆布，可是他怕张扬出去会引起叛乱，无法控制局面。

于是，他隐忍不发，请李仁罕吃饭，表面上接受了他的条件，任命李仁罕为中书令，主管六军。然后，等李仁罕进宫朝见时，孟昶命令武士将他捉住，当场处死。

李仁罕一死，曾假称有病不跪的侍中李肇才知道新君的厉害。他吓得魂不附体，当再次见孟昶时，他扔掉拐杖便跪了下去。孟昶因为他过去对自己十分傲慢，勒令他退官隐居，李肇便由此徙居邛州（今四川省邛崃县）。

李仁罕的外甥张业在李仁罕被杀时，正执掌禁军。禁军的军队虽然不多，但直接掌管皇帝宫廷的守卫，如果他以替舅报仇为名而造反，那后果将不堪设想。所以，孟昶怕他反叛，当时不敢动手处置他，而是千方百计加以笼络。他甚至把这个武夫任用为宰相，又兼判度支。

张业在家里私设监狱，关押欠债的人。他滥施酷刑，制定了一种“盗税法”，规定税官吞没赋税的，照吞没的数目10倍罚款。税官受了罚，无处筹钱，自然如数从百姓身上勒索。这种酷苛的税法使得百姓难以承受，怨声载道。身为一国之君的孟昶闻知后，当即废除此法。

到了后蜀广政十一年（公元948年），孟昶觉得自己已经积聚了一定的势力，认为诛杀奸臣的时机已到，就与禁军将领官思廉密谋，用诛灭李仁罕的办法，把张业在都堂上捉住处死。

卫圣都指挥使兼中书令赵廷隐见势不妙，急忙以老为由还乡。至此，故将旧臣基本上被除尽，剩下的也都不敢藐视这位新主，孟昶这才真正掌握了蜀国的大权。

姤卦第四十四

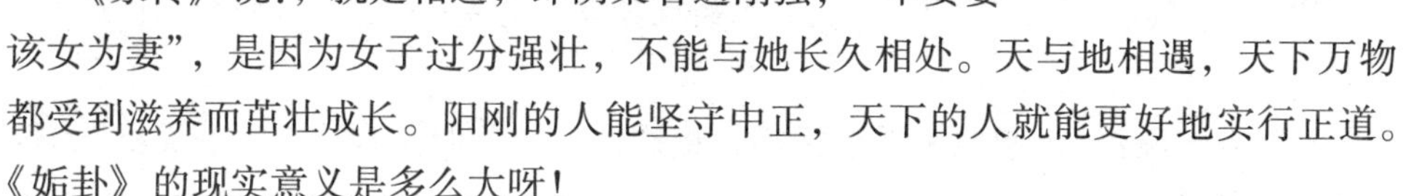

【原文】

姤：女壮，勿用取女。

《象》曰：姤，遇也，柔遇刚也，“勿用取女”，不可与长也。天地相遇，品物咸章也。刚遇中正，天下大行也。姤之时义大矣哉！

《象》曰：天下有风，姤。后以施命诰四方。

【译文】

《姤卦》：女子过于强盛，不要娶该女为妻。

《彖传》说:，就是相遇，即阴柔者遇刚强，“不要娶该女为妻”，是因为女子过分强壮，不能与她长久相处。天与地相遇，天下万物都受到滋养而茁壮成长。阳刚的人能坚守中正，天下的人就能更好地实行正道。《姤卦》的现实意义是多么大呀！

《象传》说：《姤》上卦为乾，乾为天；下卦为巽，巽为风。它的卦象为天底下吹着和风，万物相遇，所以把它叫作《姤卦》。君子看到此卦象，应该施教于天下，让天下人懂得这个道理。

【启示】

“姤”，即交合。它暗示我们：天地、男女、君臣，相识相知尽在一个缘字，是否能融洽相处，相得益彰，受时间、场合等多种条件限制，强求不得。

【原文】

初六：系于金柅，贞吉。有攸往，见凶。羸豕孚蹢躅。

《象》曰："系于金柅"，柔道牵也。

【译文】

初六：紧紧系在金属车闸上，占卜得到吉祥的预兆。有所行动，得凶兆。就像瘦弱的猪浮躁不安。

《象传》说：紧紧系在金属车闸上，就好像阴柔被刚强牵制。

【启示】

这一爻告诉我们，对于位卑且柔弱的人，不要轻举妄动，应时刻以正道规范自己的行为。

【原文】

九二：包有鱼，无咎；不利宾。

《象》曰："包有鱼"，义不及宾也。

【译文】

九二：厨房里有一条鱼，没有什么灾祸。但不利于拿来宴请宾客。

《象传》说："厨房里有鱼"，从道义上说，还不能以宾客之礼对待他。

【启示】

这一爻告诉我们，对别人还不了解时，应保持警惕。

【原文】

九三：臀无肤，其行次且，厉，无大咎。

《象》曰："其行次且"，行未牵也。

【译文】

九三：屁股上没有皮肤，走起路来摇摇摆摆。将遭遇危险，但没有什么大的灾祸。

《象传》说："走起路来摇摇摆摆，将遭遇危险，但没有什么大的灾祸"，这是因为没有人牵制。

【启示】

这一爻告诉我们，在与别人相交时，只要坚守中正，不受外界的干扰，就不会遭遇大灾祸。

【原文】

九四：包无鱼，起凶。

《象》曰：无鱼之凶，远民也。

【译文】

九四：厨房里没有一条鱼。争执将招致凶险。

《象传》说：厨房里没有鱼而引起凶险，就好像君主失去民众的支持而发生凶险。

【启示】

这一爻告诉我们，一个人处于力量非常弱时，不能与人发生争执。

【原文】

九五：以杞包瓜，含章，有陨自天。

《象》曰：九五“含章”，中正也。“有陨自天”，志不舍命也。

【译文】

九五：用枸杞树枝叶包住瓜，就好像内心含有美德，必有良缘从天而降。

《象传》说：《卦》的九五爻位是阳爻阳位。这表明虽处尊位，却能够坚守正道。必有良缘从天而降。这是因为不因天命太大，自己承受不了，就放弃自己的志向。

【启示】

这一爻告诉我们，只要自己的内心纯正，能坚守正道，就有理想的遇合从天而降。

【原文】

上九：姤其角，吝，无咎。

《象》曰：“姤其角”，上穷吝也。

【译文】

上九：遇上野兽的长角，虽有危险，但不会有大的灾祸。

《象传》说：“遇上野兽的长角”，因为上面的阳爻行走的道路马上就要终了、穷尽了，很快就要处于困境之中。

【启示】

这一爻告诉我们，当小人就要面临绝境时，即使遇到了小人的貌似强大的阻力，也不会遭遇灾祸。

【疑难解析】

包有鱼，无咎；不利宾

“包有鱼，无咎；不利宾”的大意是：厨房里有一条鱼，没有什么灾祸。但不利于拿来宴请宾客。为什么厨房里的鱼用来宴请宾客是不利的呢？

“包有鱼，无咎；不利宾”是九二爻的爻辞。九二是阳爻阴位，九二的下面

是初六，初六是阴爻阳位。九二和初六就好比初次见面的两个人（一个是阴柔者，一个是阳刚者）。他俩一见如故，谈得很投机。此时，阳刚者如果用鱼来款待宾客——阴柔者，是不利的。这是因为：

一、如果在初次见面时，就把对方当作知心朋友，给他好吃的、好喝的，这会使他的其他朋友不满。因为他们会这样想：我们是你多年的朋友，帮了你那么多忙，你对我们也不过如此而已。而现在，一个与你素昧平生的人，跟你说了几句话，你就以如此的大礼来招待他。这不明摆着不把我们当朋友看吗？

二、人心难测，就是相处了一辈子，也许你还因对别人的某一方面不了解而受骗！更何况，他只不过跟你说了几句话。所以，因不了解而受骗的可能性很大。

三、从对方的心理来讲，认为他是个草包或是个不负责任的人，只能把他当作很普通的朋友，绝不可作密友。因为对方会这样想：自己说了几句话，就得到了信任。那么，别人说了几句话，也能得到信任。从而作出推断，这个人要么没有头脑，要么滥交朋友。

包无鱼，起凶

“包无鱼，起凶”的大意是：厨房里没有一条鱼，争执将招致凶险。这就好比一个人的力量非常弱，但他逞强好胜，与人发生争执，结果招致凶险。

一般来说，力量弱包括两方面：一是指他的能力不够，在别人之下，与别人发生争执，必以失败而告终。二是他没有任何财富，穷得叮当响。所以，他如与人继续发生争吵，由于他的能力不够，势必以失败而告终。即使他想回头，想与人和谈，但他什么都没有，无法向人家表示自己的诚心。所以说，在你力量弱时，尤其不能争强好胜，与别人发生争执。

【事例】

“以杞包瓜，含章，有陨自天”暗示我们，作为一个生意人，只要心地纯正，就能赢得顾客的信任，从而把自己的事业做大做强。胡雪岩心地纯正，靠诚实无欺建立起自己真正的名气。

戒欺戒躁创名牌

胡庆余堂开办之初，胡雪岩做生意的方针就是要做出自己的“金字招牌”。他要靠做出一块不倒的“金字招牌”，建立真正的名气，而要做出真正的名气，其实很简单，就是两个字——“戒欺”。

胡雪岩亲自拟定的商规是：“凡是贸易均着不得欺字，药业关系性命，尤为万不可欺。余存心济世，誓不以劣品巧取厚利，唯愿诸君心余之心，采办务真，修制务精，不致欺余以欺世人。是则造福冥冥，谓诸君之善为余谋也可，谓诸君之善自为谋亦可。”

这就是胡庆余堂的办店准则。第一，“采办务真，修制务精”，即方子一定可靠，选料一定实在，炮制一定精细，卖出的药一定要有功效。第二，药店上自总管、档手，下到采办、店员，除勤谨能干之外，更要诚实、心慈。只有心慈诚实的人才能够时时为病人着想，才能时时注意药的品质。这样，药店才不会坏了名声，倒了牌子。

旧时药店大堂上常挂一副对联：修合虽无人见，存心自有天知。意思是卖药只能靠自我约束，药店是赚良心钱。这里的“修”，是指中药制作过程中对于未经加工生药材的炮制；“合”是指配制中药过程中药材的取舍、搭配、组合等，它涉及药材的种类、产地、质量、数量等因素，直接影响药物的疗效。中国传统中成药的修合，大都沿袭单方秘制的惯例，不容外人窥探。而且，由单方秘制的成品品质的良莠优劣，一般人很难分辨出来，如果店家存心不正，以次充好，以劣代优，或者偷减贵重药材的分量，是很容易得手的，因而自古以来就有所谓“药糊涂”一说。

不诚实的人卖药，尤其是卖成药，用料不实，分量不足，病人用过，不仅不能治病，相反还会坏事。这个道理，胡雪岩自然心知肚明，这才有了“戒欺”匾上“药业关系性命，尤为万不可欺”的警戒。

此外，胡雪岩认为“说真方，卖假药”最要不得。他要求胡庆余堂卖出的药，必须是真方真料且精心修合。比如当归、黄芪必须采自甘肃、陕西，麝香、贝母、川芎必须来自云、贵、川，而虎骨、人参，则必须到关外购买，即使陈皮、冰糖之类的材料，也绝不含糊，必须来自广东、福建，才允许入药。而且他还要求，让主顾看得清清楚楚，让他们相信，药店卖出的药的确货真价实。为此，他甚至提议每次炮制一种特殊的成药之前，可以贴出告示，让人参观。同

时，为了让顾客知道药店选料实在，在药店摆出取料的来源。比如卖鹿茸，就不妨在药店后院养上几头鹿，这样，顾客也就自然相信药店的药了。这才是真正做出了“金字招牌”。

萃卦第四十五

【原文】

萃：亨。王假有庙。利见大人，亨，利贞。用大牲吉，利有攸往。

《彖》曰：萃，聚也。顺以说，刚中而应，故聚也。“王假有庙”，致孝享也。“利见大人，亨”，聚以正也。“用大牲吉，利有攸往”，顺天命也。观其所聚，而天地万物之情可见矣！

《象》曰：泽上于地，萃。君子以除戎器，戒不虞。

【译文】

《萃卦》：顺畅。君王到祖宗庙堂里祭祀。有利于会见地位高的贤明的人，顺畅，有利于去占卜。使用大的牲畜作祭品，能够获得吉祥。有利于有所行动。

《彖传》说：萃就有聚集的意思。和顺而喜悦，阳刚和中正互相应和，就能聚集大众了。“君王到祖宗庙堂里祭祀”，表示孝心，奉献至诚之心。“利于会见地位高的贤明的人，顺畅”，这是因为君子本着光明正大的原则聚集大众。“使用大的牲畜作祭品，能够获得吉祥。有利于有所行动。”这是因为顺应天命。观察这种万物聚合的现象，就能明白天地万物之情。

《象传》说：《萃卦》是兑在上、坤在下，兑为泽、坤为地，卦象为有湖在地上，水不断流入湖中，所以把它叫作《萃卦》。因此君子应当修治兵器，以防不测。

【启示】

这一卦告诉我们，能够谦恭待人，必能聚集大众。

【原文】

初六：有孚不终，乃乱乃萃；若号，一握为笑，勿恤，往无咎。

《象》曰："乃乱乃萃"，其志乱也。

【译文】

初六：心中有诚信，但不能保持到最终，于是先乱而后又聚集在一起，如向上呼告，这三公又同心同德，一起辅佐主子，在上的自然不用忧惧。行动，没什么灾祸。

《象传》说："先乱而后又聚集在一起"，是因为众人神志不清醒。

【启示】

这一爻告诉我们，不要互相猜疑，否则，会给大家带来灾难。如果因你的部下互相猜疑而造成混乱，你应该出面主持公道，消除他们心中的疑惑，让他们重新聚集在一起。

【原文】

六二：引吉，无咎。孚乃利用禴。

《象》曰："引吉，无咎"，中未变也。

【译文】

六二：相互牵引，吉利，没有灾祸。只要心存诚信，即使用非常简朴的方式祭祀也是有用的。

《象传》说：相互牵引，吉利，没有灾祸，这是因为居中的心志不曾改变。

【启示】

这一爻告诉我们，在聚集大众时，要有诚信。

【原文】

六三：萃如嗟如，无攸利。往无咎，小吝。

《象》曰："往无咎"，上巽也。

【译文】

六三：相聚后又不停地叹息。没有什么利益。行动，没有灾祸，但有一点小小的麻烦。

《象传》说："前去行事不会遇到灾祸"，这是因为六三顺从它上方的九四。

【启示】

这一爻告诉我们，与其感叹没有与自己相知的人，还不如积极行动起来。

【原文】

九四：大吉，无咎。

《象》曰："大吉，无咎"，位不当也。

【译文】

九四：大吉大利，没有什么灾祸。

《象传》说："大吉大利，没有什么灾祸"，这是表明九四爻所处位置不当，只有小的作为。

【启示】

这一爻告诉我们，一个本性谦恭的人，即使非常有能力聚集相当多的人，如没有居至尊之位，也不会有大的作为。

【原文】

九五：萃有位，无咎，匪孚。元永贞，悔亡。

《象》曰："萃有位"，志未光也。

【译文】

九五：聚会时身居尊位，没有什么灾祸，但还没有广泛地取信于民。他应该永远地坚守中正，悔恨最终会消失。

《象传》说："聚会时身居尊位"，没有大的作为，因为他的志向未得到发扬光大。

【启示】

这一爻告诉我们，一个人身居高位时，要想把人民紧紧聚集在自己的身边，应永远坚守中正。

【原文】

上六：赍咨涕洟，无咎。

《象》曰："赍咨涕洟"，未安上也。

【译文】

上六：叹气流泪，没有什么灾祸。

《象传》说："叹气流泪"，是因为他的宝位难以保住。

【启示】

这一爻告诉我们，处于最高位的正职，孤立无援，在这种情况下，他只要谨慎行事，就没有什么灾祸。

【疑难解析】

大吉，无咎

九四爻的爻辞是"大吉，无咎"。这个判语是怎么得来的？九四爻是阳居阴位，它的下方是三个阴爻。这就好比一个人非常有能力，谦恭待人，身边聚集了许多人，自然是大吉大利的。

首先，他谦恭待人，身边聚集了许多人，自然能很好地完成君王交给他的任务，因此得到君王的赏识。其次，因为他谦虚，君王不会因他的势力的膨胀而轻易怀疑他有夺君位的嫌疑。即使他的威望高于君王，使君王不得不起了戒心，他也有急流勇退的办法应付。所以说，一个谦虚的人居于一个与他的能力不相称的职位，将获得吉祥。

但他本性谦恭，又没有居于至尊之位，他的能力不能完全发挥出来，所以不会有大的作为。致使他的能力不能完全发挥出来有几大因素：

一、自身的因素。一方面本性谦恭很可能使他缺少闯劲，缺少冒险精神，从而使他不能成为出头鸟，不能占尽先机，所以说，纵使他再有能力，也居于有勇有谋的开创者之后；另一方面本性谦恭使他做事只求“圆满”而不求最好。注意这里的“圆满”是指尽可能让大家都满意。要知道，大多数人都是凡夫俗子，能攀登的最高处也就那么高，自然不可能和他一样，攀最高峰，立于最高位置，穿过纷繁复杂的世界，看最远处的奇景。由于站的位置太低，哪能看到最远处的奇景？那么，他要尽可能让大家都满意，势必要降低自己所站的位置的高度，找一处有比较多的人能看到的比较有特色的景象，从而赢得比较多的人的满意。所以，“圆满”使他不能成为最好的领路人，而只能成为比较优秀的领路人。

二、外在的因素。一方面，地位不高使他缺少了广阔的施展才能的空间。因为他的地位不高造成他的职权范围比较小，如果要把才能完全施展出来，势必会超出其职权范围，而所有的职权范围都划分好了，这样就造成一个领域有两个领导，就成了多层指挥。于是，对的也变成了错的。所以他必须在自己的职权范围内行事才是正确的。这样他就会因空间不足而不能完全把自己的才能施展出来。另一方面，那些地位比他高的人，为了保全自己的利益，也不愿意让他承担特别重要的任务，得到过多的荣誉，因为他的功德过高，就会功高震主，势必威胁到这些地位比他高的人的地位的稳固。

【事例】

“大吉，无咎”暗示我们，要想聚集更多的财富，在谦恭谨慎之外应执有一个“闯”字。胡雪岩“敢”字当头，占尽先机，成为当时最大的商人。

“敢”字当头　冲破难关

胡雪岩能在商场上势力发展迅速，常常立于胜地，就是因为他“敢”字当头，有勇有谋有胆识，敢于冒风险。

有一次，胡雪岩得知青帮要替太平军护送上海购来的一批军火。由于当时战火纷起，军火买卖利润十分巨大，胡雪岩早就垂涎军火生意，却苦于无处着手，如今

凭空知道了这条消息，正可捷足先登，虎口夺食，把这笔生意夺回来自己做。

若对一般人而言，绝对不敢去冒这风险。但胡雪岩却当机立断，决定大干一场。事不宜迟，他立刻赶往王有龄府宅。王有龄听完，高兴地说："真是踏破铁鞋无觅处，得来全不费工夫！刚才抚台黄大人召见我，商议要海运局拨一笔款子购置500支毛瑟枪，以加强浙江绿营兵的装备。我正愁派谁去经办，你若有兴趣，我便应承下来。"

胡雪岩用心一算，毛瑟枪每支约50两银子，500支需要25000两银子，回扣一分以上，起码可获利3000两。他立刻应允，请王有龄开了一张3万两银子的官票，然后收拾行装，雇了一只小火轮，连夜奔赴上海。

胡雪岩为何如此匆忙呢？因为他深知商场如战场，稍有懈怠便坐失良机。胡雪岩算定太平军购买军火不会很快，洋商必定讨价还价，拖延时间，把太平军逼到最后关头，以图高价出售。他又从高老三口中得知太平军欲购500支枪，数量巨大，洋商不可能有现货，待从外国运来时，时间又过去一个月了。因此，胡雪岩满怀信心，决定把这批军火半道儿易手，为己所用。

果不出所料，最后胡雪岩轻松地获利5000多两银子。

升卦第四十六

【原文】

升：元亨，用见大人，勿恤，南征吉。

《彖》曰：柔以时升，巽而顺，刚中而应，是以大亨，"用见大人，勿恤"，有庆也。"南征吉"，志行也。

《象》曰：地中生木，升。君子以顺德，积小以高大。

【译文】

《升卦》：十分吉利，有利于会见地位高的人，不用担心，向南出征吉祥。

《彖传》说：沿着柔按时上升，谦逊而又和顺，刚与柔相呼应，因此十分顺畅。"有利于会见王公贵族，用不着担心"，上升过程中有贵人相助，所以有喜庆的事发生。"向南出征吉祥"，这表明上升的意愿在畅行。

《象传》说：《升卦》是坤在上、巽在下，坤为地、巽为风，卦象是树木在地中生出来，由小到大，由低到高，所以把它叫作《升卦》。君子要顺应客观规律来加强自我品德的修养，积累微小的善来成就宏大的事业。

【启示】

《升卦》描述了事物由小到大，由低到高的成长过程。它强调，升是慢慢地升，而不是一步登天地不切实际地升。所以，我们要从小事做起，积少成多，从而成就自己的大业。注意在行事时，要以诚信为基础。

【原文】

初六：允升，大吉。

《象》曰："允升，大吉"，上合志也。

【译文】

初六：适当上升，大吉大利。

《象传》说：适当上升，大吉大利，是说上升合乎双方的心意。

【启示】

这一爻告诉我们，在自己的仕途中，不急躁，不冒进，一步一个脚印，慢慢上升。

【原文】

九二：孚乃利用禴，无咎。

《象》曰：九二之孚，有喜也。

【译文】

九二：把自己的诚信用在简单的祭祀中，没有什么灾祸。

《象传》说：九二爻辞讲祭祀要有诚意，是因为这样就有喜庆之事发生。

【启示】

这一爻告诉我们，在求得上升的过程中，只要有诚信就没有灾祸。

【原文】

九三：升虚邑。

《象》曰："升虚邑"，无所疑也。

【译文】

九三：登上高丘上的城邑。

《象传》说：”登上高丘上的城邑”，没有什么要怀疑的。

【启示】

如果你一直有诚信，获得了许多人的信任，即使升的速度超过了常速，也不

要怀疑自己的行为的正确性。

【原文】

六四：王用亨于岐山，吉，无咎。

《象》曰："王用亨于岐山"，顺事也。

【译文】

六四：周王来到岐山祭祀神灵，十分吉利，没有什么灾祸。

《象传》说："周王来到岐山祭祀神灵"，是顺应了天意行事。

【启示】

这一爻告诉我们，要顺应民意行事。

【原文】

六五：贞吉，升阶。

《象》曰："贞吉，升阶"，大得志也。

【译文】

六五：去占卜得到吉祥的预兆，因为他是逐步升上去的。

《象传》说："去占卜得到吉祥的预兆"，这说明事业是逐步发展起来的，所以能如愿以偿。

【启示】

这一爻暗示我们，只要是逐步升上去的，就不要拒绝再往上升。

【原文】

上六：冥升，利于不息之贞。

《象》曰："冥升"在上，消不富也。

【译文】

上六：已经升到很高了，此时，有点迷糊了，去占卜，得到不往上升，通过静来调整，是有利的卜问。

《象传》说：已经升得很高了，就应该损一点，即不要傲慢，不要居功。

【启示】

这一爻告诉我们，已经升得特别高了，就要以静来代升，以求日后更好地升。

【疑难解析】

"升虚邑"、"允升，大吉"与"孚乃利用，无咎"

"升虚邑"的大意是：登上高丘上的城邑。它是九三爻的爻辞。九三爻是阳居阳位。在这里为什么不讲吉凶呢？难道吉凶已蕴含在字里行间？不错，我们联系上下文，就知道究竟是怎么一回事。

“允升，大吉”的大意是：适当地上升，十分吉利。它是初六爻的爻辞。初六爻是阴居阳位。这就表明，一个人有诚信，虽居于最下位，但能适当地上升，从而获得吉祥。“孚乃利用，无咎”的大意是：把自己的诚信用在简单的祭祀中，没有什么灾祸。它是九二爻的爻辞。九二爻是阳爻阳位。这就表明，一个人的诚信的程度又提高了，因为用简单的祭祀仪式来祭祀神灵，神灵也愿意赐福给他，足见他的诚信度之高！把这两爻联系起来，就好比一个人一直诚信待人，赢得了人民的信任。

这不难看出，“登上高丘上的城邑”中的高丘就好比升的基础——诚信待人而获得的人民的信任。

究竟是吉还是凶呢？还是不确切。我们再看六四爻的爻辞“王用亨于岐山，吉，无咎”。它的大意是：周王来到岐山祭祀神灵，十分吉利，没有什么灾祸。这就好比一个人一直诚信待人，顺应民意行事，结果得到吉利的卜问。

所以说，登上高丘上的城邑应是吉利的。因为他有诚信作基础。再说，诚信待人，顺应民意做事的好处很多（前面已提及，在这里就不多说了）。

【事例】

“允升，大吉”暗示我们，在经商时，要从小事做起，因为良好的商誉是一点一滴地积累起来的。贝尔特拉摩公司就注意从小事做起，结果赢得了广大顾客的信任，生意越来越红火。

贝尔特拉摩公司的成功秘诀

贝尔特拉摩公司是美国的一家颇有名气的公司，实力十分雄厚。贝尔特拉摩公司就是通过许多小事得到了顾客的终生信任，从而为自己拉来许多回头顾客。如在美国加州的门罗公园旁边的一家贝尔特拉摩公司的酒店，就能很好地说明这一点。

有一天，一位消费者来到该酒店打算买一箱酒，以备办公室开晚宴用。在柜台边，消费者递给售货员一张美国运通公司信用卡。运通公司的办事机构正忙于

别的工作，一时只有令人心烦的忙音，售货员在电话上花费了三四分钟的时间，才获得公司对信用卡的证实。售货员把信用卡还给消费者，随手从柜台的糖果盒取出一枚5美分一条的薄荷口香糖放入食品袋中，并说：“实在抱歉，耽误了您的宝贵时间。要知道，我们非常看重您的惠顾。希望您不久再次光临。噢，祝晚会成功！”

很明显，美国运通公司电话占线并不是售货员的过错，但售货员主动把这个责任承担起来，他也不评判美国运通公司到底如何，更不发脾气，而是自己主动向因占线而久等的消费者道歉。事后，这位消费者深有感触地说道：“他赢得了我们终生的信任！我们今后会毫不犹豫地继续走向那个‘售货员赠5分钱糖果的商店’去购买东西。”

像这样的小事在这个店里时常发生。就这样，对这家商店产生好感的顾客越来越多，这家商店的销售额也因此不断上升。像这样的分店在贝尔特拉摩公司随处可见。这一提供优质服务的做法并不需要技术推动，但却能让公司在市场营销中获得持久的优势。

困卦第四十七

【原文】

困：亨。贞，大人吉，无咎。有言不信。

《彖》曰：困，刚揜也。险以说，困而不失其所亨，其唯君子乎！“贞，大人吉”，以刚中也。“有言不信”，尚口乃穷也。

《象》曰：泽无水，困。君子以致命遂志。

【译文】

《困卦》：亨通。卜问为大众所认可的人的事吉祥，没有什么灾祸。但处在困境的人说话难以使人相信。

《彖传》说：《困卦》表明，阳刚被遮掩不能施展。身处困境但心中愉悦，恐怕只有君子才能如此吧！“卜问为大众所认可的人的事吉祥”，是因为阳刚者能坚守中正。“处在困境的人说话难以使人相信”，这说明崇尚言辞不但无益反而使自己陷入更加困难的处境中。

《象传》说：《困卦》的卦象是兑在上、坎在下，兑为泽、坎为水，泽中没有水，所以把它叫作《困卦》。作为君子即使身处穷困，也一心一意致力于自己的事业，从而实现自己的意愿。

【启示】

《困卦》告诉我们，人处于困境时，一方面不能绝望，不气馁，耐心地等待时机；另一方面不要过于柔弱，而要采取有效的行动。另外，它暗示我们，即使居于高官，如不谦虚，也会有陷入困境的可能性。

【原文】

初六：臀困于株木，入于幽谷，三岁不觌。

《象》曰："入于幽谷"，幽不明也。

【译文】

初六：屁股挨着的地方是枯木，无法坐，便进入黑暗的山谷里，多年不见光明。

《象传》说：退隐到幽深的山谷里，那里幽暗而没有光明。

【启示】

这一爻暗示我们，在自己处于困境时，应先隐遁起来。

【原文】

九二：困于酒食，朱绂方来，利用享祀。征凶，无咎。

《象》曰："困于酒食"，中有庆也。

【译文】

九二：沉溺于酒食之中，穿朱红色衣服的大官就将来到，这是因为你用丰富的酒食祭祀了神灵。如果有太大的行动，则是凶险的，但最终不会有什么过失。

《象传》说："沉溺于酒食之中"，坚守中正，所以有喜庆之事。

【启示】

这一爻告诉我们，一是当自己的才华不能施展时，不要绝望，耐心地等待时机；二是在刚刚出山时，锋芒不要太露。

【原文】

六三：困于石，据于蒺藜，入于其宫，不见其妻，凶。

《象》曰："据于蒺藜"，乘刚也。"入于其宫，不见其妻"，不祥也。

【译文】

六三：被困在乱石中，手被蒺藜缠绕住了，刚刚回到家中，妻子也不见了，凶险。

《象传》说："手被蒺藜缠绕住了"，这是因为六三乘在九二刚爻之上。"回家不见妻子"，这是不吉祥的征兆。

【启示】

这一爻告诉我们，处在困境中，不要过于柔弱。

【原文】

九四：来徐徐，困于金车，吝，有终。

《象》曰："来徐徐"，志在下也。虽不当位，有与也。

【译文】

九四：慢慢地走来，被囚禁在金车里，会遇到危险，但最终会有结果的。

《象传》说："慢慢地走来"，表明是在帮助初六；即使所处地位不妥当，不能胜任职务，却能得到志同道合者的支持。

【启示】

这一爻说明，即使是为了解救别人，也要量力而行。

【原文】

九五：劓刖，困于赤绂；乃徐有说，利用祭祀。

《象》曰："劓刖"，志未得也。"乃徐有说"，以中直也。"利用祭祀"，受福也。

【译文】

九五：施行割掉鼻子、剁断脚这样的酷刑，困穷在至尊之位。后来慢慢地有了喜悦，是因为虔诚地祭祀神灵。

《象传》说："施行割掉鼻子、剁断脚这样的酷刑，困穷在至尊之位"。"后来慢慢地有了喜悦"，因为九五之爻居上卦中位，就好像人中正端直。"虔诚地祭祀神灵"，承受其福荫。

【启示】

这一爻暗示我们，在上的也会陷入困境之中。处于上位的人容易狂妄自大，把在下的忠言看成恶语，从而造成是非不分，引起老百姓的不满，于是，为了使老百姓服从，他会采取强硬的办法压制百姓，以致陷于困境之中。该怎样从困境中走出来呢？要心地纯正。

【原文】

上六：困于葛藟，于臲卼，曰动悔有悔。征吉。

《象》曰："困于葛藟"，未当也。"动悔有悔"，吉行也。

【译文】

上六：被有刺葛藤缠绕，处在动荡不安的环境里，贸然行动就会造成过失，赶快反省自己。出征则吉祥。

《象传》说："被有刺葛藤缠绕"，说明所处位置不妥当。贸然行动一造成过失就开始反省自己，这是吉利的行动。

【启示】

这一爻告诉我们，处于困境中，应及时对自己进行反省，而不是贸然行动。

【疑难解析】

困于石，据于蒺藜，入于其宫，不见其妻，凶

"困于石，据于蒺藜，入于其宫，不见其妻，凶"的大意是：被困在乱石中，手被蒺藜缠绕住了，刚刚回到家中，妻子也不见了，凶险。就好比一个人处在困境中，周围的人处处和他为难，连自己的妻子也看不起他，离他而去，这是凶险的。他为什么会得到如此的下场？为什么说这是凶兆呢？

"困于石，据于蒺藜，入于其宫，不见其妻，凶"是困卦六三爻的爻辞。六三爻是阴居阳位，六三的下边就是阳居阴位的九二。这就好比阳刚者九二胸怀大志，十分有能力，随时准备出头。此时，阴柔者很想保全自己的地位，但由于自己的能力有限，而且天性柔弱，什么事也不敢干。结果九二对他的威胁越来越大，他不知该怎么办？他的妻子嫌他太柔弱，许久不见升迁，便弃他而去。

一个人生性柔弱，能力有限，又没有谁帮助他，自然难从困境中摆脱出来，所以他是凶险的。

此时，柔弱者是不是因此而永远消沉呢？我们常说："从哪里跌倒就从哪里爬起。"所以说，重新开始的机会还是有的，柔弱者应积极面对现实，找到解决问题的办法。具体该怎么做呢？

柔弱者为了向别人证明自己不是一个孬种，贸然行事，这对吗？"来徐徐，困于金车，吝，有终"的大意是：慢慢地走来，被囚禁在金车里，会遇到危险，但最终会有好的结局。它是九四爻的爻辞。九四爻阳居阴位，与初六为正应，其上为九五（阳居阳位）。这就好比一个人为了解救自己的朋友，不顾自己的力量，贸然采取行动，结果遇到危险。幸亏有力量雄厚的领导的支持，才使这件事没胎死腹中。这就暗示我们，柔弱者为了表现自己的勇敢，不量力而行，而贸然行动，这不是明智的做法。

柔弱者为了使别人服从他，变得凶狠起来，采取强硬的方法压制自己的下属服从，这对吗？"劓刖，困于赤绂；乃徐有说，利用祭祀"的大意是：施行割掉

鼻子、剁断脚这样的酷刑，困穷在至尊之位。后来慢慢地有了喜悦，是因为虔诚地祭祀神灵。它是九五爻的爻辞。这就好比一个人居于上位，刚开始他为了使别人服从他，采取了残酷的刑罚，结果使自己陷入了更危险的境地。后来，他改正了自己的错误，终于使自己脱离了困境。这就暗示我们，强硬的措施不可取。

柔弱者处在这样的困境中，他不采取任何行动，积极反省自己，找出自己的错误究竟在哪儿，然后对其进行改正。这对吗？“困于葛，于，曰动悔有悔。征吉”的大意是：被有刺葛藤缠绕，处在动荡不安的环境里，贸然行动就会造成过失，赶快反省自己。出征则吉祥。这就表明，一个人如处于困境中，及时对自己进行反省，就有利于他去干大事。这就不难看出，柔弱者的不行动不是真正的静止不动，而是积极地思索，积极地思考，以求更快地脱离困境。这里的“思索”就好比砍柴前的磨刀工，是不误脱离困境的时机的。

所以说，柔弱者要脱离困境，就必须要及时对自己的行为进行反省。

【事例】

“困于葛，于，曰动悔有悔。征吉”暗示我们，在行军打仗时，处于困境中的弱者不能贸然行动，应仔细分析双方的力量状况，再采取行动。诸葛亮通过对敌我双方的情况的分析，采取“调虎离山”之计，大败司马懿。

上方谷诸葛亮大败司马懿

公元234年，诸葛亮领兵伐魏，六出祁山。魏明帝曹睿闻报，命司马懿为大都督，领兵40万至渭水之滨迎战。司马懿屯大军于渭水之北，命先锋夏侯霸、夏侯威领兵5万渡河至渭水南岸扎营，又在大营后方的东原筑城驻军，进可攻，退可守，稳扎稳打，务使魏军立于不败之地。

诸葛亮放弃强取的策略，没有贸然采取行动；因为他深知，蜀国向来处于弱者的困境中，其兵力是难以与魏国相抗衡的，贸然行动，只能陷入更危险的境地。经过仔细地分析，他找出蜀军最根本的弱点是远离后方，粮草困难；并推断出司马懿看准了自己这一点，将设法使蜀军断粮，从而困死或逼蜀军撤退，然后趁机取胜。后来，诸葛亮便想出了一高计：在粮草上设诱饵，以此引“他”离山。

首先，分兵屯田，与当地百姓一起就地生产粮食，以供军需，摆出一副持久作战的架势。果然司马懿的长子司马师沉不住气了，他对司马懿说：“现在蜀兵屯田，作持久战的打算，如何是了？何不约诸葛亮大战一场，一决雌雄!”司马懿虽说“我奉旨坚守，不可轻动”，心里其实非常着急。

诸葛亮的另一个措施就是自绘图样，命令工匠造木牛马，长途运粮，蜀营粮草由木牛马源源不断从剑阁运抵祁山。司马懿闻报大惊：“吾所以坚守不出，因为他们粮草不能接济。今用此法，必久不思退。怎么办呢?”

诸葛亮料到司马懿急于破坏蜀军屯田、运粮计划，于是进一步引他上钩。他一方面在大营外造木栅，营内掘深坑，堆干柴，而在营外周围的山上虚搭窝铺草营，造成蜀兵分散结营与百姓共同屯田屯粮，而大营空虚的假象，引诱魏军前来劫营；另一方面在上方谷内两边的山坡上虚置许多屯粮草屋，内设伏兵，同时让士兵驱动木牛马，伪装往来谷口运粮。而他自己则离开大营，引一支军马在上方谷附近安营，以引诱司马懿亲领精兵来上方谷烧粮。

司马懿虽烧粮心切，却极为谨慎小心，深恐中调虎离山之计，也用声东击西、调虎离山之计来应战。他亲领魏兵去劫蜀兵祁山大营，但一反过去每战必让主攻部队走在前面的惯例，让部将冲锋在前，直扑蜀营，自己在后，引军接应。他这样做，一是担心蜀营早有准备，怕中埋伏；二是他指挥魏军劫蜀军大营本属佯攻，目的是调动蜀军各营主力，乘机自领精兵奇袭上方谷，烧掉蜀方的粮草。

然而，司马懿的这个调虎离山计，却被诸葛亮料到。当魏军直扑蜀军大营时，诸葛亮只是安排蜀军四处奔走呐喊，虚张声势，趁司马懿离山之机，另派精兵夺取渭水南岸的魏营，而自己却在上方谷等待司马懿来烧粮，以便瓮中捉鳖。

司马懿果然中计。他见蜀军都奔大营救援，便乘机领司马师、司马昭及一支亲兵杀奔上方谷。接着被蜀将魏延依诸葛亮的安排，用诈败的方法诱进谷中，被截断谷口。一时山谷两旁火箭齐发，地雷突起，草房内干柴全都着火，烈焰冲天。司马氏父子眼看就将葬身火海，幸亏突来一场倾盆大雨，才救了司马氏父子三人及少数亲兵的性命，只得大败而归。

井卦第四十八

【原文】

井：改邑不改井，无丧无得。往来井井。汔至亦未繘井，羸其瓶，凶。

《彖》曰：巽乎水而上水，井。井养而不穷也。“改邑不改井”，乃以刚中也。“汔至亦未繘井”，未有功也。“羸其瓶”，是以凶也。

《象》曰：木上有水，井。君子以劳民劝相。

【译文】

《井卦》：城邑村庄可以改移而水井不可迁徙，没有损失什么，也没有得到什么。周围的人来来往往到井里汲水，水井干涸淤塞却没人淘洗，还把汲水瓶打破了，这是凶兆。

《象传》说：顺应水的自然特性把水汲到地面上，这就是水井。水井养育世人的功德无穷无尽。“城邑村庄可以改移而水井不可迁徙”，就好像君子充满阳刚之气而且坚守中庸之道。“周围的人来来往往到井里来汲水，水井干涸淤塞，也不加以淘洗”，是说明并未实现井水养人的功用。“把汲水瓶打破了”，自毁用具，势必发生凶险。

《象传》说：《井卦》的卦象是水分沿着树干向上行，直到树木最上端，然后从最上端渗出水来，源源不断，所以把它叫作《井卦》。君子看到这一卦象，应当效法井的这种精神，不辞劳苦地为老百姓操劳，劝勉老百姓互相资助。

【启示】

《井卦》的卦辞讲了井水与人民的生活有紧密联系，以井为喻，告诉我们，为了最大限度地发挥自身及物的作用，一方面要修身养性，另一方面要对物进行及时清理。

【原文】

初六：井泥不食。旧井无禽。

《象》曰：“井泥不食”，下也。“旧井无禽”，时舍也。

【译文】

初六：井底污泥沉滞，井水不能饮用。废弃的老井连飞鸟都不来光顾。

《象传》说：“井底污泥沉滞，井水不能饮用”，是因为有污泥在下边。“废弃的老井连飞鸟都不来光顾”，是说这口井已经弃置不用了。

【启示】

这一爻暗示我们，一方面，人要及时反省自己，不断用新知识充实自己；另一方面，不能用不自省的人。

【原文】

九二：井谷射鲋，瓮敝漏。

《象》曰：“井谷射鲋”，无与也。

【译文】

九二：在井口射中井中小鱼。汲水用的瓦器很旧了以致漏了起来。

《象传》说：“在井口射中井中小鱼”，这是因为没有人去治理这口井。

【启示】

这一爻告诫我们，井需及时治理，人也需及时反省自己。

【原文】

九三：井渫不食，为我心恻，可用汲，王明，并受其福。

《象》曰："井渫不食"，行恻也。求"王明"，受福也。

【译文】

九三：井水被淘洗干净却没有人来饮用，为此我感到伤心。应该赶快来汲取这干净的井水。渴望君臣共受福泽。

《象传》说："井水被淘洗干净却没有人来饮用"，就好像九三的行为没有被理解，令人感到凄恻。盼求"君王英明"，是期望君臣共同获得好处。

【启示】

这一爻说明，一方面，如你是人才，要想其才能得到发挥，必须要贤明的领导发现你，重用你；另一方面，一个领导如不贤明，会把人才白白浪费，无法享用到上天赐给他的福分。

【原文】

六四：井甃，无咎。

《象》曰："井甃，无咎"，修井也。

【译文】

六四：用砖石加固井壁，没有什么灾祸。

《象传》说："用砖石加固井壁，没有什么灾祸"，这是修治水井呀！

【启示】

这一爻说明，要及时弥补自己的过失。

【原文】

九五：井洌，寒泉食。

《象》曰："寒泉之食"，中正也。

【译文】

九五：井水十分清凉，寒凉的泉水可供人饮用。

《象传》说："清凉的井水可供人饮用"，这是因为九五爻处在上卦中位，象征通过修身养性的人内心纯正无私。

【启示】

这一爻说明，要重用内涵十分深的人才。

【原文】

上六：井收，勿幕；有孚，元吉。

《象》曰："元吉"在上，大成也。

【译文】

上六：井修好，不要盖上盖子；有诚信，十分吉利。

《象传》说：上六爻之所以"大吉大利"，是因为它长期修身养性，已达到了最高的境界。

【启示】

这一爻说明，长期修身养性，得到大众的信任，将是十分吉利的。

【疑难解析】

井泥不食。旧井无禽

初六的爻辞是"井泥不食。旧井无禽"。它没有判语，那它究竟代表吉还是凶呢？

爻辞的大意是：井底污泥沉滞，井水不能饮用。废弃的老井连飞鸟都不来光顾。从初六的爻位来看，为阴居阳位。这就暗示我们，一个人长期不对其行为进行自省，将会被时代所淘汰，被历史所遗弃。一方面时代是不断进步的，对人的要求也是不断变化的，一个人即使一直按照原来的行为模式做事，也会被时代所淘汰；另一方面一个人是处在社会中，从他所处的社会环境来看，还存在污浊的东西，所以他如不及时自省，不及时清理污浊的思想，就会被腐蚀，被淤塞，以至于世人都远离他，成为历史的遗弃物。

大家想想看，一个被时代、被历史所抛弃的人，能获得吉祥吗？所以说，这一爻是不吉利的。

【事例】

"井谷射鲋。瓮敝漏"暗示我们，要随时检查自己的企业的经营理念是否符合"利润最大化"的要求。吉姆斯·林恩就做到了这一点，结果变成了大富翁。

LTV公司的故事

时代是不断前进的。一个有经营头脑的人是会随着时代的变化而改变自己的经营策略的。LTV公司的由来就说明了这一点。

LTV公司是美国吉姆斯·林恩1961年创办的。仅仅7年工夫，LTV由原来一家不知名的公司迅速崛起，成为全美最大的15家公司之一。

1946年，吉姆斯·林恩勉强凑足3000美元。成立了一家小公司林恩电气行。那时，林恩最主要的财产只有一辆小卡车、一间租来的办公室。

“二战”后，美国的建筑业十分繁荣。办公大楼和工业方面的建筑更是方兴未艾。于是，林恩急忙参与其中，抢到了几桩生意，积累了一些资金。到了50年代初期，林恩电气行的年营业额已超过100万美元。但是，由于他是私人经营，需缴许多所得税，使得林恩真正装进自己腰包的没有几个子儿。

经过再三考虑，林恩决定将自己的电气行改造成大众公司，如此，不但可以减轻税负的负担，而且有更多的合理避税机会，更重要的是，股份公司符合时代的发展，更容易扩张，也更能使利润最大化。

没过多久，林恩电气工程股份有限公司成立，并获准发行80万股普通股票，其中林恩拥有50%的股权，其余的40万股以每股2.5元价格上市。他成为了“负翁”。

林恩在几个朋友的帮助下，只用了几个月的时间就把上市的股票全都推销完了。除去各种费用，林恩公司实收资本为75万美元。

吉姆斯·林恩认为，利用股市挣更多的钱是符合时代的趋势的，是能为自己挣更多的钱的。于是，他决定利用股市捞到更多资金，创立一个庞大的公司王国。首先，他用现金购买了另一家电气工程公司，从而使林恩公司扩充了一倍。而公司的股票售价在证券市场上立即扶摇直上。

如此一来，使得林恩在购买其他公司时，处于更加有利的地位，可以不必马上用现金兑现了。公司股票在证券市场上日渐建立起信誉，价值日益看涨。因此，也可以把它当作现金使用，而不必动用现金。

没过多久，林恩又买下一家电子公司，并改名为林恩电子公司，如此股票价值更高，紧接着他又用相同的方式，收买了阿提克电子公司和迪姆柯电子公司。此时，他的新崛起的公司，营业额已达1500万美元。他从“负翁”变成了富翁。

休斯·福特股份有限公司是美国重要的飞机和导弹制造厂，但是，它也成了林恩的收购目标。林恩采用双管齐下的方法，一方面从证券市场公开收购，另一方面和现有股东私下成交，迅速取得近40%的股权，成为休斯·福特公司最大

的股东。

LTV公司的产生和壮大都是因为它的总裁善于洞察时势，更新自己的经营理念，实行新的挣钱方式。

革卦第四十九

革卦

兑上
离下

【原文】

革：已日乃孚，元亨，利贞。悔亡。

《彖》曰：革，水火相息；二女同居，其志不相得，曰革。“已日乃孚”，革而信之。文明以说，大亨以正。革而当，其“悔”乃“亡”。天地革而四时成。汤武革命，顺乎天而应乎人。革之时大矣哉！

《象》曰：泽中有火，革。君子以治历明时。

【译文】

《革卦》：在亟须转变的“已日”推行变革，并且有诚信，十分顺畅，有利于去占卜。悔恨终将消失。

《彖传》说：革，就好像水火不容，又好像两女共事一夫，她们的志向不可能同时实现，终将生变，这就叫作“革”。“在亟须转变的‘已日’推行变革，并且有诚信”，改革而且有诚信，人们会拥戴他。凭着文明的美德使民众心悦诚服，坚守中正就十分顺畅。改革得当，其“悔恨”就会“消失”。天地之间由于变革而形成了春、夏、秋、冬四个季节。殷汤灭夏桀，周武王灭殷纣王，都是顺应天时，顺应民意的事，变革的现实意义是多么伟大啊！

《象传》说：《革卦》是兑在上、离在下，兑为泽、离为火，卦象为泽中有火之表象。大水可以灭火，大火也可以把水蒸发干，它们是相克相生的，所以把它叫作《革卦》。君子观此卦象，应修订历法，明定时令。

【启示】

《革卦》告诉我们，变革是有条件的，所以我们变革也要讲方法：一要顺应事物发展规律，选择适当时机，势在必行时才能大胆变革；二要顺应民意，使人心悦诚服；三要变革者动机纯正和使用正当手段，不急功近利，并且考虑问题要全面细致。

【原文】

初九：巩用黄牛之革。

《象》曰："巩用黄牛"，不可以有为也。

【译文】

初九：用黄牛皮牢固束缚住。

《象传》说："用黄牛皮牢固束缚住"，因为此时不可以有所行动。

【启示】

这一爻告诉我们，变革的时机未到，不要轻易行动。

【原文】

六二：巳日乃革之。征吉，无咎。

《象》曰："巳日革之"，行有嘉也。

【译文】

六二：改革的时机到了，于是推行变革。出征吉祥，没有什么灾祸。

《象传》说："改革的时机到了便推行变革"，行动就有嘉奖。

【启示】

这一爻告诉我们，变革的时机成熟，便当机立断，发动变革。

【原文】

九三：征凶，贞厉。革言三就，有孚。

《象》曰："革言三就"，又何之矣。

【译文】

九三：出征凶险。去卜问得危险的预兆。这个变革方案讨论了三次才采取行动，所以得到信任，得到成功了。

《象传》说："变革方案讨论了三次才采取行动"，又哪来的凶和厉呢？

【启示】

这一爻告诉我们，变革要把握住火候，不能太过。防止太过的方法是变革方案要经过多次讨论才能实施。

【原文】

九四：悔亡。有孚改命，吉。

《象》曰："改命之吉"，信志也。

【译文】

九四：悔恨已经消失，赢得了群众的信任，改掉过去的陈规，立新的规章制度，十分吉利。

《象传》说：改掉过去的陈规，立新的规章制度之所以是吉祥的，是因为这样能使大家信奉你所推行的意愿。

【启示】

这一爻告诉我们，既要推翻陈腐的制度，又要建立新的纲纪。

【原文】

九五：大人虎变，未占有孚。

《象》曰："大人虎变"，其文炳也。

【译文】

九五：大人像猛虎一样推行变革，不用占卜，这都是有诚信的，能得到大家的信任。

《象传》说："大人像猛虎一样推行变革"，其美德光照天下。

【启示】

这一爻说明，推行变革要大刀阔斧。

【原文】

上六：君子豹变，小人革面。征凶。居贞吉。

《象》曰："君子豹变"，其文蔚也。"小人革面"，顺以从君也。

【译文】

上六：君子像豹子那样助成变革，小人洗心革面。出征会有凶险。静居守贞正可以得到吉祥。

《象传》说："君子像豹子那样助成变革"，说明其美好的德行蔚然成风。"小人洗心革面"，说明小人顺从了君子所推行而形成的新风尚。

【启示】

这一爻说明，不但要改革社会上的陈规，而且还要检查自己的行为，彻底改掉自己的陋习。

【疑难解析】

征凶，贞厉。革言三就，有孚

"征凶，贞厉"的大意是：出征凶险，去卜问得危险的预兆。这是为什么呢？

"征凶，贞厉"是革卦九三爻的爻辞。九三为阳居阳位，就好比刚健之才推行变革，由于刚健之才的阳刚十分旺盛，他看不惯充满污浊的世道，意气行事，贸然进行改革，这当然是凶险的。

实行任何一项制度所产生的利和弊都不是绝对的：它总是对某一部分人有利，对某一部分人不利；对同一个人的某一方面有利，对其另一方面不利。这就造成在改革的浪潮中涌现三种人：坚决反对改革的，坚决拥护改革的，动摇不定的中间分子。我们都知道，改革要取得胜利，必须要争取动摇不定的中间分子。而阳刚过盛的改革者是贸然进行改革的，自然没有做好准备工作——积极宣传改革的利大于弊，争取中间分子。所以他会因势单力薄而遭遇凶险。

那究竟该怎样推行变革呢？“革言三就，有孚”就作出了正确的回答。它的大意是：这个变革方案讨论了三次才采取行动，所以得到信任，得到成功了。这就暗示：要使改革取得成功，变革方案必须经过群众（注意这里的群众包括大多数的中间分子）的讨论才能实施。这是因为：

一、经过群众的多次讨论的变革方案会日趋完善。“众人拾柴火焰高”的道理谁都明白。

二、这里的每一次讨论不仅仅是单纯的讨论，还是一次绝妙的宣传。因为要讨论，势必要把方案公布于众，要把方案的利公布于众。而且人民通过讨论，对方案的利理解得更透彻，对旧的制度所带来的危害了解得更多，更能看清旧制度的坚决维护者的本来面目。这样就无意中向群众作了绝妙的宣传。

三、人们对经过自己的讨论而出台的方案都积极拥护：他们感觉到这个方案也渗透自己的汗水。于是，对他们来说，成功推行它的过程就是自我实现的过程。

【事例】

“征凶，贞厉。革言三就，有孚”暗示我们，一个企业要想革除其弊端，解决问题，应推行有利于群众参与管理的决策模式。韦尔奇推行“群策群力”，使通用更加辉煌起来。

“群策群力”有奇功

实行变革应获得上下信赖。在上者的信赖，可以使变革获得上级权力和条件的支持；群众的信赖，是变革成功的首要条件。当权者阻挠，变革便很难顺利实施；群众反对，变革便不可能成功。

韦尔奇总裁深知这个道理，在公司推行“群策群力”。“群策群力”包含着诸如工人的参与、信任感和下放权力等平凡，甚至有些陈旧的观念。它拆除了“蓝领”和“白领”的界限，不同岗位、不同阶层的职员集中到一起，针对某些问题研究提出建议和要求，当场确定实施意见。这种管理方式，减少大量中间环

节，迅速提高了行政效率。而且它使改革既得到了上级的信赖，又得到了群众的支持，有利于改革措施的推行，从而促使改革走向成功。

“群策群力”讨论会不仅带来了显著的经济效益，而且能让职工广泛参与管理，让职工有主人翁的感觉，从而大大提高了职工的工作热情。

1987 年通用电气公司制造一台燃烧式喷气发动机上的关键部件，需要30 周，通过开展“群策群力”活动，1991 年年初，这一产品生产周期缩短到 8 周，如今只需 4 周。负责该部件制造加工的员工们还商讨 10 天内完成任务的可能性。

也正是这种“群策群力”活动，推动着公司的高层领导者更多地去放权，更多地去行动，更多地去听取意见。他们信任别人，也被别人所信任。就这样，通用电气上下齐心协力，改旧换新，永远走在世界电气行业的前列。

鼎卦第五十

鼎卦

离上
巽下

【原文】

鼎：元吉，亨。

《彖》曰：鼎，象也。以木巽火，亨饪也。圣人亨以享上帝，而大亨以养圣贤。巽而耳目聪明，柔进而上行，得中而应乎刚，是以元亨。

《象》曰：木上有火，鼎。君子以正位凝命。

【译文】

《鼎卦》：大吉大利，顺畅。

《彖传》说：鼎，象形的呀。把木柴放在火中，由于风的帮助，火更旺，这是在烹饪食物。圣人烹饪食物是用来祭祀天帝，进而大规模地烹饪食物以来奉养圣贤，使他们自愿为君主效力，从而使君主耳聪目明。此时君主能凭着谦逊的美德前进，高居中位又能下应阳刚贤人，因此说此卦大吉大利。

《象传》说：《鼎卦》是离在上、巽在下，离为火、巽为木，卦象为木材在燃烧，象征烹饪，所以把它叫作《鼎卦》。君子应当像三足两耳的鼎那样端正居中位，严守使命。

【启示】

《鼎卦》告诉我们，要破旧立新。

【原文】

初六：鼎颠趾，利出否。得妾以其子，无咎。

《象》曰："鼎颠趾"，未悖也。"利出否"，以从贵也。

【译文】

初六：将鼎翻转使鼎足向上，有利于倾倒废物。就像娶妾生子一样，没有什么灾祸。

《象传》说：将鼎翻转使鼎足向上，没有悖理。有利于清除恶人，这其实是服从上级领导。

【启示】

这一爻告诉我们，只有去掉旧的恶的东西，才有新的好的东西到来。

【原文】

九二：鼎有实。我仇有疾，不我能即，吉。

《象》曰："鼎有实"，慎所之也。"我仇有疾"，终无尤也。

【译文】

九二：鼎中装满了食物。与我相对立的人嫉妒我，不能理解我，我还是坚持走我自己的路，是吉祥的。

《象传》说："鼎中盛满了食物"，应该谨慎行事，不要盲目出行。"与我相对立的人嫉妒我"，我还是坚持走我自己的路，没什么可担心的。

【启示】

这一爻告诉我们，在破旧立新时，要尽量发挥自己的卓越才能，不要因别人的不理解就退缩。

【原文】

九三：鼎耳革，其行塞，雉膏不食；方雨亏悔，终吉。

《象》曰："鼎耳革"，失其义也。

【译文】

九三：变革变到鼎耳上去了，这样的变革将受到阻塞。美食不能吃，天正下雨，落入鼎上，开始感到遗憾，后雨水将热量消损了，所以说，最终还可以获得吉祥。

《象传》说："变革变到鼎耳上去了"，是暗示人行为不当。

【启示】

这一爻告诉我们，变革立新也要讲究方法，遵循规则。

【原文】

九四：鼎折足，覆公餗，其形渥，凶。

《象》曰："覆公"，信如何也！

【译文】

九四：鼎的足被折断了，王公鼎里的美食被倾倒出来了，鼎身被污染，凶险。

《象传》说："王公鼎里的美食被倾倒出来了"，哪里还有什么诚信可言呢！

【启示】

这一爻告诉我们，在立新时，更不能重用有才无德的人。

【原文】

六五：鼎黄耳金铉，利贞。

《象》曰："鼎黄耳"，中以为实也。

【译文】

六五：鼎配上黄铜的鼎耳，插上铜杠，有利于卜问。

《象传》说：鼎配上黄铜的鼎耳，插上铜杠，是由于六五爻位居中，不但有真才实学，而且坚守中正。

【启示】

这一爻告诉我们，在破旧立新时，一个人不但有才学，而且品德高尚，应当重用。

【原文】

上九：鼎玉铉，大吉，无不利。

《象》曰：玉铉在上，刚柔节也。

【译文】

上九：鼎耳插上玉制的横杠，大吉大利，没有什么不利。

《象传》说：玉制的横杠插在鼎上，这说明刚与柔互相调节。

【启示】

这一爻告诉我们，在立新时，如果一个人行事能刚柔相济，那么一定要重用他。

【疑难解析】

鼎耳革，其行塞，雉膏不食；方雨亏悔，终吉

"鼎耳革，其行塞"的大意是：变革变到鼎耳上去了，这样的变革将受到阻塞。这究竟是什么意思呢？鼎耳是鼎的关键部位，一般要借助鼎耳才能把鼎里的美食倾倒出来。如不慎将鼎耳革掉，想将美食倒出来，可太难了。“鼎耳革，其行塞”是九三爻的爻辞。九三为阳居阳位。这就好比一个有才能的阳刚者刚得到一个能发挥才能的位置，由于他是阳刚者，一心想干大事，这就造成阳刚过盛，于是他一上任就触及关键问题（如把它解决好则一切都好办，如解绝不好则会遇到更大的阻力），像这种一上任就燃起一把火的做法是很容易造成恶果的。

首先，要解决任何一个问题，都要找到问题的症结。而他阳刚过盛，一心想展现自己的才华，行事急于求成，不能凡事做透彻的分析，更何况，关键问题是复杂的。结果，没有找到问题的症结，自然不能解决问题。

再说，他刚一上任，没有形成自己的交际网，他将会因没有人响应自己而失败。俗话说，一个好汉三个帮。这个古训也说明他此行凶多吉少。

退一步说，就是有谁愿意帮他，也会由于他阳刚过盛而拒人于千里之外。因为过分地想展现自己的才华使他变得刚愎自用。此时，也许你会感到困惑：“新官上任三把火”不是许多改革先锋所提倡的吗？那这里的一把火为什么都不能烧呢？试想，每一个改革者都把火烧起来了吗？都成功了吗？显然，有一部分人没有成功，究其原因，大部分是因为他们在烧火之前没有作周密的考虑。所以，我们为避免陷入十分危险的境地，要讲究改革的方法，即先避开关键问题，从侧面入手，步步为营，最终让关键问题中的难关不攻自破。

如已触及关键问题，已把问题弄得一团糟，该怎么办呢？应由刚转为柔。“雉膏不食；方雨亏悔，终吉”的大意是：美食不能吃，天正下雨，落入鼎上，开始感到遗憾，后雨水将热量消损了，所以说，最终还可以获得吉祥。这就好比一个刚健的人，意识到自己因变革的方法不对而才能发挥不出来，从而得不到别人的重用，于是，他由刚转柔，刚开始别人还是不理解他，问题还是没得到解决，他因此感到遗憾，后来，他终于赢得了大多数人的信任，在他们的共同努力下，问题得到解决，他的卓越才能也得到了充分发挥。

这就暗示我们，不要急于展示自己的才能，尤其是，不能为了展示自己的才能而触及最棘手却又是最关键的问题。如已触及，就应该改变策略，从侧面入手，像雨损耗热能一样，一点一滴，慢慢将其冷却，最后，将美食倾倒出来。

【事例】

“鼎黄耳金铉，利贞”暗示我们，要巩固新政权，要重用德才兼备的人才。刘备死后，有诸葛亮及其后继者蒋琬、姜维等辅佐，刘禅昏庸之主，才能坐帝位达 40 年之久。而曹操死后，其子曹丕篡汉，魏立国虽有 45 年，但早在 17 年前司马懿就发动政变夺取曹爽的军权，魏政权已归司马氏，魏已名存实亡，魏政权存在实际只有 28 年。孙权死后，孙亮立为吴帝，内部不和，国势日弱，遂被晋

灭，孙权后人掌权只有27年。三国相比，蜀汉政权比较稳固，没有内部互相倾轧、争权夺利的事情，这正是有德才兼备的人才辅佐的缘故。

诸葛亮精心择官辅佐蜀汉

诸葛亮以其隆中策预见天下三分，显示其大才；以其鞠躬尽瘁尽忠蜀汉，显示其大德。与他的为人相符，为新生的蜀政权择官也以德才兼备为准则。

诸葛亮第一次北伐向刘禅上疏，即《前出师表》，疏中说："亲贤臣，远小人，此先汉所以兴隆也；亲小人，远贤臣，此后汉所以倾颓也。先帝在时，每与臣论此事，未尝不叹息痛恨于桓、灵也。"

诸葛亮上《前出师表》时，刘备已去世，由他执政辅佐刘禅，故在出征前总结了先汉与后汉兴亡的经验教训，谆谆告诫刘禅，不要学桓、灵二帝"亲小人，远贤臣"，要学先汉"亲贤臣，远小人"，才能使蜀国兴隆，以复兴汉室。

诸葛亮在《十六策》里指出："治国之道，务在举贤。若大国危不治，民不安居，此失贤之过也。夫失贤而不危，得贤而不安，未之有也。"因此，诸葛亮在治理蜀国时特别重视选拔德才兼备之士。

他推荐董允为侍中，领虎贲中郎将，统宿卫重兵，负责宫中之事。刘禅欲增加后宫嫔妃，董允认为古时天子后妃之数不超过12人，今已足数，不应增加。刘禅宠爱宦官黄皓，黄皓为人奸佞，想干预政事，董允上则正色匡主，下则数责黄皓，他在时，黄皓不敢胡作非为。

蒋琬、姜维都是诸葛亮精心选拔的接班人。

蒋琬入蜀，开始时任于都县长。刘备前去巡视，正看见蒋琬饮酒醉倒，不理政事，非常生气，要杀掉他。诸葛亮深知其人，为之说情："蒋琬，社稷之器，非百里之才也。其为政以安民为本，不以修饰为先，愿主公重加察之。"

刘备敬重诸葛亮，听到他所言，没有惩罚他。后来诸葛亮提拔蒋琬为丞相府长史，每次出征，他都足食足兵以相供给。诸葛亮经常赞蒋琬为人"忠雅"，可与他一起辅佐蜀汉大业。诸葛亮死前，秘密上表给刘禅："臣若不幸，后事宜以付琬。"

诸葛亮死后，蒋琬执政，其人大公无私，胸怀广阔，能团结人。同时他能明知时势，做到国治民安。

姜维继诸葛亮复兴汉室之志，屡次北伐，虽无大胜，但魏兵也不能侵入。等到司马昭派大军伐蜀，刘禅昏庸，不听姜维派兵扼守阴平的主意，终于使邓艾得以偷渡而直捣成都。

刘禅献城投降，并命令姜维也投降。姜维想假借投降的机会，杀掉钟会，复兴蜀汉，最后没有实现。其夙愿虽未实现，但足见其忠烈。

震卦第五十一

【原文】

震卦

震上
震下

震：亨。震来虩虩，笑言哑哑。震惊百里，不丧匕鬯。

《彖》曰：震，亨。“震来虩虩”，恐致福也。“笑言哑哑”，后有则也。“震惊百里”，惊远而惧迩也。出可以守宗庙社稷，以为祭主也。

《象》曰：雷，震。君子以恐惧修省。

【译文】

《震卦》：顺畅，雷鸣地颤，有的人吓得浑身哆嗦，过了一会儿大家谈笑自如。巨雷震响，使方圆百里的人震惊，但祭祀活动还是照常。

《彖传》说：雷声震动，亨通。“雷鸣地颤，有的人吓得浑身哆嗦”，这是因为恐惧能招福。“过了一会儿又谈笑自如”，说明惊惧之后就能遵循自然规律。“雷声震惊百里之遥”说明使远处的人震惊，近处的人恐惧。“祭祀活动还是照常”，说明其人胆量非凡，可以守宗庙保社稷，成为祭祀的主人。

《象传》说：《震卦》是上、下卦都为震，震为雷，卦象为雷相重叠响雷不断，所以把它叫作《震卦》。君子应找出自己恐惧的原因，自我修身省过。

【启示】

《震卦》说明，对我们来说，震动的到来是祸还是福是个未知数，因为一方面它能使人恐惧，从而谨慎行事，避开灾祸；另一方面它使人惶惶不可终日，因忧惧而不能采取有效的措施防范灾祸的发生。

【原文】

初九：震来虩虩，后笑言哑哑，吉。

《象》曰：“震来虩虩”，恐致福也。“笑言哑哑”，后有则也。

【译文】

初九：开始听到响雷，吓得浑身发抖，过一会儿听到雷声仍谈笑自如，吉祥。

《象传》说：开始听到响雷，吓得浑身发抖，表明恐惧能够致福。“后来听到雷声仍谈笑自如”，是说明惊惧之后就能遵循客观规律办事。

【启示】

这一爻告诉我们，当危险到来时，不可掉以轻心，但也不能惶惶不可终日。

【原文】

六二：震来，厉；亿丧贝，跻于九陵，勿逐，七日得。

《象》曰：“震来，厉”，乘刚也。

【译文】

六二：电闪雷鸣，有危险，惊慌中丢失了钱财，登上了高山。不必追寻它，待到七天自会失而复得。

《象传》说：“电闪雷鸣，有危难”，这是因为六二阴爻凌驾于初九阳爻之上。

【启示】

这一爻暗示我们，如果十分危险，行动也于事无补，要以退为进。

【原文】

六三：震苏苏，震行无眚。

《象》曰：“震苏苏”，位不当也。

【译文】

六三：响雷使人恐惧不安，但是它能使人因恐惧而谨慎行事，因此不会有灾祸。

《象传》说：“响雷使人恐惧不安”，说明恐惧不安者所处的位置不适当。

【启示】

这一爻暗示我们，一个人因居位不当而受到震动，这是件好事，因为这样会促使他谨慎行事，从而能避免灾祸。

【原文】

九四：震遂泥。

《象》曰：“震遂泥”，未光也。

【译文】

九四：雷声震动，被吓得掉到泥地上去了。

《象传》说：“雷声震动，被吓得掉到泥地上去了”，说明其人见识浅，胆量小。

【启示】

这一爻暗示我们，一个人要有胆识，否则，禁不住震撼，更谈不上化险为夷。

【原文】

六五：震往来，厉。意无丧，有事。

《象》曰："震往来，厉"，危行也。其事在中，大无丧也。

【译文】

六五：响雷不断，恐有危难。噫，没有损失，便去祭祀。

《象传》说："响雷不断，恐有危难"，这是因为危险在运行。处事恪守中道，不会有什么损失。

【启示】

这一爻告诉我们，自己侥幸躲过灾难，也要拜访将来对自己可能有帮助的人。

【原文】

上六：震索索，视矍矍，征凶。震不于其躬，于其邻，无咎。婚媾有言。

《象》曰："震索索"，中未得也。虽凶无咎，畏邻戒也。

【译文】

上六：因为害怕响雷而畏缩不前，目光飘移不定，出征就会有凶险。如果雷电没有击在他身上，而是先落在邻人头上，他因此有了思想准备，没有过错。如果不以邻人为戒，即使事先约好，出征也会与同盟的人发生争议。

《象传》说："因为害怕响雷而畏缩不前"，因为上六爻的居位不正；即使有危险却不致受害，这是因为能吸取邻人的教训，因而能防患于未然。

【启示】

这一爻告诉我们，要善于从他人的经历中吸取教训。

【疑难解析】

震往来，厉。意无丧，有事

"意无丧，有事"的大意是什么呢？自古以来，对它的争议颇多。我们认为，应是：噫，没有损失，便去祭祀。因为"震往来，厉"的意思是：响雷不断，恐有危难。而且它是六五爻的爻辞，六五为阴居阳位。这就好比一个人处在重重的危险中，当他糊里糊涂地度过了危险（阴代表能力不够强，阳代表运气比较好），自然是不禁露出喜悦之色：噫，没有损失。既然是"没有损失"，"有事"也不能作"有事"讲。再说，古代的人习惯把"祭祀"称为"有事"。

此时，我们也不难看出，一个人在自己侥幸躲过灾难时，还记得去祭祀神灵（注意这里的"祭祀神灵"是指去拜访那些有能力的而且他将有求于他的人），

这不但是未雨绸缪的做法，能防患于未然，而且更是他的智慧的体现。

首先，一个人不因自己已侥幸躲过灾难而居功自傲，还能客观地评价自己，客观地分析自己所处的境地，从而去做“三顾茅庐”这样的求贤之事。这哪里会遭遇灾难呢？

再说，如他不这样做，他将很可能遭遇灾难：

一、世事无常，时时都有可能有意外的灾难降临在他的头上。而他每次都能侥幸躲过的概率太小。在灾难来临时，只有两种可能：躲过；没有躲过。这两种概率各占一半。每一刻都面临着这两种结果，而人的一生是由无数个这样的时刻组成的，按照科学的概率论来计算他能躲过灾难的概率几乎等于零（它的概率应是无数个二分之一相乘）。

二、一般情况下，人是最有感情的动物，是最讲交情的动物。他们不会随便帮助一个与他无交情的人。

三、当灾难再一次来临时，他的处境更困难。因为那些能帮助他的人会认为，他这人太自不量力、太狂妄——本来自己的能力不够，只是因为运气好，才逃过这一劫，他倒好，自认为自己有能力，不把别人放在眼里，连普通的拜望也不愿意做。

这样，无论是人为的还是非人为的条件都不利于他，自然难逃脱灾难。

【事例】

“震苏苏，震行无眚”暗示我们，不要害怕意外的震动，因为只要我们谨慎行事，就能化险为夷。吉列刀片公司的经历就验证了这一点。

吉列刀片公司的复兴

一个企业如一直处于顺境中，往往容易忽视自己存在的缺陷，从而让别的企业有机可乘。相反，假如经历了意外的震动，它就会小心谨慎，开创新的发展道路，从而再一次登上成功的宝座。

1962 年之后的几十年来，吉列刀片公司一直仅限于安全剃须刀、双刃刀片及剃须膏的研究。只要世上的男人会长胡须，谁都会相信吉列公司的前途。该公司有点儿得意忘形，怎么也没想到自己也有遭遇滑铁卢的一天：英国威尔金森·斯沃德公司，用所谓的“不锈钢刀片”向吉列公司公开挑战。

威尔金森·斯沃德公司本是一家以铸剑出名的老牌公司。但它的主要获利产品是昂贵的园林工具，由于刮胡刀市场广阔，利润十分丰厚，而威尔金森公司的产品与刮胡刀产品类似，经过艰苦的研究试验，终于研制了一种不锈钢刀片。这种刀片制造工艺合理，刀刃锋利，不易腐蚀，而且使用寿命长，一般碳素刀片平均只能使用3.5次，而不锈钢刀片平均使用15次。

尽管不锈钢刀片成本相对吉列刀片公司生产的刀片的成本较高，但由于不锈钢刀片刀刃锋利，美观耐用，问世不久，很快就席卷了英国刀片市场。至1962年3月，它终于进军吉列公司的根据地——美国。不仅如此，美国国内两大竞争对手——夏普公司、美国安全刀片公司也推出不锈钢刀片，不约而同地向吉列公司进击，形成内忧外患的情势。

以威尔金森公司为始的不锈钢刀片，其攻势却一天比一天剧烈，吉列公司所占据的市场，形成欲抗无力的状态。

但是在技术和资金上实力相当雄厚、经验十分丰富的吉列公司并没有惊慌失措，也没有贸然采取反攻的行动，而是立即调整经营战略，迅速组织技术力量，投入大量资金全力开发研制不锈钢刀片。

首先，吉列公司推出“蓝色吉列刀片”。并在1965年年末，推出更富耐久性的“超级不锈钢”，竭力与竞争者抗衡。同时，双管齐下，采用耗资近千万美元的大规模广告宣传攻势和降低售价的谋略进行大举反攻。

就这样，吉列刀片公司又抢占了世界刀片行业的大部分市场。

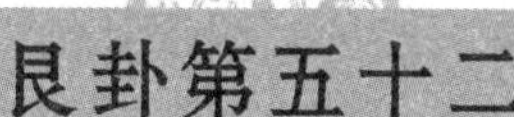

艮卦第五十二

【原文】

艮卦

艮上
艮下

艮：艮其背，不获其身；行其庭，不见其人，无咎。

《彖》曰：艮，止也。时止则止，时行则行；动静不失其时，其道光明。艮其止，止其所也。上下敌应，不相与也。是以“不获其身，行其庭，不见其人，无咎”也。

《象》曰：兼山，艮。君子以思不出其位。

【译文】

《艮卦》：用自己的背对着事物，就不能看见事物，自然静止。在别人的庭院中行走，在这庭院里没见到人。没有灾祸。

《彖传》说：艮有静止的意思。该静止就静止，该行走就行走，动静都要在适当的时机，他的前景就会光明。用自己的背对着事物，就不能看见事物，自然静止，这

就是止的地方是适当的。眼睛和背是相悖的，不能互相支援，因此不能看见事物。在别人的庭院中行走，在这庭院里没见到人。自然不会滋生欲望，没有灾祸。

《象传》说：《艮卦》艮在上，艮在下，艮为山，卦象为两山重叠之象，所以把它叫作《艮卦》。君子观此卦象，他的思维不能超出自己本位。

【启示】

《艮卦》告诉我们，不要受外界的干扰，该静止就静止，该行动就行动。

【原文】

初六：艮其趾，无咎，利永贞。

《象》曰："艮其趾"，未失正也。

【译文】

初六：静止在自己的脚上，没有什么灾祸，有利于长期卜问。

《象传》说：静止在自己的脚上，这就说明没有失去正道。

【启示】

这一爻说明，应在错误的行动还未开始之前停止行动。

【原文】

六二：艮其腓，不拯其随，其心不快。

《象》曰："不拯其随"，未退听也。

【译文】

六二：静止在小腿上，没有随着别人行动，他心里不痛快。

《象传》说：没有随着别人行动，心里不愉快，是说九三没因他的劝说而停止行动。

【启示】

这一爻暗示我们，该停止就停止，就会平安无事。

【原文】

九三：艮其限，列其夤，厉熏心。

《象》曰："艮其限"，危熏心也。

【译文】

九三：抑止在腰部，但已拉伤脊背，危险就像火一样烧灼他的心。

《象传》说：抑止在腰部，但已拉伤脊背，所以危险就像火一样烧灼他的心。

【启示】

这一爻告诉我们，该静止不静止，急躁冒进，结果想静止也静止不了，将遭遇危险。所以，我们要适时静止。

【原文】

六四：艮其身，无咎。

《象》曰："艮其身"，止诸躬也。

【译文】

六四：静止在上身的部位，没有什么灾祸。

《象传》说：静止在上身的部位，这是说能停止自己的各种行为。

【启示】

这一爻告诉我们，能自己克制自己，做事有行为规则规范自己，这不会遭遇灾祸。

【原文】

六五：艮其辅，言有序，悔亡。

《象》曰："艮其辅"，以中正也。

【译文】

六五：静止在口上，说话很有条理，悔恨消失。

《象传》说：静止在口上，说明六五爻居于中位能守中正之道。

【启示】

这一爻暗示我们，说话要有分寸，不能口不择言。

【原文】

上九：敦艮，吉。

《象》曰："敦艮之吉"，以厚终也。

【译文】

上九：因敦厚而静止，吉祥。

《象传》说：因敦厚而静止，吉祥，是说明此人生性忠厚，必得善终。

【启示】

这一爻暗示我们，为人要敦厚。

【疑难解析】

"艮其腓，不拯其随，其心不快"和"艮其限，列其夤，厉熏心"

从字面上说，"艮其腓，不拯其随，其心不快"（六二爻的爻辞。六二为阴居阴位）的大意是：静止在小腿上，没有随着别人行动，他心里不痛快。他没有随着别人行动，为什么还心里不愉快呢？

很显然，在"其心不快"的前面省略了一句话，那省略的又是什么呢？九三（阳居阳位）爻的爻辞"艮其限，列其夤，厉熏心"的大意是：抑止在腰部，

但已拉伤脊背，危险就像火一样烧灼他的心。这就不难看出，居于九三爻位的阳刚者是因为没有听从居于六二爻位的阴柔者的劝告，才拉伤了脊背。所以，省略的是：不听其劝，即六二因九三没听从他的劝告而心里不愉快。

从上述的分析，我们也可以得出这样一个结论：该静止就静止，否则，很可能遭遇灾难。如你走到悬崖边，别人劝你静止，而你硬要向前，结果一脚踩空，你能在半空中静止下来吗？

敦艮，吉

“敦艮，吉”是上九的爻辞，为阳居阴位。它的大意是：因敦厚而静止，吉祥。这暗示我们为人要敦厚（做事不计个人得失，不采取过激的行为，在他人看来，所有的一切都在静中得到），因为敦厚的人往往能成为“大智若愚”的智者，能适可而止，于公于人于己都是有利的。

一、对公来说，他以人民的利益为重，不会急功近利，该静止就静止，从而顺应时势，做到无为而治。

二、对他人而言，敦厚的人往往能以静制动，是最好的朋友、老师。他宽厚待人，不过分计较得失，即使别人做了对不起自己的事，只要不太过分，他也能做到以平常心对待别人，不采取任何报复的行动。一方面使别人因羞愧而停止错误的行为；另一方面旁观者也能从他的行为受到启发。

三、对他自己而言，敦厚的人的那些看似愚笨的外在表现更是一笔大大的财富。他不采取过激的行动，说过激的话，从而赢得了大家一致的好评，赢得了世界上最难以计量的财富——人心。

【事例】

“敦艮，吉”暗示我们，生意人也要敦厚，也要讲信用。因为敦厚能使他在生意场上知进退。胡雪岩把款付给罗尚德的同乡，看似是傻——意外的收获不要，对胡雪岩的财富的积累来说，是一种退，实际上，正是因为这，胡雪岩的财富才急剧上升。

仗义守信　精于此道方能成长远之事

胡雪岩常说：“做人无非是讲个信义。”做生意与做人，本质是一致的。一个真正成功的商人，往往也是一个信义之人。胡雪岩正是仗义守信，才获得比一般人多的成功。

胡雪岩的钱庄开业不久，接待了一位特殊客户。此人名叫罗尚德，既不要利息，也不要存折。原来他在老家时，是个赌徒，定下婚约不提婚期，却因好赌，用去岳父家一万多两银子，最后岳父家提出只要罗尚德同意退婚，宁可不要银子。这下刺激了罗尚德，他不仅同意退婚，并发誓做牛做马也要还上银子。

罗尚德后来投军，辛辛苦苦十多年熬到六品武官的位置，又省吃俭用，积蓄了这一万两银子。前几天接到命令，要到江苏与太平军打仗，因为没有亲眷相托，因而存入阜康钱庄。他既不要利息，也不要存折，因为既相信阜康钱庄的信誉，也因自己打仗生死未卜，存折带在身上是个麻烦。

得知这一情况后，胡雪岩当即决定：虽然对方不要利息，自己也仍以三年定期的利息照算；虽然对方不要字据，也仍立字据交由刘庆生代管。

罗尚德后来在战场上阵亡。临死之前，他委托两位老乡将自己在阜康的存款提出，转给老家的亲戚。两位同乡没有任何凭据就来到阜康钱庄，办理转移手续，原以为会遇到一些刁难或麻烦，甚至阜康会赖账。他们却没想到除为证实他们确是罗尚德的同乡，请人出面作证外，没费半点周折，就连本带利为他们办了手续。

其实，罗尚德手上没有任何字据，帮他来办理这笔款的人，也同他没有很大关系，倘若否认这笔存款，当然无可厚非，在商场上也并不是没有前例。但阜康却不肯这样做，从这一点上，我们能够看出胡雪岩仗义而守信的人品。

阜康付出了罗尚德的那笔存款，两个帮罗尚德办理取兑的同乡回到军营，讲了自己的经历，使阜康的声誉一下子在军营传开了。许多官兵把自己的积蓄甘愿长期无息地存在阜康钱庄，从而引来了大批的存进。

信用是一个人立身行事之本。孔子说：“人而无信，不知其可也。”一个全无诚信可言的人，一定会为众人所不齿；一个讲信用的人，一定会有人与你一起打天下。

渐卦第五十三

【原文】

渐：女归吉，利贞。

《彖》曰：渐之进也。女归吉也，进得位，往有功也。进以正，可以正邦也。其位，刚得中也。止而巽，动不穷也。

《象》曰：山上有木，渐。君子以居贤德善俗。

【译文】

《渐卦》：女子出嫁是吉利的事。有利于去占卜。

《彖传》说：渐，就是渐进的意思。如同女大当嫁是吉利的事，因为女子嫁到夫家，如按规矩行事，是个循序渐进的过程，前进就得到了中正之位，行动就有功。循序渐进又能坚守正道，就可以治国安邦。居于高位，刚健而又坚守中正，知道适可而止又谦逊，不贸然行事，就能渐进不已。

《象传》说：《渐卦》是巽在上、艮在下，巽为风、艮为山。渐卦的卦象为高山上的树木渐渐长大，所以把它叫作《渐卦》。君子观此卦应逐渐积累贤德，改善风俗。

【启示】

《渐卦》告诉我们，要循序渐进。同时强调要做到真正的循序渐进，就必须坚守正道。

【原文】

初六：鸿渐于干。小子厉，有言，无咎。

《象》曰："小子之厉"，义无咎也。

【译文】

初六：鸿雁渐渐飞到了水边上。但是遭到了年幼无知的孩子的指责，有争议，但只要循序渐进就不会有灾难。

《象传》说：虽遭到年幼无知的孩子的指责，但没有灾难，是因为他所坚持的渐的规则没错。

【启示】

这一爻告诉我们，只要循序渐进地做事，即使在其过程中有违规的动作，也不会遭遇灾难。

【原文】

六二：鸿渐于磐，饮食衎衎。吉。

《象》曰："饮食"，不素饱也。

【译文】

六二：鸿雁渐渐飞到水边的石堆上，好好地吃了一顿，十分欢畅，吉祥。

《象传》说："好好地吃了一顿，十分欢畅"，说明他从不吃白食。

【启示】

这一爻告诉我们，渐进而又干实事，会有好的回报。

【原文】

九三：鸿渐于陆。夫征不复，妇孕不育，凶。利御寇。

《象》曰："夫征不复"，离群丑也；"妇孕不育"，失其道也。"利用御寇"，顺相保也。

【译文】

九三：鸿雁逐渐飞到陆地上。就好像夫君出征一去不复返，妇女怀孕却不生育，凶险。但有利于抵御强寇。

《象传》说："夫君出征一去不复返"，说明他可能离开了这个群类。"妇人怀孕却不生育"，说明她违背了妇道。但有利于抵御强寇，这表明她和别人互相保护。

【启示】

这一爻暗示我们，在渐进时，要根据具体情况权衡利弊来定"序"。

【原文】

六四：鸿渐于木，或得其桷，无咎。

《象》曰："或得其桷"，顺以巽也。

【译文】

六四：鸿雁飞起来逐渐前进到高树上，有的找到有利于栖息的平柯，没有灾祸。

《象传》说："有的找到有利于栖息的桷木"。说明六四柔顺而顺从。

【启示】

这一爻告诉我们，为了更好地渐进，要把握冒险的度。

【原文】

九五：鸿渐于陵，妇三岁不孕；终莫之胜，吉。

《象》曰："终莫之胜，吉"，得所愿也。

【译文】

九五：鸿雁逐渐飞到高岗上，就好比妻子多年不怀身孕，但丈夫始终不离不弃，吉祥。

《象传》说："丈夫对妻子始终不离不弃，吉祥"，这是因为他将会实现自己的愿望（至少实现了夫妇白头偕老的愿望）。

【启示】

这一爻告诉我们，处在渐进之时，要有信心，继续做自己没完成的事业，将会获得吉祥。

【原文】

上九：鸿渐于陆，其羽可用为仪，吉。

《象》曰："其羽可用为仪，吉"，不可乱也。

【译文】

上九：鸿雁逐渐飞到高山之上，它漂亮的羽毛作装饰用，吉祥。

《象传》说："它漂亮的羽毛作装饰用，吉祥"，这就好比人的品德高尚，心地纯洁，其心志不会被扰乱。

【启示】

这一爻告诉我们，一个人只要心地纯正，就是渐进到了最高境界，已是登峰造极，他也不会走下坡路。

【疑难解析】

鸿渐于陆。夫征不复，妇孕不育，凶。利御寇

"鸿渐于陆。夫征不复，妇孕不育，凶。利御寇"的大意是：鸿雁逐渐飞到陆地上。就好像夫君出征一去不复返。妇女怀孕却不生育，凶险。但有利于抵御强寇。按一般的道义来讲，一个人在她的夫君出征久久不归时，她却怀了别人的孩子，以至于不敢把孩子生下来，这是非常凶险的事。而这里紧接着又说"利御寇"，似乎暗含着这样做是正确的，这是为什么呢？

任何事都有其两面性，它们正确与否应通过权衡利弊而定。所以说，如果我们一向遵循的一般的道义是不合时宜的，遵循它已是弊大于利，那么应根据具体情况来定新的"序"。

首先，从不改变"序"的人的本质来说，他是丑的恶的，自私自利的。因为他坚持要遵守那个不适合当时的一般的道义，无非是想保持自己的名节，不受世人的唾弃。从定新的"序"的人的本质来说，他的品德是高尚的，他是以大家的利益为重的。因为他为了自己的家园不被外人侵扰，甘愿失自己的名节来保平安。

再说，人民最终会理解他的行为，会更加敬佩他。想想看，如他为了自己的名节，让强盗进来了，让人民的家园毁了，人民流离失所，人民还会高歌他的美德吗？相反，如他让人民安居乐业，而自己因丢失了名节而羞愧不已，人民难道不会同情他，为他平反昭雪吗？

这就不难看出，只要坚守了正道，一切以"利大于弊"的新"序"为遵循的准则，就能循序渐进。

【事例】

"鸿渐于陆，其羽可用为仪，吉"暗示我们，只要心地纯正，即使已登峰造极，也能渐进。汉高祖刘邦为汉室的开国皇帝，他所建立的功业在当时已到了极致。他的儿子汉文帝刘恒超脱于世俗之外，不为名利所累，不扩充疆土，不大兴土木，结果出现了“文景之治”。使汉室江山进一步得到巩固。

守中正之道　固汉室江山

汉朝的开国皇帝刘邦的雄才大略无人不知，但他儿子汉文帝刘恒在位期间出现的“文景之治”更是令人叹服。汉文帝刘恒之所以能把刘家的事业进一步向前发展，是因为他懂得渐进的道理，不贪功冒进，以俭养德。

汉文帝刘恒，在位23年。他在位期间，不求建功立业，而是针对汉初民生凋敝的局面，采取“无为而治，与民休息”的国策，使秦末颠沛流离的百姓终于有了休养生息的机会。天下如有旱灾或虫害，他就倍加施恩于臣民，如免去诸侯进贡，开放山木川泽，允许民众渔猎。在对待皇室财政开支方面，他带头缩减自己的衣服、车驾、犬马，裁减官僚机构的官吏，开放粮仓赈济平民。自其登基以迄驾崩，他未曾扩建过宫室苑囿，未曾增加过犬马车驾，凡于民不利的，他就下令予以撤销。

他平常穿的衣服也是质地差的布料。为了节省衣料，就是他最宠爱的慎夫人，也不许长裙拖地；宫中的帏帐不准许有花纹锦绣。他在修葺皇陵时，用的一律是瓦器，禁止用金、银、铜、锡等贵重金属作为装饰，而且不修高大的坟墓，为的是节约费用，让老百姓安居乐业。

他做的所有事都出自一个目的，即“以示敦朴，为天下先”，也就是在全国带头倡导艰苦朴素的风气。

汉文帝的清心寡欲，不讲排场，不仅表现在生前，还表现在他对自己死后的丧事处理上。他非常不放心自己的丧事，唯恐人们铺张浪费，劳民伤财，因此立下遗诏：“我听说天下万物诞生后，没有一个不死的。死是天地间的常理，生命的自然结局，怎么可以过分哀痛呢？方今之时，人们都喜欢活着，厌恶死去，人一死就要厚葬，弄得损财破产，长时间服孝，以致伤害身体，对这种做法我十分不赞成。况且我又无德，没做什么有利于人民的事。现在谢世，却使百姓长期服丧痛哭，寒来暑往，旷日持久，让别人家的父子为我哀痛，老少为我伤心，不能正常饮食，停止祭祀鬼神，这等于加重了我的罪孽，如何对得起天下黎民百姓！

我有幸得以守护宗庙，微末之身列于天下君王之上，已有20余年。仰赖天地神灵的福佑，国内安宁，没有战争。我虽不敏，却常恐行为有失，辱没了先帝的遗德。想到岁月悠长，唯恐难以善终。而今有幸得尽天年，能侍奉于高庙之中，以我之不明，有这样的结局，还有什么可悲哀的呢？你们要命令天下臣民，自出丧之日起，服孝三天即皆可除孝服。不要禁止人家娶妇嫁女、祭祀、饮酒、食肉等；参加丧礼的也不要光着脚；孝服的带子不要超过三寸，不要在车驾、兵器上缠孝布；不要命令男女民众来宫中啼哭，应来宫中举哀的，早晚各举十五声，礼毕即可。非早晚举哀之时，不得擅自哭泣。要布告天下，使臣民明白我的心意，我下葬的霸陵，山川要一切如旧，不要妄加改变。我死后，把宫中夫人以下的宫女全都放归其家。”

汉文帝奉行中道，循序渐进，一点一滴，赢得了民众，赢得了历史，为西汉中期的繁荣奠定坚实的基础，在历史上留下了“文景之治”的美名。

归妹卦第五十四

归妹卦

震上
兑下

【原文】

归妹：征凶，无攸利。

《彖》曰：归妹，天地之大义也。天地不交，而万物不兴。归妹，人之终始也。说以动，所以归妹也。“征凶”，位不当也。“无攸利”，柔乘刚也。

《象》曰：泽上有雷，归妹。君子以永终知敝。

【译文】

《归妹卦》：出征凶险，没有什么利益。

《彖传》说：《归妹卦》，即男女婚配，这是体现天地阴阳相交的重大意义。宇宙间天地阴阳如果不交相感应，万物就不会兴旺发达。婚嫁，是人类得以繁衍的基础。相互产生喜悦之情而动了真感情，所以把它叫作《归妹卦》。“出征则有凶险”，这是说所居的位置不适当。“无攸利”，是因为柔凌驾于阳刚之上。

《象传》说：《归妹卦》的卦象是泽（兑）上有响雷（震），而兑又代表少女，震又代表男娶女入门，所以把它叫作《归妹卦》。君子应当长久保持夫妇之道，而不使其受到破坏。

【启示】

《归妹卦》以男女之间的爱情为比喻，告诉我们要在不当的时机前进或动机不良而前进就会有凶险。

【原文】

初九：归妹以娣。跛能履。征吉。

《象》曰："归妹以娣"，以恒也。"跛能履"，吉相承也。

【译文】

初九：嫁女作为侧室。就好像跛脚能勉强行走。出行吉祥。

《象传》说：嫁女作为侧室，这是婚嫁中的常规。跛脚能勉强行走，出行吉利，是因为初九能以偏帮助正，相与顺承。

【启示】

这一爻告诉我们，位卑的人只要能安贫乐道，也能获得吉祥。

【原文】

九二：眇能视，利幽人之贞。

《象》曰："利幽人之贞"，未变常也。

【译文】

九二：眼睛瞎了勉强能看到东西，有利于幽静安恬的人去卜问。

《象传》说：有利于幽静安恬的人去卜问，是因为他没有违背常理。

【启示】

这一爻告诉我们，如果没有得到上天的恩赐，就居家静守。

【原文】

六三：归妹以须，反归以娣。

《象》曰："归妹以须"，未当也。

【译文】

六三：少女嫁出后希望能够成为正室，后来听从了姐姐的劝说，返回到正道，嫁作了侧室。

《象传》说：女嫁出后希望能够成为正室，这是不适当的想法。

【启示】

这一爻告诉我们，要按规矩办事。

【原文】

九四：归妹愆期，迟归有时。

《象》曰：愆期之志，有待而行也。

【译文】

九四：待嫁少女拖延了嫁人的时机，迟迟不嫁是等待良机。

《象传》说：超过婚龄而不嫁，是想等待好的时机才嫁。

【启示】

这一爻告诉我们，要得到良机，适时而进，应遵循“宁缺毋滥”的原则。

【原文】

六五：帝乙归妹，其君之袂，不如其娣之袂良。月几望，吉。

《象》曰：“帝乙归妹，不如其娣之袂良”也。其位在中，以贵行也。

【译文】

六五：帝乙把女儿嫁给周文王，让小女儿作陪嫁。作为正室的姐姐的衣着不如作为侧室的妹妹，犹如月亮快要圆满了，吉祥。

《象传》说：帝乙嫁女于周文王，姐姐的嫁妆不如妹妹的艳丽华美。说明虽身居中位，十分尊贵，却能保持勤俭谦虚的美德。

【启示】

这一爻告诉我们，一个人虽身居正职，但内心纯正，不和副职比排场，比待遇，终能获得吉祥。

【原文】

上六：女承筐，无实；士刲羊，无血。无攸利。

《象》曰：上六无实，承虚筐也。

【译文】

上六：女子拿着盛祭品的篮筐，但筐中没有装实物；男子用刀刺羊，却不见出血。没有什么利益。

《象传》说：《归妹卦》上六没有实物，就好比手持空空的篮筐一样。

【启示】

这一爻暗示我们，两人合作要有诚心，重视内在的东西，才能达到目的。

【疑难解析】

帝乙归妹，其君之袂，不如其娣之袂良。月几望，吉

“帝乙归妹，其君之袂，不如其娣之袂良。月几望，吉”的大意是：帝乙把女儿嫁给周文王，让小女儿作陪嫁。作为正室的姐姐的衣着不如作为侧室的妹妹，犹如月亮快要圆满了，吉祥。这就暗示我们，一个人身居正职，如果他副手的才能和自己不相上下，内心更要纯正，更不应与副职比排场，比待遇。

首先，要使大众服从，只有两种方法：以才服人和以德服人。正职采取“以德服人”是正确的选择。因为作为副职的才能和他不相上下，他如采取以才服人的策略，在使大众服从上，他难以胜于副职。

再说，对方的心理得到了满足，从而愿意服从他，这对他是非常有利的。本来他们的才能就不相上下，对方屈居在他之下，一般来说，对方的心理是不平衡的，是极不愿意的。但现在他的待遇却比正职还好，于是他心理也平衡了，不是一心想着怎样把正职拉下马，而是愿意辅佐他。

其次，从大众的心理来说，大众看到他作为一个正职甘愿享受着比副职还差的待遇，会更加敬他。

【事例】

“女承筐，无实；士羊，无血。无攸利”暗示我们，有名无实的合作只会死亡。所谓有名无实，亦即缺乏品德。荣事达和美泰克的合作失败就表明，只有虚假的外壳而没有真正的内容，这样的合作应当抛弃掉，因为它不但不能使大家达到真正的进，而且还给双方都带来损失。

有名无实的合作

1995 年，荣事达总裁陈荣珍在与日本三洋合资大尝甜头后，又将目光瞄准了美国的第三大家电厂商美泰克。恰好此时，美泰克又积极地寻求中国市场的突破点，双方在香港中介公司的撮合下一拍即合。

鼎盛时的荣事达洗衣机年销量达到 200 万台，列国内第一。好景不长。2000 年，荣事达洗衣机跌到全国第三名；2001 年，全年洗衣机销量 80 万台左右，列第四、五位，4 条生产线 120 万台的产能，而市场销量不足 10 万台，中美合资公司亏损 1.8 亿元。面对种种颓势，资本方美泰克决心亲自操刀，从 2000 年年初开始，就派出董勤龄、王伟东等出任合资公司销售副总、市场副总裁等职。

2001 年 7 月，资本方看到这种劣势没有丝毫转变，他不是从自身找原因，而是一度施压，派出劳伦斯接替陈荣珍出任总裁，陈荣珍退居幕后。

据介绍，腿脚不便的具有英国、澳大利亚双重国籍的劳伦斯有着 40 年企业管理经验。在此之前，劳伦斯只是在北京搞市场调查和促销活动，然而上任就放言要以“打内战”为主——完成内部管理的新构架。

劳伦斯这样打算：“我的目的是把世界上最好的管理模式、经验参照中国本土的经验让两者合二为一，成为适合中国情况特色的合资公司。这是我们的一个工作方向。”不仅如此，据媒体披露，当时的荣事达领导层霎时出现了“多国部队”的局面，大量引进“海龟派”以及外籍经理人，而原陈荣珍旗下的老臣子一度被排斥在外。陈荣珍本人也退居副职，负责政府公关和对外联络。这无疑是与先前劳伦斯的位置做了一个置换。

然而，劳伦斯还没来得及实行他的一系列构想，荣事达美泰克公司第九次董事会就决定劳伦斯不再担任中美合资公司总裁职务，原美方派出的李广元、王伟东等副总裁们均退出管理层。美泰克宣布从荣事达撤资，短暂的“婚姻”宣告破裂。

让劳伦斯痛苦的是，虽然他成为了形式上荣事达的总裁，却是相当孤立。荣事达公司员工披露，陈荣珍的强人形象早已压过了所有人，公司的决策无不为陈荣珍所左右。甚至连劳伦斯的离任，都是陈荣珍上书美泰克，强行抵制他的在任的结果。

最终的结果是：荣事达出现大量坏账。具体情况是，2002 年 2 月，合资公司在南方市场应收账款约为 1.2 亿元，华东为 5000 万元，北方市场为 7000 万元，加上其他地区，全国总计 3 亿元左右。荣事达原某高层指出，3 亿元应收款很大部分是中方为吸引美方入股，显示其产品在中国市场上很受欢迎，在价格和款项上对代理商做出很大让步，造成应收款居高不下。从另一个角度来解释，无疑美泰克落入了一个资本的陷阱。

这不难看出，双方的每一个行动都表明他们只为自己着想，没有替对方着想，结果造成两败俱伤。

丰卦第五十五

丰卦

震上

离下

【原文】

丰：亨，王假之。勿忧，宜日中。

《彖》曰：丰，大也。明以动，故丰。“王假之”尚大也。“勿忧，宜日中”，宜照天下也。日中则昃，月盈则食，天地盈虚，与时消息，而况于人乎？况于鬼神乎？

《象》曰：雷电皆至，丰。君子以折狱致刑。

【译文】

《丰卦》：顺畅，君王亲临宗庙。不用忧惧，最佳时机在太阳位居中天时。

《彖传》说：丰有硕大丰满的意思。人能明察事理，依理而行，一定能取得丰硕成果，所以把它叫作《丰卦》。“亲临宗庙祭祀”，说明君王崇尚宏大的美德。“不用忧惧，最佳时机在太阳位居中天时”，因为正午太阳当头可以普照天下。正午后，太阳就会向西斜，出现满月之后就会亏蚀。天地万物有盈有亏，随着时间的变化而消长，更何况是人？何况是鬼神呢？

《象传》说：《丰卦》是震在上、离在下，震为雷、离为火，卦象表现为电闪雷鸣，所以把它叫作《丰卦》。君子应该像雷电那样，理清案情，秉公执法。

【启示】

《丰卦》说明盈虚消长的客观规律，提示人们，要求得丰盛，应依理而行，而且强调在兴盛时更要谨慎行事，更要坚守正道。

【原文】

初九：遇其配主，虽旬无咎。往有尚。

《象》曰：“虽旬无咎”，过旬灾也。

【译文】

初九：遇到了和自己实力相当的主人，尽管双方的力量均等，但没有什么灾害。前往还能得到推崇和赞美。

《象传》说：双方的力量均等，没有什么灾害，这表明如力量相差过于悬殊就可能会有灾祸了。

【启示】

这一爻暗示我们，为了保持丰的状态，最好找一个力量与自己不相上下的人联合。

【原文】

六二：丰其蔀。日中见斗。往得疑疾。有孚发若，吉。

《象》曰：“有孚发若”，信以发志也。

【译文】

六二：盛大的光明被掩盖了，掩盖到正午时分，可看见北斗星。贸然前进会招致猜疑，若诚心感化，这是吉利的。

《象传》说：“以自己一片至诚之心求得信任”，这表明六二用自己的诚心感化这光明的心志。

【启示】

这一爻告诉我们，处于盛大而迷失的情形中，不能贸然行动，应以自己的至诚之心感化这种盛大光明的心志。

【原文】

九三：丰其沛，日中见沬；折其右肱，无咎。

《象》曰："丰其沛"，不可大事也。"折其右肱"，终不可用也。

【译文】

九三：盛大的光明被遮盖了，就像太阳正当中午，却能看见没有名气的小星；折断自己的右臂，这是吉利的。

《象传》说："盛大的光明被遮盖了"，不可以去干大事。"右臂折断了"，就表明他终究没有能将自己的能力发挥出来。

【启示】

这一爻告诉我们，处于盛大而迷失的情形中，其才能得不到发挥是必然的，因此应该使自己暂不能有所作为，消除对方的疑虑，以求自保，然后再图将来。

【原文】

九四：丰其蔀，日中见斗。遇其夷主，吉。

《象》曰："丰其"，位不当也。"日中见斗"，幽不明也。"遇其夷主"，吉行也。

【译文】

九四：盛大的光明被遮盖了，就像正午时分，可看见北斗星。遇到了与自己实力相当的人，可获吉祥。

《象传》说："盛大的光明被遮盖了"，这是因为居位不当。"正午时分看见北斗"，说明处于幽暗不明的环境。"遇到了与自己实力相当的人"，这是吉利的变化。

【启示】

这一爻告诉我们，此时如遇到另一个与自己实力相当的上司或朋友，就能改变这种盛大而迷失的情形。

【原文】

六五：来章，有庆誉，吉。

《象》曰：六五之吉，有庆也。

【译文】

六五：招来了有文采的人，大家都庆贺夸奖他，这是吉利之兆。

《象传》说：六五爻辞所讲的吉利，是因为有吉庆之事。

【启示】

这一爻告诉我们，为了事业如日中天，应积极提拔和吸引有才能的人。

【原文】

上六：丰其屋，蔀其家，窥其户，阒其无人，三岁不觌，凶。

《象》曰：“丰其屋”，天际翔也。“窥其户，阒其无人”，自藏也。

【译文】

上六：扩大自己的房屋，遮蔽居室，从门缝里探视，静悄悄的没有人影，长时间看不见人，这是不祥之兆。

《象传》说：“扩大自己的房屋”，看来此人如鸟飞蓝天，踌躇满志，想大干一场。“从门缝里探视，空无一人”，看来是因为被胜利冲昏了头脑，盲目扩大，结果招来灾祸，只能将自己掩藏起来。

【启示】

这一爻告诉我们，在自己处于盛大的时候，千万不要被胜利冲昏了头脑，盲目扩充。

【疑难解析】

“丰其沛，日中见沬；折其右肱，无咎”和“丰其，日中见斗。遇其夷主，吉”

“丰其沛，日中见沬；折其右肱，无咎”是丰卦九三爻的爻辞。九三为阳居阳位。它的大意是：盛大的光明被遮盖了，就像太阳正当中午，却能看见没有名气的小星，折断自己的右臂，这是吉利的。为什么处在盛大而迷失的形势中，折断自己的右臂是吉利的举动？

大家都知道，右臂是人体中最得力的一部分，从细致的技巧活到粗大的力气活都要靠它来完成。对于一般的用惯右手的人来说，如果没有了它，他就不能有所作为。为什么不能有所作为是吉利的？他处在盛大而迷失的形势中，他的上司极端昏庸，已被小人所蒙蔽。本来被小人所蒙蔽，只要揭开小人的面纱，就能重见光明。但他的上司刚刚建立了功业，取得了大的成绩，更加刚愎自用，不愿听别人的劝阻，所以更难有施展才能的机会，自然也不可能有所作为。

再说，九三是阳居阳位，这就意味着他十分有才能，所居的位置也较显著，容易引火烧身，为了给自己留条后路，他必须有所取舍，即牺牲自己的右臂，让自己暂且不能有所作为。这样，小人看见他已成了残疾，已是无用的人，也没有工夫跟他折腾。

其次，从这样做的结果来看，他不能有所作为，就可以求得自保，就符合古训：留得青山在，不怕没柴烧。

相反，如不这样做，他很可能因冲撞了昏君而遭遇灾害。

此时，我们就不难看出，总的来说，他的这一举动是利大于弊，是吉利的。

那么，怎样做才能求得将来的吉利，才能求得进一步发展呢?

“丰其蔀，日中见斗。遇其夷主，吉”的大意是：这样盛大的光明被遮盖了，就像正午时分，可看见北斗星，遇到了与自己实力相当的人，可获吉祥。这就暗示我们，处于盛大而迷失的黑暗中，要寻求外部力量（要与自己的实力相当）使自己渡过难关，并得以发展。因为自己的元气已大伤，自身的力量已受损，顶多能渡过难关以求自保，而要有所发展，必须借助外部的力量。这里为什么强调要与自己的实力相当呢？这是因为：

一、实力过于强的人很可能会觉得你的实力太弱，与你联合没有什么利益。实力过于弱的人也帮不上你什么忙。

二、如你俩实力相差过于悬殊，小人稍从中作梗，就会严重失衡。造成联盟不成，反目成仇。

因此，在黑暗中，与自己实力相当的人联合，便能渡过难关，并能求得进一步发展。

【事例】

“丰其蔀，日中见斗。遇其夷主，吉”暗示我们，当遇到形势对自己大大不利的情况时，不妨依靠外部力量度过危险时期，并求得进一步发展。美国可口可乐公司就善于借助外部举债而得以发展。

巧用外力造繁荣

美国可口可乐公司生产的饮料遍布世界各地，它的规模，它的价值是一般人难以想象的。它的成功的秘诀在哪儿呢?

美国可口可乐公司的前任董事长伍德拉夫是位相当保守的金融家。他一生最讨厌的事是负债。

刚好在经济大萧条前夕，他还清公司的全部贷款。那时，听说公司里一位主管财务的负责人要以9.75%的利息去借1亿美元的资金来兴建建筑时，他当即就不同意。并说：“可口可乐永远不借钱！”虽然他的谨慎战略避免了可口可乐公司在经济大萧条中的灭顶之灾，但也为此产生副作用，那就是使该公司长期得不到发展，不能进入美国特大公司之列。在戈苏塔担任了公司董事长的职务后，他一改前任的作风，看准方向，大举借款。他到任时，可口可乐公司资本中只有不到2%的长期债务，从那以后戈苏塔把长期债务猛增到资本的18%，这种举措使同行们目瞪口呆。戈苏塔用这些资金来创建可口可乐公司的瓶装设备，同时还大胆投资于哥伦比亚影片公司。他说，只要是他看准了的兼并对象，他就不怕增加公司的债务负担。也正是由于他这种不怕负债的勇气，才把可口可乐公司从困境中解救出来，而且还使公司的利润一下子增长了20%。股票也开始上涨。

不难看出，适当的举债是使企业走出困境、走向辉煌的法宝。

旅卦第五十六

【原文】

旅：小亨。旅贞吉。

《彖》曰："旅，小亨"，柔得中乎外，而顺乎刚，止而丽乎明，是以"小亨，旅贞吉"也。旅之时义大矣哉！

《象》曰：山上有火，旅。君子以明慎用刑而不留狱。

【译文】

《旅卦》：有小的亨通。卜问旅行，这是吉利的。

《彖传》说：寄旅有小的亨通。这是因为旅人行中正之道，得到强者的庇护，恬静安止又能附丽于光明，因此说："有小的亨通。卜问旅行，这是吉利的。"旅卦的现实意义是多么大呀！

《象传》说：《旅卦》是离在上、艮在下，离为火、艮为山。旅卦的卦象为火势十分快地蔓延的表象，所以把它叫作《旅卦》。君子观此卦象，应慎用刑罚，慎重判决，而且不稽留讼狱。

【启示】

《旅卦》告诉我们，旅居在外，处在动荡的生活中，更要坚守中正。

【原文】

初六：旅琐琐，斯其所取灾。

《象》曰："旅琐琐"，志穷灾也。

【译文】

初六：旅人举动猥琐卑贱，这是自我招取灾祸。

《象传》说：旅人举动猥琐卑贱，这说明他丧失了做人的人格，将招致灾祸。

【启示】

这一爻告诉我们，一个人要人穷而志不穷。

【原文】

六二：旅即次，怀其资，得童仆，贞。

《象》曰："得童仆，贞"，终无尤也。

【译文】

六二：旅客住在旅舍，携带钱财，拥有一男仆，应当守持正固。

《象传》说："拥有一忠实男仆，应当守持正固"，这样做就没有什么怨尤。

【启示】

这一爻告诉我们，一个人旅居在外，处在动荡的生活中，应当坚守中正。

【原文】

九三：旅焚其次，丧其童仆；贞厉。

《象》曰："旅焚其次"，亦以伤矣。以旅与下，其义丧也。

【译文】

九三：旅途中旅舍失火，丧失自己的男仆，卜问得凶兆。

《象传》说："旅途中旅舍失火"，一定会遭受伤害。是因为他没有与男仆相处好，这是在情理之中的事。

【启示】

这一爻告诉我们，一个人在羁旅中要柔顺一点。

【原文】

九四：旅于处，得其资斧，我心不快。

《象》曰："旅于处"，未得位也。"得其资斧"，心未快也。

【译文】

九四：旅居在野外，得到了别人的资助，但我心里仍然不痛快。

《象传》说："旅居在野外"，没有得到真正的好住处。虽"得到别人的帮助"，但由于没有实现自己的愿望，故此时心中仍不畅快。

【启示】

这一爻暗示我们，旅居在外，不能因得到暂时的安身之地而忘记自己的理想。

【原文】

六五：射雉，一矢亡，终以誉命。

《象》曰："终以誉命"，上逮也。

【译文】

六五：射了一只野鸡，费去了一支箭，最终得到了称誉。

《象传》说：最终得到了称誉，是因为亲近了居高位的尊者。

【启示】

这一爻暗示我们，求安定应不计一时的得失。

【原文】

上九：鸟焚其巢，旅人先笑，后号；丧牛于易，凶。

《象》曰：以旅在上，其义焚也。丧牛于易，终莫之闻也。

【译文】

上九：高枝上的鸟巢被烧毁，旅人先得到高位而笑，后看到眼前的悲惨境地而掉眼泪。在异地失去了牛，有凶险。

《象传》说：作为旅客却在异乡身居高位，他的住处被烧是常理中的事。在异地失去了牛，最终没有人来慰问，也是意料之中的事。

【启示】

这一爻告诉我们，旅居在外，得到了高位，更要谦逊待人。

【疑难解析】

鸟焚其巢，旅人先笑，后号咷；丧牛于易，凶

"鸟焚其巢，旅人先笑，后号咷；丧牛于易，凶"是旅卦上九爻的爻辞。上九为阳居阴位。它的大意是：高枝上的鸟巢被烧毁，旅人先得到高位而笑，后看到眼前的悲惨境地而掉眼泪。在异地失去了牛，有凶险。这就暗示我们，旅居在外，得到了高位，更要谦逊待人。这是为什么呢？从他的处境来看：

一、旅居在外的人往往处在一个陌生的环境，人民并不了解他。他之所以得到高位是因为有人提拔他。此时，人民很可能会认为他的高位来得不正当。

二、人都有排异己，往往不愿意服从一个外地人的领导。

三、任何一个地方都有地头蛇，这些地头蛇因他到来而心里极端不平衡。因为他在此地已称霸多时，本想趁机升上去，没想到却让一个外人占了他已看好多时的位置。

一个人在外地做官，没有自己的势力范围，没有当地人民的支持，又有地头蛇的嫉妒，甚至暗中破坏。不难看出，他处在一个极端危险的境地，其原因是人

民不了解他，也不愿意服从他，给了地头蛇从中作祟的机会。

该怎样使人民服从他呢？古往今来，许多贤人志士的经历告诉我们，谦逊待人是获取民心的最好的武器。所以，我们在得到了别人的提拔后，不要以居高位而自傲，而要谦逊待人。

【事例】

“射雉，一矢亡；终以誉命”暗示我们，作为别人的臣子，就好比寄居在王室的旅人，所以为了求安定就要不计一时的得失。楚国令尹孙叔敖执意辞封，保全了子孙，就验证了它的正确性。

孙叔敖身居高位甘心贫贱

春秋时期，楚国令尹孙叔敖才识卓越，居官清廉，平生不肯与权贵同流合污。他虽然居高位，却不恃此而骄，常常把自己的家财拿出来救济穷人，所以做了很多年的令尹，一直深得民心。

楚庄王对孙叔敖更是倚重信赖，凡军国大计，无不向他请教。楚国也因为有这样一位贤能的令尹而日益富强。

周定王十二年三月，孙叔敖年高体衰，一病不起。他知道自己将不久于人世，叮咛儿子孙安说：“楚王为嘉奖我多年的功劳，曾多次要我选一处地方作为封邑，我都坚决谢绝了。我死后，如果他封你官爵，你千万不能接受。我了解你，你没有多大才能，难以担当治国安邦的大任。楚王若封给你一处好地做封邑，你要坚决推辞。如果推辞不掉，你就请求把‘寝丘’封给你。这个地方土地贫瘠，而且叫‘死者停处’，这种地名，显得不吉利，是不会有人来争夺的，可以长保子孙后代平安。”

孙叔敖死后，楚庄王亲临送葬，抚棺痛哭，从行者莫不垂泪。

葬礼安顿后，楚庄王立即要封孙安做大官。孙安遵父命，力辞不受，回到乡下种田为生，日子过得比较艰苦。时间一久，楚庄王便把这件事忘了。

有一天，宫中优伶作戏唱道：“廉吏高且洁，子孙衣单而食缺。君不见，楚之令尹孙叔敖，生前私产无分毫，子孙丐食栖蓬蒿……”

楚庄王立即问：“孙安真的穷困到这种地步吗?”

优伶回答道：“不穷困，不见前令尹之贤。”

楚王急忙派人召孙安进宫，要封他万户之邑。孙安说：“大王如果惦念先父尺寸之劳，要赏赐我衣食，愿得封寝丘。这是先父的遗命，非此地不敢接受。”

楚庄王没有办法，只好把寝丘封给了他。寝丘这个地方，位置偏僻，名字又不吉利，王公权贵都不屑一顾。所以楚国几代政治动乱，好的封邑频频易主，只有寝丘无人理会。所以孙叔敖的先见之明，使后代子孙安然无恙。

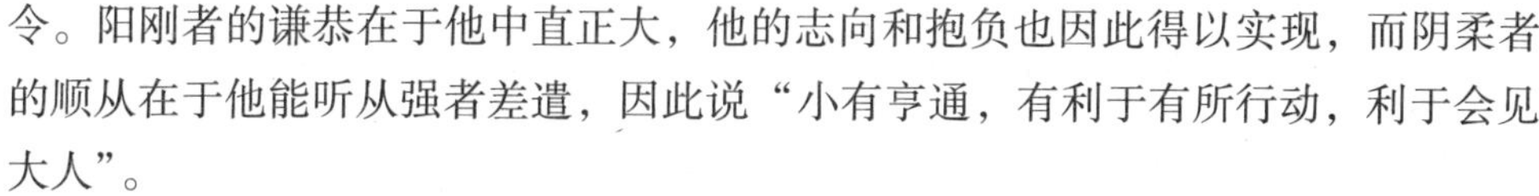

巽卦第五十七

【原文】

巽：小亨，利有攸往，利见大人。

《彖》曰：重巽以申命。刚巽乎中正而志行。柔皆顺乎刚，是以“小亨，利有攸往，利见大人”。

《象》曰：随风，巽。君子以申命行事。

【译文】

《巽卦》：小有亨通，有利于有所行动，利于会见大人。

《彖传》说：两个巽卦上下重叠，意在重申一种命令。阳刚者的谦恭在于他中直正大，他的志向和抱负也因此得以实现，而阴柔者的顺从在于他能听从强者差遣，因此说“小有亨通，有利于有所行动，利于会见大人”。

《象传》说：《巽卦》是巽在上、巽在下，巽为风，卦象为风行起来无孔不入之表象，所以把它叫作《巽卦》。君子把命令立在谦逊之德之上，这样有利于他推行政事。

【启示】

《巽卦》告诉我们，一个人要谦逊、顺从。

【原文】

初六：进退，利武人之贞。

《象》曰：“进退”，志疑也。“利武人之贞”，志治也。

【译文】

初六：进进退退，这有利于勇武的人去卜问。

《象传》说：进进退退，这说明他在决策时十分犹豫。有利于勇武的人去卜问，是因为这样能使他的决策得到完善，在实际上是成立的。

【启示】

这一爻告诉我们，勇武的人要注意培养谦逊的美德。

【原文】

九二：巽在床下，用史、巫纷若吉，无咎。

《象》曰："纷若之吉"，得中也。

【译文】

九二：谦卑而趴在床下，像史、巫那样用谦恭的态度行事，吉祥，没有什么灾祸。

《象传》说："像史、巫那样用谦恭的态度行事，是吉祥的"，是因为史、巫是居中而守正。

【启示】

这一爻告诉我们，一个人要心地虔诚、中正地对待一切。

【原文】

九三：频巽，吝。

《象》曰："频巽之吝"，志穷也。

【译文】

九三：勉强顺从，有灾祸。

《象传》说："勉强顺从的灾祸"，是因为他的谦逊之德丧失了。

【启示】

这一爻告诉我们，一个人如果丧失了谦逊的美德，就无可救药了。

【原文】

六四：悔亡，田获三品。

《象》曰："田获三品"，有功也。

【译文】

六四：悔恨消失，打猎时捕到可作为祭祀、宴请宾客、献给君主用的上等猎物。

《象传》说：打猎时捕到可作为祭祀、宴请宾客、献给君主用的上等猎物，说明功劳很大。

【启示】

这一爻告诉我们，能恪守谦逊、顺从之道，就能有所建树。

【原文】

九五：贞吉，悔亡，无不利。无初有终。先庚三日，后庚三日，吉。

《象》曰：九五之吉，位正中也。

【译文】

九五：卜问得吉利的预兆，悔恨会消失，没有什么不利的。虽然起初不顺利，但结果不错，时日定在丁日或癸日，一定是吉利的。

《象传》说：《巽卦》的九五爻位之所以能得吉祥，是因为它居中而得正了。

【启示】

这一爻告诉我们，一个人刚强正直，难免有不甚谦逊之悔，但只要他有中正之德，最终能获得吉祥。

【原文】

上九：巽在床下，丧其资斧，贞凶。

《象》曰："巽在床下"，上穷也。"丧其资斧"，正乎凶也。

【译文】

上九：谦卑、顺从而趴在床下，丢失了别人资助的钱财，卜问结果是凶险的。

《象传》说：谦卑而趴在床下，这是因为上九已居于穷极之路。丢失了别人资助的钱财，正处在凶险之中。

【启示】

这一爻告诉我们，一个人处于穷极的困境中所表现的谦卑不是坚守正道的谦卑，而是丧失了人格的谦卑，是不可取的。

【疑难解析】

"巽在床下，用史、巫纷若吉，无咎"和"巽在床下，丧其资斧，贞凶"

"巽在床下，用史、巫纷若吉，无咎"的大意是：谦卑而趴在床下，像祝史、巫觋那样用谦恭的态度行事，吉祥，没有什么灾祸。"巽在床下，丧其资斧，贞凶"的大意是谦卑而趴在床下，丢失了别人资助的钱财，卜问结果是凶险的。为什么同是谦卑而趴在床下，一个是吉利的，一个是凶险的？

古代的祝史、巫觋是与鬼神沟通的半仙，他们在施行法术时表现得非常谦卑，就是对于地位比自己低下的鬼神也不施加威力。再从"巽在床下，用史、巫纷若吉，无咎"所处的爻位来看，它是九二爻的爻辞。九二为阳居阴位。所以说，这就暗示我们，一个人虽处于优势，但他也愿意居于与自己的能力不相称的下位，自然能获得吉祥。其原因是：

一、人民只尊敬真正的谦逊、宽容者——虽有能力向对方施加威力，但他不

施加威力。

二、从处于优势的人的处境来说，他处于一个进可退、退可守的处境，即如果谦逊不能赢得对方的尊重，反而招来对方的无理取闹，他可以用强硬的方法解决问题；如果对方因此而尊重他，这也达到了目的，他也没有损失什么。

三、从对方的心理来看，一方面他可能会更加敬佩他；另一方面可能会因看到对方的强大实力而不敢冒犯对方。

“巽在床下，丧其资斧，贞凶”是上九爻的爻辞。上九为阳居阴位，又是巽卦的最后一爻，这就暗示我们，一个人处在穷极的困境中。处在穷极的困境中，不能表现得太柔顺了：

一、一般人认为，处在穷极的困境中所表现的顺从，不是谦逊，而是软弱，其实质是懦夫的表现。所以，他们会因此更鄙视他。

二、从他的处境来看，他已没有退路，如果他还是顺从对方，还是往后退，那么只有绝路一条。

三、从对方的心理来看，对方会认为，他在自己步步紧逼的情况下，连连后退，即使已很快把他逼到绝路上，也不知反抗一下，这是没有骨气的人。因此会更加憎恶他。相反，如他刚强一点，或许对方因欣赏他的骨气而放了他。

四、从结果来看，如他在穷极的困境中，不再顺着对方的紧逼之势往绝路上走，积极反抗，这就意味着还有一线生机，相反，连一线生机也没有。

所以说，在自己有实力时，适当的退让是吉利的；在处于穷极的困境时，顺从、退让往往会给自己带来危险。

【事例】

“频巽，吝”暗示我们，一个人不能丧失谦逊的美德。杨修被杀，正是由于才华太出众，导致过分张扬，锋芒太露，招致曹操的反感。

杨修恃才傲物招杀身之祸

三国时期，曹操手下有位才子，名叫杨修。他不仅才华出众，而且反应机敏、聪颖过人。最初，曹操非常看重他。不过，杨修一向恃才傲物，锋芒太露，不但使曹操渐渐生出反感，而且最终引来杀身之祸。

杨修善于揣摩曹操的心思。有一次，曹操命人新修了一座花园，修好后他带人来参观。曹操觉得很满意，只是临走时在花园门上写了一个“活”字。等曹操走后，杨修对修园人说：“主公嫌花园的门太宽阔了，请你把它改窄点。”

修园人不解其意，杨修便说：“你没看见主公刚才在门上写的‘活’字吗？门与‘活’合在一起，正是一个‘阔’字。这就是告诉你们，花园的门太宽了，必须改小。”众人听了，都说有道理。于是，修园人按照杨修所说的去办。过了几天，曹操再次来参观时，发现花园门改小了，连连称好。

又有一次，有人送曹操一盒酥饼。曹操在饼盒上写了“一合酥”三个字，便放在桌子上。恰巧杨修进来看见了，便把大家叫来，想分吃酥饼。

可是，这盒酥饼是送给曹操的，谁敢轻易品尝？看到人们迟疑不动，杨修就说：“主公在盒子上面写了‘一合酥’三字，分开来念就是‘一人一口酥’。所以你们尽管放心吃好了，出了事由我来承担。”

大家觉得他说得对，便纷纷上前将酥饼一抢而光。曹操知道此事后，虽然没说什么，但心里却对杨修的自作主张有些反感。

后来曹操率军攻打刘备，在定军山大败。曹操感到进退两难，但却不愿轻易撤兵。一天晚上，大将夏侯渊走进帐来，向曹操询问当晚夜巡的口令。曹操正在吃饭，手中拿着一块鸡肉，就随口说了“鸡肋”二字。

夏侯渊出帐后，就把这个口令告诉了夜巡的将士。杨修听到后，便吩咐手下人赶快收拾行囊，准备撤退。有士兵把此事报告了夏侯渊，他有些迷惑，赶忙问杨修。

杨修说：“鸡肋，鸡肋，食之无味，弃之可惜！主公是不想在此恋战了，他虽然没有直接说出来，但心里已经准备要班师回朝了。”

夏侯渊早有耳闻，对他的话深信不疑。回到帐中后，也命令手下人收拾物品为撤军作准备，并派人通知了其他将士。

这一消息，有人很快报告给曹操。曹操一听，不禁勃然大怒，他早就对杨修的恃才之举有厌恶之心，立刻命人以蛊惑军心为由推出斩首。

兑卦第五十八

【原文】

兑：亨。利贞。

《彖》曰：兑，说也。刚中而柔外，说以“利贞”，是以顺乎天而应乎人。说以先民，民忘其劳。说以犯难，民忘其死。说之大，民劝矣哉！

《象》曰：丽泽，兑。君子以朋友讲习。

【译文】

《兑卦》：亨通。有利于去占卜。

《彖传》说：兑，就是喜悦的意思。说明阳刚居中坚守正道而谦逊恭顺在外，喜悦而有利于民去占卜，因此能够顺应客观规律而又切合人意。用喜悦去引导民众，民众因此忘记了疲劳。用喜悦去引导人民奔赴国难，民众则会忘记死的痛苦。这个和悦的意义多么伟大呀！可以使人民自我勉励而为之。

《象传》说：《兑卦》是兑在上、兑在下，兑为泽，卦象为泽水并连之象。就好像泽水相通，互相滋润，彼此受益，所以把它叫作《兑卦》。君子效法于这种和悦，就能使朋友都来亲附他，而且大家可在一起研讨学业，讲习道义。

【启示】

《兑卦》告诉我们，要和悦待人，要恰当地取悦于人。

【原文】

初九：和兑，吉。

《象》曰："和兑之吉"，行未疑也。

【译文】

初九：和悦待人得到吉祥，吉利。

《象传》说：和睦喜悦之所以吉祥，是因为这种和悦是一种端正的行为。

【启示】

这一爻告诉我们，要和悦待人。

【原文】

九二：孚兑，吉，悔亡。

《象》曰："孚兑之吉"，信志也。

【译文】

九二：以诚信为基础的和悦待人，吉祥，悔恨消失。

《象传》说："以诚信为基础的和悦待人得到吉祥"，这表明为人诚实、可靠，能获得好的结果。

【启示】

这一爻告诉我们，和悦待人要以诚信为基础。

【原文】

六三：来兑，凶。

《象》曰："来兑之凶"，位不当也。

【译文】

六三：前来谋求和悦，凶险。

《象传》说："前来谋求和悦，凶险"，是因为居位不当的缘故。

【启示】

进一步强调和悦待人要以诚信为基础。

【原文】

九四：商兑未宁，介疾有喜。

《象》曰：九四之喜，有庆也。

【译文】

九四：商量和解之事，但是心中不安宁，如果能隔断阴柔、嫉妒，就有喜庆的事。

《象传》说：《兑卦》的九四爻位的喜是指将有庆贺之事。

【启示】

这一爻告诉我们，和解或和谈时，如对方没有诚意，必须要揭穿他的真面目。

【原文】

九五：孚于剥，有厉。

《象》曰："孚于剥"，位正当也！

【译文】

九五：诚信被小人剥落了，必有危险。

《象传》说：诚信被小人剥削了的原因是他正处于容易被小人剥落的位置上。

【启示】

这一爻告诉我们，处于显要的位置上的人更加要有诚信。

【原文】

上六：引兑。

《象》曰：上六"引兑"，未光也。

【译文】

上六：引诱他人与之和悦。

《象传》说：《兑卦》的上六爻位引诱别人与之和悦，不是光明正大的品德。

【启示】

这一爻告诉我们，不择手段地取悦于人是不可取的。同时，要对这样的人提高警惕。

【疑难解析】

商兑未宁，介疾有喜

"商兑未宁，介疾有喜"的大意是：商量和解之事，但是心中不安宁，如果

能隔断阴柔、嫉妒，就有喜庆的事。看了爻辞，不禁产生两大疑问：一、九四为什么心中不安宁？二、九四要阻断谁的阴柔、嫉妒？

九四的上一爻是六三，六三是阴居阳位，六三爻的爻辞是“来兑，凶”。九四的下一爻是九五，九五爻的爻辞是“孚于剥，有厉”。从卦画上看，六三和九五相对。这就表明六三是一个没有诚意的和谈者，他将要到九五那里去游说，引诱九五犯罪。这就不难看出，九四心中不安宁是因为六三没有诚意，担心六三这种奸诈小人去蛊惑九五，给人民带来灾难。九四为了确保大家的真正的和悦，必须揭穿六三的丑恶面目，阻止他利用他的假仁假义去害更多的人。

引兑

“引兑”的大意是：引诱他人与之和悦。它为什么不下判语呢？

因为一个人去引诱别人与之和悦带来的结果是吉还是凶，还不能确定。如果被引诱的人能坚守正道，不被其迷惑，则双方都不会有过错。如果被引诱的人不但不被引诱，还能说服引诱的人，使他停止这种罪恶的行动，这是非常吉利的。如果双方一拍即合，同流合污，则是非常凶险的。暂且不说，他们的行为给人民所带来的灾难及事情败露后的悲哀。就是对他们自己而言，也不是一件好事：他们都能为名为利所动，说明他们不能坚守中正，他们像墙头的草，风吹两边倒。大家都知道，有东风就有西风，有南风就有北风，这是不可改变的自然现象，一个人有得势的时候也有失势的时候，这也是不可改变的客观规律。所以他们天天担心事情败露，为之没睡过一天安稳的觉。

从上述的分析，我们可以得到这样一个启示：我们一方面要抵制小人的引诱，另一方面也不能引诱别人犯罪。

【事例】

“孚于剥，有厉”暗示我们，一个人处于显要的位置上，更容易被小人剥落诚信，给自己带来灾难。所以，身居高位的人要提防小人剥落诚信，光武帝不信谣言安抚冯异，使冯异安心对敌，建功立业，进一步巩固了他的江山。

光武帝不信谣言安抚冯异

冯异是刘秀手下的一员猛将，自从他归顺刘秀以后，就屡立战功。

东汉建立后，建武二年（公元 26 年），冯异被派往关中地区，平定武装集团，并防御四川武装集团公孙述的侵犯。

这时有人上奏，说冯异在关中独断专行，斩杀长安令，位高权重，百姓归心，有“咸阳王”之称。刘秀便打算利用这个奏章消除冯异的疑虑，他便命人将此奏章带给冯异，并要他一个人观看。

冯异看到这个奏章，大惊失色，赶忙上书解释说：“臣下本为一介书生，因遇到天下混乱，才充数于行伍之中。蒙陛下恩宠获大将之位、通侯之爵，受任出征，以立微功。所有功劳的取得，都是陛下深谋远虑的结果，愚臣毫无功劳可言。我按照诏敕攻战，每战辄胜；若按私意决断，都不能成功。”

“当年兵革始起，天下扰攘，豪杰竞逐，迷惑千数，臣尚能托身圣明，不敢过差。更何况如今天下平定，尊卑有序，臣怎敢心生叵测呢？如今见到您让我看的奏章，深感战栗恐惧。又一想，明主知臣愚钝，所以敢上章自陈。”

刘秀见到冯异的奏章，马上回了一封敕书，态度十分明确，他说：

“将军和我的关系，义为君臣，恩犹父子。我对你何曾有嫌疑？你为何如此担忧？”

后来，刘秀又利用冯异回京朝见的机会，指着他对公卿大臣说：“这是我起兵时的主簿，曾为我披荆斩棘，浴血奋战，平定关中，他是我的忠臣良将。”接着，又赏给冯异许多珍宝、衣服和钱帛。

过了几天，刘秀仍命令他带着妻子，回到关中，镇守原地。

刘秀的这些举措，打消了冯异的疑虑。他安心回到关中，放开手脚，锐意进取，建功立业。

涣卦第五十九

【原文】

涣：亨，王假有庙。利涉大川。利贞。

《彖》曰：“涣，亨”，刚来而不穷，柔得位乎外而上同。“王假有庙”，王乃在中也。“利涉大川”，乘木有功也。

《象》曰：风行水上，“涣”。先王以享于帝，立庙。

【译文】

《涣卦》：亨通，君王亲临祠庙祭祀神灵以祈求保佑。有利于渡江过河。有利于去占卜。

《彖传》说：《涣卦》亨通，是因为阳刚之士居于阴柔中而不困穷，阴柔者

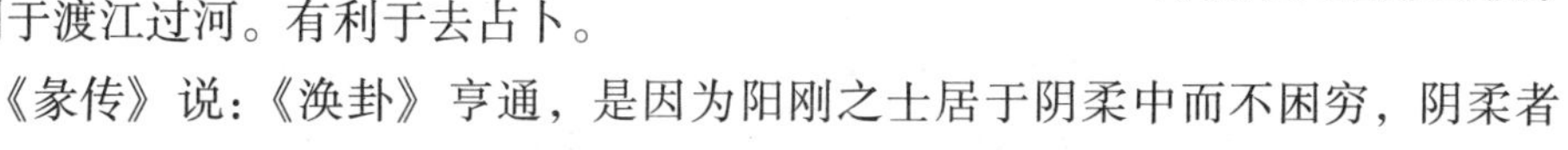

居于外而与阳刚者同心协力，共济大业。“君主到祠庙祭祀神灵，以祈求其保佑”，这表明君主能居中位而凝聚人心。“有利于涉过大川河流”，这说明涉难而常用涣道，就一定会成功。

《象传》说：《涣卦》是巽在上、坎在下，巽为风、坎为水，巽卦象表现为风行水上，所以把它叫作《涣卦》。先王为了凝聚人心便祭祀天帝，修建庙宇。

【启示】

《涣卦》告诉我们，处于涣散之时，要凝聚人心。

【原文】

初六：用拯马壮，吉。

《象》曰：初六之吉，顺也。

【译文】

初六：借助强健的马来涉难，吉利。

《象传》说：《涣卦》的初六爻位之所以获得吉祥，是因为它能顺承阳刚。

【启示】

这一爻告诉我们，处于涣散的阶段，如能借助外力来弥补力量的不足，也是吉利的。

【原文】

九二：涣奔其机，悔亡。

《象》曰：“涣奔其机”，得愿也。

【译文】

九二：处在涣散之时，找到像几案似的可安身立命的凭借，悔恨消失。

《象传》说：“处在涣散之时，找到像几案似的可安身立命的凭借”，愿望实现了。

【启示】

这一爻告诉我们，处于涣散之时，如能相互保全，就没有什么悔恨。

【原文】

六三：涣其躬，无悔。

《象》曰：“涣其躬”，志在外也。

【译文】

六三：涣散自身的不良习气，服从阳刚尊者，没有什么悔恨。

《象传》说：“涣散自身的不良习气，服从阳刚尊者”，说明此人志向远大。

【启示】

这一爻告诉我们，处在涣散之时，能以大局为重，自觉服从有领导才能的人的安排，这是明智之举。

【原文】

六四：涣其群，元吉；涣有丘，匪夷所思。

《象》曰："涣其群，元吉"，光大也。

【译文】

六四：涣散自己的小团体，十分吉利。涣散的人群聚集起来像小山，不是平常人所想到的。

《象传》说："涣散自己的小团体，十分吉利"，这是因为这是光明正大的举动，使好的品德得到发扬光大。

【启示】

这一爻告诉我们，要解除狭隘的团体思想。

【原文】

九五：涣汗其大号。涣，王居，无咎。

《象》曰："王居无咎"，正位也。

【译文】

九五：号令发出后，就像人散发出一身大汗一样，发出大汗便舒服。处在涣散之时，君王居正，没有什么灾祸。

《象传》说："君王居正，没有什么灾祸"，是因为九五爻居于正位，大家都愿意服从他的命令。

【启示】

这一爻告诉我们，处在涣散之时，如人心又能聚合，政令又能得到实行，这不会有什么灾祸。

【原文】

上九：涣其血，去逖出，无咎。

《象》曰："涣其血"，远害也。

【译文】

上九：涣散至极而四方聚合，忧患消除，远离惕惧，不会有什么灾祸。

《象传》说："涣散至极而四方聚合，忧患消除"，这是远离了祸害。

【启示】

这一爻告诉我们，如果能谦逊、宽容待人，就能使涣向聚转变，从而远离了

灾祸。

【疑难解析】

涣奔其机，悔亡

“涣奔其机，悔亡”的大意是：处在涣散之时，找到像几案似的可安身立命的凭借，悔恨消失。他的悔恨是什么？他为什么会悔恨消失？

因为处在涣散之时，如他没有找到相互依存的东西，就会孤立无援，处于危险之中，自然就后悔这个找的行动了。

此卦辞是属九二爻的。从卦画上看，九二为阳居阴位，居于下卦的中位，它的上一爻是初六，阴居阴位，它们形成了相承的关系。此时，我们不难看出，这个几案指的是初六。九二和初六可谓在涣散中相互保全：初六愿意承载九二，因为九二坐上去后，他便会更加稳当，而九二能居中而坐，他也坐得稳当。能相互保全，自然悔恨消失。

涣其血去逖出，无咎

“涣其血去逖出，无咎”的大意是：涣散至极而四方聚合，忧患消除，远离惕惧，不会有什么灾祸。大家都知道，事物要向其对立面转变，是有条件的，而此爻辞说“涣散至极而四方聚合”，这不违背了我们的哲学真理吗？

其实，只要我们看看卦画，就知道这句话是合情合理的。此爻辞是涣卦上九爻的爻辞，上九是阳居阴位，这就好比一个人在涣散的过程中，逐渐变得心胸开阔，把狭隘引起的忧愁和恐惧都给涣散出去了。而心胸开阔的人不计个人得失，一切以大局为重，处处知退让，从而赢得其他人的尊重，教化其他人，使分散的人民走向凝聚的团体。这不难看出，涣散向四方聚合转变的条件是心胸开阔。

所以说，我们处在涣散的逆境时，要心胸开阔。

【事例】

“涣汗其大号，涣王居，无咎”暗示我们，处在涣散之时，要凝聚人心。项梁项羽立怀王兴兵灭秦就说明了在涣散之时凝聚人心的重要性。

项梁项羽兴兵灭秦

公元前209年，当项梁、项羽部队进驻薛城不久，突然传来陈胜在陈县被秦将章邯打败，为车夫汪贾所杀的消息。项梁听说后，便召集部属商议应变之策。部将、谋士极力怂恿项梁自立为楚王，项梁一时拿不定主意。

这时，一位老人范增求见。项梁当即接见了范增，对他说："现在陈王已经去世，新王还没有确立。我们正在议论这件事，还没有拿定主意。你想必有高见，请谈谈你的看法吧。"

范增说："依我看，陈胜失败是必然的。请您想想，陈胜本来不是出身名门，声望不高，又无大才。虽首先起义抗秦，但据地称王，不立楚国后裔为王，终不得人心。您从江东起兵，渡江击秦，楚地将士之所以争相趋附，无非是因为上柱国家世为将，相信上柱国必定会拥立楚国王室的后裔，因而踊跃投靠，竭诚效力，以图恢复楚国。上柱国如能顺应民心，培植楚国后裔，楚地百姓自然会闻风而至，聚集于您，天下便一举可定了。"

项梁高兴地采纳了范增的建议，派人四处寻找楚国王室的后裔。后来寻找到一个名叫熊心的牧童，原是90年前客死于秦的楚怀王的孙子。于是项梁立即派部属将牧童迎到薛城，奉为楚怀王，定盱眙为国都，项梁则自称武信君。

之后，楚项部队迅速扩大到数十万。公元前208年，项梁死。公元前207年，项羽在巨鹿以破釜沉舟的决心与胆气，击溃秦军主力章邯40万，与刘邦等人共同推翻了秦王朝的暴虐统治。

节卦第六十

【原文】

节：亨，苦节不可，贞。

《彖》曰："节，亨"。刚柔分而刚得中。"苦节不可，贞"，其道穷也。说以行险，当位以节，中正以通。天地节而四时成。节以制度，不伤财，不害民。

《象》曰：泽上有水，节。君子以制数度，议德行。

【译文】

《节卦》：亨通。节制得太过分，不可以守持正固。

《彖传》说：节制就亨通。是因为刚柔有区分而阳刚居中。“节制得太过分，不可以守持正固”，说明节制到了极端，他的道路就会穷尽。心情喜悦就能振奋精神勇于赴险，处于适当的位置就要适当约束自己，把握好节制的度，这样就会畅通无阻。天地正是因为有节度才形成了一年四季，用制度来节制自己的行为，就能既不浪费资财，又不伤害民众。

《象传》说：《节卦》是坎在上、兑在下，坎为水、兑为泽。《节卦》的卦象为泽上有水之象，所以把它叫作《节卦》。君子制定典章制度和必要的礼仪法度、确立伦理道德的标准来规范人民的行为。

【启示】

《节卦》告诉我们，适当节制自己的行为，就会通达顺利。但过分的节制会适得其反。

【原文】

初九：不出户庭，无咎。

《象》曰：“不出户庭”，知通塞也。

【译文】

初九：节制慎守，足不出户，没有什么灾祸。

《象传》说：节制慎守，足不出户，说明知道该适时进退，能认清形势是通达还是受阻。

【启示】

这一爻告诉我们，节制适度，没有什么灾祸。

【原文】

九二：不出门庭，凶。

《象》曰：“不出门庭，凶”，失时极也。

【译文】

九二：拘于节制，足不出户，会有凶险。

《象传》说：“拘于节制，足不出户，会有凶险”，是因为失去了适中的时机。

【启示】

这一爻告诉我们，一个人过分节制，就有凶险的。

【原文】

六三：不节若，则嗟若，无咎。

《象》曰：“不节之嗟”，又谁咎也！

【译文】

六三：不能节制，于是嗟叹自悔，没有殃咎。

《象传》说："不能节制而嗟叹自悔"，这是谁的过错呢？

【启示】

这一爻暗示我们，因不能节制而嗟叹自悔，能避免以后不再发生类似的错误。

【原文】

六四：安节，亨。

《象》曰："安节之亨"，承上道也。

【译文】

六四：安然实行节制，亨通。

《象传》说："安然实行节制的亨通"，说明顺从尊上之道。

【启示】

这一爻告诉我们，应安守正道，顺其自然地节制。

【原文】

九五：甘节，吉。往有尚。

《象》曰："甘节之吉"，居位中也。

【译文】

九五：平和地节制，吉祥。采取这种节制手段，会使人自愿接受。

《象传》说："平和地节制的吉祥"，是指节制适中。

【启示】

这一爻进一步强调，节制要适度。

【原文】

上六：苦节，贞凶，悔亡。

《象》曰："苦节，贞凶"，其道穷也。

【译文】

上六：过分节制，卜问得凶兆，悔恨消失。

《象传》说："过分节制，卜问得凶兆"，他的道路穷尽了。

【启示】

这一爻暗示我们，一个人为了有益于社会而过分节制，是有可取之处的。

【疑难解析】

苦节，贞凶，悔亡

"苦节，贞凶，悔亡"的大意是：过分节制，卜问得凶兆，悔恨消失。此爻

辞的判语不是互相矛盾了吗？

其实，它们并不互相矛盾。此爻辞是节卦上六爻的爻辞。从卦画上看，上六为阴居阴位，为正当的居位，这就表示上六的过分节制不是为了私人利益，而是为了公众的利益，也许人民起初不理解他的行为，但没有不透风的墙，人民最终会知道事实的真相，因而尊重他，悔恨自然消失。

从另一方面看，他过分地节制，给他自己带来了伤害：

一、外来的伤害。在人民还不知道他的真实意图时，会误解他，甚至因误解而采取对他不利的行为。

二、自制的伤害。他过分地节制自己，抑制自己的适当欲望，过着苦行僧似的生活，势必会损害自己的身体。对他自己的事业是有伤害的。

【事例】

“不出户庭，无咎”暗示我们，要适当节制自己。成吉思汗善于控制自己的怒火，取得了伟大的成就。

成吉思汗斩鹰悟道成大业

成吉思汗取得了伟大的成就，与他善于制怒有关；而他之所以善于制怒，则与他的一段传奇经历有关。

有一次，成吉思汗带人去打猎。他们一大早便出发，可到了中午仍没有收获，只好返回帐篷。成吉思汗不甘心，便独自一人走回山上。

烈日当空之下，他沿着羊肠小径向山上走去，不久，他来到了一个山谷，见有细水从上面一滴一滴地流下来。成吉思汗非常高兴，就取出水袋，耐着性子去接一滴一滴流下来的水。

当水接到七八分满时，他高兴地把水袋拿到嘴边，想把水喝下去。就在这时，一股疾风猛然把水袋从他手里打了下来，将水弄洒了。成吉思汗又急又怒，抬头一看，原来是自己的爱鹰捣的鬼。他非常生气，却又无可奈何，只好拿起水袋重新接。

当水再次接到七八分满时，又有一股疾风把水袋弄翻了，原来又是他的鹰。成吉思汗非常愤怒，于是，他一声不响地拾起水袋，再从头接着一滴滴的水。当水接到七八分满时，他悄悄取出尖刀，拿在手中，然后把水袋慢慢地移近嘴边。老鹰再次向他飞来，成吉思汗迅速拿出尖刀，把鹰杀死了。

由于他的注意力过分集中，在杀老鹰时，疏忽了手中的水袋，水袋掉进了山谷里。成吉思汗无法再接水喝了。不过他想到既然有水从山上滴下来，那么上面也许有蓄水的地方，很可能是湖泊或山泉。于是他忍住口渴的煎熬，拼尽气力向上爬。终于攀上了山顶，发现果然有一个蓄水的池塘。

成吉思汗兴奋极了。立即弯下身子想要喝个饱。忽然，他看见池边有一条大毒蛇的尸体，这时才恍然大悟："原来飞鹰救了我一命，正因它刚才屡屡打翻我水袋里的水，才使我没有喝下被毒蛇污染了的水。"

成吉思汗明白自己做错了。他带着自责的心情、忍着口渴返回了帐篷。他对自己说："从今以后，我绝不在生气的时候做决定！"这使成吉思汗避免了很多错事，给他的雄图霸业带来了莫大的帮助。

中孚卦第六十一

【原文】

中孚：豚鱼吉。利涉大川，利贞。

《彖》曰："中孚"，柔在内而刚得中；说而巽，孚乃化邦也。"豚鱼吉"，信及豚鱼也。"利涉大川"，乘木舟虚也。中孚以"利贞"，乃应乎天也。

《象》曰：泽上有风，中孚。君子以议狱缓死。

【译文】

《中孚卦》：用诚信能感化猪和鱼，是吉祥的。有利于渡过大江，有利于去占卜。

《彖传》说：《中孚卦》，就是阴柔在内能谦虚诚恳，刚健居外能忠实有信，诚而有信，和悦而谦逊，可以教化全国。"用诚信能感化猪和鱼，是吉祥的"，是说诚信已施及猪、鱼这样微不足道的动物。"利于涉越大川大河"，是说就像怀着一颗诚挚的心去涉险渡难，畅通无阻。具有一颗诚实的心"利于去卜问"，这是因为顺应了自然规律。

《象传》说：《中孚卦》巽在上、兑在下，巽为风、兑为泽。《中孚卦》的卦象表现为泽上有风，风吹动着泽水之表象，所以把它叫作《中孚卦》。君子应用诚信来评议决断案件，为了不至于造成错案、冤案，必须认真审核。

【启示】

《中孚卦》告诉我们，诚信能感动一切。只要有了它，什么样的困难都能克服。

【原文】

初九：虞吉。有它不燕。

《象》曰：初九"虞吉"，志未变也。

【译文】

初九：安守诚信可获吉祥。别有他求，就会不得安宁。

《象传》说：《中孚卦》的初九爻位"安守诚信可获吉祥"，是因为别无他求的心志未变。

【启示】

这一爻告诉我们，应安守诚信。

【原文】

九二：鸣鹤在阴，其子和之。我有好爵，吾与尔靡之。

《象》曰："其子和之"，中心愿也。

【译文】

九二：鹤在山的背面鸣叫，它的同类在很远的地方应和。我有甘甜的美酒，愿与你一同分享。

《象传》说："它的同类在很远的地方应和"，是发自内心的意愿。

【启示】

这一爻告诉我们，言行一致就能得到别人的信任。

【原文】

六三：得敌，或鼓或罢，或泣或歌。

《象》曰："或鼓或罢"，位不当也。

【译文】

六三：面对强大的敌人，或乘胜追击，或精神萎靡而休息片刻；或失败而泣，或放声高歌。

《象传》说："或乘胜追击，或精神萎靡而休息片刻"，是因为居位不正。

【启示】

这一爻告诉我们，如果没有诚信，人的言行就经常变动，就像没有舵手的船，漂浮不定，往往是凶多吉少。

【原文】

六四：月几望，马匹亡，无咎。

《象》曰："马匹亡"，绝类上也。

【译文】

六四：月亮快圆的时候，马忽然失踪了，没有大的灾祸。

《象传》说："马匹丢了"，就说明六四与同类六三决裂，上承九五。

【启示】

这一爻告诉我们，应与有诚信的至尊者结交。

【原文】

九五：有孚挛如，无咎。

《象》曰："有孚挛如"，位正当也。

【译文】

九五：有诚信使大家紧密团结在一起，没有灾祸。

《象传》说："有诚信，大家心心相印"，这是因为居于正位。

【启示】

这一爻告诉我们，有诚信能使大家紧密团结在一起，共同对付困难，自然没有什么灾祸。

【原文】

上九：翰音登于天，贞凶。

《象》曰："翰音登于天"，何可长也！

【译文】

上九：飞鸟的鸣叫声到天上去了，去占卜得凶兆。

《象传》说："飞鸟的鸣叫声到天上去了"，这种虚声能保持多久呢？

【启示】

这一爻告诉我们，只说空话，不讲实际行动的人，是不会有好的结果的。

【疑难解析】

得敌，或鼓或罢，或泣或歌

"得敌，或鼓或罢，或泣或歌"的大意是：面对强大的敌人，或乘胜追击，或精神萎靡而休息片刻，或失败而泣，或放声高歌。为什么会出现这一系列的"或……"？

"得敌，或鼓或罢，或泣或歌"是六三爻的爻辞。从卦画上讲，六三是阴居阳位。这就表明他内在阴柔，但刚强好胜，于是"或鼓"。但由于自身力量并不是太强大，而敌人的力量非常强大，一时难以取胜，便打了退堂鼓，于是"或罢"。没有取胜而退，担心敌兵追来，被杀得片甲不留，于是"或泣"。一时还不见敌兵追来，于是"或歌"。

从以上所述，我们不难看出，六三的言行严重受到外界的影响，经常变动，内心没有诚信，就像没有舵手的船。没有舵手的船能到达目的地吗？机会太少。所以说，六三是凶多吉少。

月几望，马匹亡，无咎

“月几望，马匹亡，无咎”的大意是：月亮快圆的时候，马忽然失踪了，没有大的灾祸。一般说来，马突然失踪，并不是件好事，而它的判语却是“无咎”，这是为什么呢？

“月几望，马匹亡，无咎”是六四爻的爻辞。从卦画上看，六四是阴居阴位，它的上一爻是六三，六三为阴居阳位，它的下一爻是九五，九五是阳居阳位。这就表明，“马匹亡”在这里指的是六四失去了六三这样一个好朋友。

再结合六三爻和九五爻的爻辞，就不难看出，六三是个没有诚信的人，言行无常，九五是个有诚信的至尊者，他因诚信而团结了一大批人在身边。尽管六三和六四都是阴爻，属于同类，是好朋友，六四要与有诚信的九五相交，果断与六三决裂，这当然没什么灾祸。

其次，从六四这样做的结果来看，这也是明智之举。因为六三没有诚信，言行经常改变，他随时都可能因利益关系跟六四分开（自古以来，没有诚信的人都不会从一而终，他们与别人的分合都以利益为标准）。而九五就不一样了，他有诚信，能诚恳待人，而且身边还团结了一批人，如与他相交，就等于投入一个有实力的团体，这个团体自然能救他于危急中。

所以说，要与有诚信的至尊者结交。

【事例】

“鸣鹤在阴，其子和之。我有好爵，吾与尔靡之”暗示我们，言行要一致，要守信用。范式因为“一诺千金”而名垂史册，传为佳话。

遵守诺言　名声传千古

东汉时期，范式和张劭同在京城洛阳求学，两人同窗三年，成为亲密无间的好朋友。学业结束后，两人都要回到自己的故乡。张劭远在汝南郡，而范式所在的山阳郡却和他相距千里。分别的日子到了，不知道以后还能不能见面，两人都依依不舍。张劭站在路口，望着长空的大雁，伤感地说：“今日一别，不知何日再相见？”说完就再也说不出话来。范式忍着心中的伤感，劝慰张劭说：“仁兄，不要过于悲伤！两年后的秋天，我一定去你家拜访，看望你的父母和家人，到那个时候我们就能见面了！”

张劭听后，点点头："到时候你一定要来，我们一言为定!"

落叶纷飞，秋风瑟瑟，菊花在篱笆旁怒放，时间过得飞快，已是两年后的秋天。张劭这天心事重重，老母亲问他是不是有什么事情。他向母亲讲述了他和好友的约定。突然天空中传来一声熟悉的雁叫，张劭触景生情，不由说道："范式就要来了!"然后，转身对母亲说："范式就要来了！我们准备准备吧。"

母亲心疼地看着儿子，温和地说："孩子，你别傻了！他和我们相距这么远，怎么能说来就来呢?"

"您不知道，"张劭打断母亲的话，"范式为人正直，他向来信守诺言！他只要答应过就会来的，我相信他一定会来的!"

母亲看着儿子认真的表情，不忍心再说些让儿子灰心丧气的话，于是宽慰儿子说："好吧，那我就赶快去煮些热酒!"老人哪会相信呢，时隔两年，说不定别人早就忘得一干二净了。只有自己的儿子还眼巴巴地望着远处，从早上一直等到傍晚，却连范式的影子都没看见。

夜幕渐渐降临，远处出现一个黑影，门边的狗开始狂吠，范式风尘仆仆地出现在门口。故友重逢，两人欣喜无比。

老母亲觉得太不可思议了，也在一旁跟着儿子激动得抹眼泪，说："你能结识这么一个讲信用的朋友，是你三生有幸啊!"

张劭说："范式从来都不会轻率许诺，也不会言过其实。他是一言既出驷马难追的君子，这也是为什么我如此相信他的原因!"范式恪守诺言的故事就此传开。

小过卦第六十二

【原文】

小过：亨，利贞。可小事，不可大事。飞鸟遗之音，不宜上，宜下，大吉。

《彖》曰：小过，小者过而亨也。过以"利贞"，与时行也。柔得中，是以"小事"吉也。刚失位而不中，是以不可大事也。有飞鸟之象焉。"飞鸟遗之音，不宜上，宜下，大吉"，上逆而下顺也。

《象》曰：山上有雷，小过。君子以行过乎恭，丧过乎哀，用过乎俭。

【译文】

《小过卦》：亨通，有利于去占卜。但只适于卜问小事，不适用于卜问大事。飞鸟留下悲鸣之音，告诫人们：不应再向上飞，而应该向下飞，这么做就会大吉大利。

《彖传》说：小过是指阳刚之气稍微过盛而引起的动荡，关系不大，仍能亨通。在小的动荡中犯小的错误，有利于去占卜，是因为它能使你适时进退、畅行无阻。柔得中正之道，因此适宜做小事。阳刚失去中正之位而不能守持中道，因此不利于涉足天下大事。此卦有飞鸟之象："飞鸟留下悲鸣的声音，告诫人们：不应再向上飞，而应该向下飞，这么做就会大吉大利"，是说向上飞，违背天理，埋头去干一些寻常小事则会平安顺达。

《象传》说：《小过卦》的卦象为山上响雷之象，雷声超过了寻常的雷鸣，所以把它叫作《小过卦》。君子行事不要太谨慎，居丧不敢过度悲哀，吃穿用度不能太节俭，唯适中而已。

【启示】

《小过卦》告诉我们，处在小的动荡中，不能有过分大的行动。

【原文】

初六：飞鸟以凶。

《象》曰："飞鸟以凶"，不可如何也。

【译文】

初六：飞鸟飞到一定的高度，继续往上飞将会出现凶险。

《象传》说："飞鸟飞到一定的高度，继续往上飞将会出现凶险"，不可以这么做。

【启示】

这一爻告诉我们，在小的动荡中，不能有太过分的行动。

【原文】

六二：过其祖，遇其妣；不及其君，遇其臣，无咎。

《象》曰："不及其君"，臣不可过也。

【译文】

六二：超过祖父，遇到他的祖母；没有赶上国君，国君遇到他请他做他的辅臣，一定没有灾祸。

《象传》说："不能超越国君"，因为作为臣子是不能超越国君的。

【启示】

这一爻告诉我们，在小的动荡中，一个人要适当展示自己的才能，但不能表现得比自己的上司优秀。

【原文】

九三：弗过防之，从或戕之，凶。

《象》曰："从或戕之"，凶如何也！

【译文】

九三：不要过分刚强，要防止因过分刚强而做出太过的行为，放纵自己或许会被人杀害，凶险。

《象传》说："放纵自己或许会被人杀害"，是多么凶险呀！

【启示】

这一爻告诉我们，在小的动荡中，更不能有太过的行为。

【原文】

九四：无咎，弗过遇之。往厉必戒。勿用，永贞。

《象》曰："弗过遇之"，位不当也。"往厉必戒"，终不可长也。

【译文】

九四：没什么过错，不过分刚强，就能随缘遇合。如果前往冒险，则必须马上对他提出警告，制止他那种行为，但不能永久这样守持正固。

《象传》说："没什么过错，不过分刚强，就能随缘遇合"，因为九四爻以刚居柔位，位置不正。前去冒险，必须加以警告，因为规律存在的条件是变化的。

【启示】

这一爻暗示我们，事情是变化的，我们要根据变化的时势来定行动的标准。

【原文】

六五：密云不雨，自我西郊。公弋取彼在穴。

《象》曰："密云不雨"，已上也。

【译文】

六五：在我西郊的上空，乌云密布，大雨还未下来。我要射取的鸟在洞穴中。

《象传》说："乌云密布，大雨还未下来"，是因为六五这一阴在九四的阳之上。

【启示】

这一爻告诉我们，过于强求不足以成大事。

【原文】

上六：弗遇过之，飞鸟离之，凶，是谓灾眚。

《象》曰："弗遇过之"，已亢也。

【译文】

上六：没有随缘而遇合，去拜访他人，就好比飞鸟自投罗网，凶险，这叫作灾难。

《象传》说："没有随缘而遇合，去拜访他人"，已经走上极端了。

【启示】

这一爻告诉我们，在小的动荡中，如想采取过分的行动，无疑是飞蛾扑火。

【疑难解析】

过其祖，遇其妣；不及其君，遇其臣，无咎

"过其祖，遇其妣；不及其君，遇其臣，无咎"的大意是：超过祖父，遇到他的祖母；没有赶上国君，国君遇到他请他做他的辅臣，一定没有灾祸。这暗示我们，在小的动荡年代（一个国家或一个企业的管理机制及运行模式已成熟，作为领导者，只需按章办事，就能有所作为，不过，在运行的过程中，难免出现一些小的错误，从而引起小的震荡，我们把处于这样的小的震荡中的时期叫小的动荡年代），要适当展示自己的卓越的才能，但不能表现得比自己的上司还优秀。一般来说，表现得越优秀越好，而这里为什么说要适当展示自己的才华呢？这是因为：

一、与动荡年代相应的职位相比，小的动荡年代中的每一个职位对人的要求要低些。因为在小的动荡年代只需按章办事，而处在大的动荡年代，无章可循，需要创新，才能稳步前进。

二、一般来说，上司喜欢有才华的人，但是如超过了他的才华，他就会有危机感，甚至因嫉妒、猜疑而除掉他。因为人民可能会因他有才能而赞美他，并且他的美誉可能会超出他的上司，毕竟人民只认才，不认人。此时，他的上司自然就感觉压力太大，心里十分紧张，而一个人在精神紧张时，往往多疑，于是，稍有风吹草动，他就会因错误的猜想而采取过分的行动。

三、在小的动荡年代，如才华高过上司，更容易遭小人暗算。因为在小的动荡年代，人民较安居乐业，一方面产生的剩余产品也相对较多，另一方面领导者往往容易忽视小问题，这使小人的生存空间更广，而且也因无偿占有别人的剩余产品而有了闲工夫。再说，对小人来说，他的上司因他的才华出众而恐慌，这无疑是个好机会。小人如趁机与他的上司联合，这无疑对他是一个莫大的威胁；如不联合，从中挑唆，对他来说，也不可小觑其杀伤力。

所以说，在小的动荡年代，要适当展示自己的才华。

【事例】

“弗过防之。从或戕之，凶”暗示我们，在小的动荡中，尤其不能采取太过的行为。雍正鉴于自己的统治期间属和平年代，在整顿吏治时，没有大开杀戒，而是采取杀一儆百的方法，这样既使国家政治清明，又没因此引起混乱。

雍正帝藏匾训臣整顿吏治

康熙和乾隆掌政时期，国家呈现出太平盛世的局面。康熙时期的繁荣得益于康熙治理天下有方，然而康熙晚期，国家却一直走下坡路。一方面是他晚年多病，不能勤政；另一方面是确立皇储的问题搅得朝中一片混乱。因此，在他统治晚年，朝中官员渐渐疏于政治，因循敷衍、懒散拖沓、贪污行贿把官场弄得乌烟瘴气，一直蔓延到雍正初年。

雍正登基后，决心全面整顿，改变朝廷大臣玩忽职守的态度和消极懒散的作风。他清楚这种作风已经有很长时间了，彻底废掉不是轻而易举的事情。但如果对他们仅仅宣传一些大道理，恐怕收不到较好的效果。

雍正想来想去，觉得不如来个杀鸡给猴看，说不定能产生大的影响，震住其他大臣。但是，到哪儿去找这只“鸡”呢？不久，雍正就找到了突破口。

一天，雍正让手下趁别人不注意时，把刑部大门上的匾额拿回来，藏在屏风后面。然后雍正耐心地等待，看看刑部有什么反应。

一天过去了，刑部没有什么异常。

两天过去了，刑部依然像什么事都没有发生一样。

第七天，雍正再也沉不住气了。他命令召见刑部主管官员。一见面，他突然问：“你们主管衙门外的大匾额还在吗？”

官员不知雍正有何用意，毕恭毕敬地回答说：“在！”

可是当他们抬头看皇上时，只见雍正脸色阴沉，不知自己说错了什么，慌忙补充说：“应该在吧！”说罢，不敢言语。

雍正向近旁的侍从招招手，两个内侍便把刑部大门外的匾额从屏风后抬出来。刑部主管官员一看，吓得直哆嗦，一时不明白究竟怎么回事。

雍正指着放在大殿中央的匾，厉声说道：“这块匾额已经放在这里七天了，可你们却没有任何人发现！这么大的缺陷你们居然都没有注意到，不知你们平日会疏忽多少事务！堂堂一部之首尚且玩忽职守到如此地步，又怎么能以身作则，教导下面的人勤于公务呢?”

雍正大发脾气，刑部主管吓得双腿发软，连连叩头，俯首请罪。他在皇上面前立下誓言，决心痛改前非，整顿吏治，提高效率。

自从这件事传开后，朝廷六部拖拖拉拉的办事作风很快就有了改变。

既济卦第六十三

既济卦

䷾

坎上

离下

【原文】

既济：亨小，利贞。初吉终乱。

《彖》曰：“既济，亨”，小者亨也。“利贞”，刚柔正而位当也。“初吉”，柔得中也。“终止则乱”，其道穷也。

《象》曰：水在火上，既济。君子以思患而豫防之。

【译文】

《既济卦》：亨通，稍稍利于卜问。起初吉利，最终会发生危乱。

《彖传》说：《既济卦》，亨通，意思是小事亨通。“有利于去卜问”，是因为刚柔皆居正位。“起初吉利”，说明弱者居于中位不偏倚。“最终会发生危乱”，说明事物发展到了极限，就可能走下坡路。

《象传》说：《既济卦》是坎在上、离在下，坎为水、离为火，卦象为水在火上之表象。水上火下，水浇火熄，所以把它叫作《既济卦》。君子观此卦象，就该深谋远虑，事成之后，就要考虑将来可能出现的祸患而采取预防措施。

【启示】

《既济卦》告诉我们，在成功之后，为防止最终发生危乱，更要谨慎行事。

【原文】

初九：曳其轮，濡其尾，无咎。

《象》曰："曳其轮"，义无咎也。

【译文】

初九：把车轮往后拖曳，打湿小狐狸的尾巴，没有灾祸。

《象传》说：把车轮往后拖曳，从符合谨慎守成的道义来说，没有灾祸。

【启示】

这一爻告诉我们，应谨慎守成。

【原文】

六二：妇丧其茀，勿逐，七日得。

《象》曰："七日得"，以中道也。

【译文】

六二：妇人丢了车幔，不用寻找，七天可失而复得。

《象传》说："七天可失而复得"，说明此时正处于中位，坚守中正之道。

【启示】

这一爻告诉我们，要想进一步取得成功，要随其缘，因为欲速则不达。

【原文】

九三：高宗伐鬼方，三年克之。小人勿用。

《象》曰："三年克之"，惫也。

【译文】

九三：殷高宗征伐鬼方国，经过多年的征战才获得胜利。焦躁激进的小人不可以任用。

《象传》说："经过多年的征战才获得胜利"，说明将士已经精疲力竭了。

【启示】

这一爻告诉我们，在经过千辛万苦获得胜利后，不能重用小人。

【原文】

六四：繻有衣袽，终日戒。

《象》曰："终日戒"，有所疑也。

【译文】

六四：华丽的衣服总要变旧变破，所以在成功之后要时时刻刻保持警惕，以防止发生灾祸。

《象传》说："时时刻刻保持戒备，以防止灾祸的发生"，说明此时心中有所

疑惧。

【启示】

这一爻告诉我们，在成功之后，更要保持警惕性。

【原文】

九五：东邻杀牛，不如西邻之禴祭，实受其福。

《象》曰："东邻杀牛"，不如西邻之时也。"实受其福"，吉大来也。

【译文】

九五：东边的邻居杀牛进行祭祀，不如西边邻居举行简单、朴素的祭祀，更能切实地得到神灵的福泽。

《象传》说："东边的邻居杀牛进行祭祀"，还不如西边邻居抓住时机举行虔诚、简单的祭祀，"更能切实地得到神灵的福泽"，吉祥福分将接踵而至。

【启示】

这一爻暗示我们，在成功之后，不能贸然进行大的举措，应等待时机。

【原文】

上六：濡其首，厉。

《象》曰："濡其首"，何可久也？

【译文】

上六：涉水过河沾湿了头，有危险。

《象传》说："涉水过河沾湿了头"，怎么可以长久呢？

【启示】

这一爻告诉我们，如果在成功之后，过于保守，也会遭遇危险。

【疑难解析】

"曳其轮，濡其尾，无咎"和"濡其首，厉"

"曳其轮，濡其尾，无咎"是既济卦初九爻的爻辞。初九为阳居阳位。它的大意是：把车轮往后拖曳，打湿小狐狸的尾巴，没有灾祸。这就暗示我们，一个人在成功之后，应谨慎守成。

大家都知道，一个人要想成功，必须同时具备天时、地利、人和三大条件。而一个人在成功之后，往往不具备天时。因为促使一个人成功的机会不是时时刻刻都有的，特别是在上天刚赐给他一个好机会后，上天一般不会迅速地又赐给他一个好机会。另外，人和的条件也不成熟。一方面上一次的有功之臣都沉浸在成功的喜悦中，他们都想停下来分享成果；另一方面人们一般都嫉妒成功的人，都想把成功的人拉下马，跟自己一起在地上行走。为了达到目的，人们往往制造假机遇，等他往陷阱里跳。暂且不说地利的条件怎么样，三个必备的条件，就有两个不成熟，可见，一个人在成功之后，冒进是不对的。

相反，如果在成功之后，谨慎守成，则是有利的。因为谨慎守成能防止使一个人从成功的宝座上跌倒的两大弊端：一是分配不均，奖罚不分明。因为谨慎行事，就会仔细权衡各种分配方案、奖罚措施，从而选取让大多数人满意的方案。二是用人不当。因为谨慎守成的人，他往往尊重事实，不妄下结论，于是他挑选的人都是禁得住考验的。

这里的谨慎守成是不是指停止不前呀？

“濡其首，厉”的大意是：河水浸湿了小狐狸的头，有危险。大家都知道，河水浸湿了小狐狸的头，小狐狸是不能行进的，而且还有生命危险。这就暗示我们，一个人过于保守，最终也会走上毁灭。因为事物是发展的，是变化的，而他停止不前，自然会被时代进步的浪潮所淹没。所以说，谨慎守成不是指停止不前，而是指在成功的基础上积蓄新的力量，以求下一次质的飞跃。

【事例】

“高宗伐鬼方，三年克之。小人勿用”暗示我们，成功之后，不能重用小人，要重用有才德的人。汉武帝深知这个道理，不拘成规，重用有才德的人，使汉朝走上了兴盛。

汉武帝打破传统重用金日

汉朝经过文景之治后，到汉武帝时，达到汉朝最巅峰的时期。

汉武盛世，人才辈出，有两个人格外引人注目，一个是大将军卫青，另一个是奴仆出身的托孤大臣金日。

金日字翁权，原是匈奴休屠王太子。武帝元狩年间，休屠王和昆邪王密谋降汉，可休屠王在降汉前突然反悔，把事情泄露给匈奴首领。昆邪王一怒之下杀掉休屠王，押着休屠王的家眷投降汉朝。金日与其母、弟都投入官府为奴婢，他本人被送往黄门养马，当时才 14 岁。

作为休屠王的太子，金日度过了屈辱、痛苦的岁月，但他并没有一蹶不振，而是从养马中寻求解脱。由于他从小与马打交道，又尽心尽力，所养马匹都膘肥体壮，精神抖擞。

一天，汉武帝游宴苑囿，巡视马匹，随从的有大批官员和后宫妃嫔。马夫牵着所养马匹从殿下走过，这些人都偷偷地觑看皇帝和后妃风姿，只有金日目不斜视，一脸正气。再加上他容貌魁伟，所养马匹肥壮，武帝十分满意，就让担任侍中驸马都尉的官职。

金日由一个奴仆到皇帝的亲近侍臣，从来未有过过失，武帝对他甚是信爱，不断赏赐，出则骖乘，入侍左右。一些达官贵戚对他非常嫉恨，污蔑他只是一个胡狗，却被皇帝看成人。武帝知道以后，对金日更加器重。

金日对武帝忠诚，处事则周密谨慎。日的两个儿子，是武帝的弄儿，经常与武帝嬉戏。后来弄儿长大，在殿下与宫人戏，正好被日看见，日厌恶他淫乱，当场将他杀死。武帝知道后大怒，日连连叩头，将事实经过奏报，武帝内心对日更是敬佩。

金日在武帝左右数十年，目不忤视；武帝赐给他宫女，他都不敢近身；武帝想把他的女儿纳入后宫，日也不同意。这些都使武帝特别赏识他。金日的母亲阏氏病故，武帝将她的肖像置于甘泉宫，图上标明“休屠王阏氏”，以示尊重。此外，金日的“金”姓，也是武帝赐予的。

汉武帝重用金日，并非仅仅出于招徕少数民族的需要，而是赏识和器重金日的德操和才能，他知道金日持重可靠，能托付大事。

武帝末年，统治集团内部矛盾错综复杂，近臣莽何罗兄弟蓄意谋反，日察觉他行为反常，昼夜提防。一天，莽何罗手持利刃想谋刺汉武帝，幸亏被日及时发觉，武帝才幸免于难。

武帝临终前，仓促立8岁的刘弗陵为太子，命令霍光辅佐少主。霍光推让，推荐金日。日则认为自己是外族人，坚决不肯接受。武帝便任霍光为大司马大将军，金日为车骑将军，与上官桀、桑弘羊等人一起受遗诏辅佐太子。同时，武帝遗诏封日为侯，日却没有接受封号。

未济卦第六十四

未济卦

离上

坎下

【原文】

未济：亨。小狐汔济，濡其尾。无攸利。

《彖》曰：“未济，亨”，柔得中也。“小狐汔济”，未出中也。“濡其尾，无攸利”，不续终也。虽不当位，刚柔应也。

《象》曰：火在水上，未济。君子以慎辨物居方。

【译文】

《未济卦》：亨通。小狐狸眼看就渡过河了，却沾湿了尾巴。没有什么利益。

《彖传》说：《未济卦》，亨通，因为柔弱者能坚守中正。“小狐狸眼看就渡过河了，”但还在水里，未脱离危险。“小狐狸的尾巴被河水浸湿了。没有什么利益”，说明促使事物成功的努力不能持续下去。《未济卦》的全部爻位都不正当，但阳刚阴柔却能相应，则还是能够成功的。

《象传》说：《未济卦》，是离在上、坎在下，离为火、坎为水。卦象为火在水上之表象，火在水上，水未能扑灭火，所以把它叫作《未济卦》。君子有鉴于此，要谨慎辨别事物的本质，使万物各得其位。

【启示】

《未济卦》告诉我们，在事业还未成功时，不可冒进。

【原文】

初六：濡其尾，吝。

《象》曰：“濡其尾”，亦不知极也。

【译文】

初六：小狐狸过河时尾巴被水沾湿了，会有遗憾。

《象传》说：小狐狸过河时尾巴被水浸湿了，也不知道结果如何。

【启示】

这一爻告诉我们，在条件还不成熟时，如贪功冒进，就会陷入危险中。

【原文】

九二：曳其轮，贞吉。

《象》曰：九二贞吉，中以行正也。

【译文】

九二：拖着车轮倒着走，去占卜获得吉利的预兆。

《象传》说：九二爻辞讲之所以可获吉祥，是因为九二阳爻处于下卦中位，坚守正道。

【启示】

这一爻告诉我们，坚守中正，不做无谓的冒险。

【原文】

六三：未济，征凶，利涉大川。

《象》曰：“未济，征凶”，位不当也。

【译文】

六三：渡不了河，出征有风险，有利于涉水渡河。

《象传》说：“渡不了河，出征不利”，说明此时的处位不当。

【启示】

这一爻告诉我们，在自己已积累了一定的力量时，要敢于冒险。

【原文】

九四：贞吉，悔亡。震用伐鬼方，三年有赏于大国。

《象》曰："贞吉，悔亡"，志行也。

【译文】

九四：去占卜得到吉利的预兆。悔恨消失。经过多年的激烈战斗，即将胜利，用雷霆之师去攻打鬼方国，被封赏为大国的诸侯。

《象传》说："卜问吉祥，悔恨消失"，说明自己的意愿得以实现。

【启示】

这一爻告诉我们，在即将胜利时，更要一鼓作气。

【原文】

六五：贞吉，无悔。君子之光，有孚吉。

《象》曰："君子之光"，其晖吉也。

【译文】

六五：去占卜得到吉利的预兆，没有悔恨。君子获得荣光，并且有诚信，吉利。

《象传》说："君子获得殊荣"，光芒四射，带动老百姓去干大事，自然吉利。

【启示】

这一爻告诉我们，在即将成功时，更要有诚信。

【原文】

上九：有孚于饮酒，无咎。濡其首，有孚失是。

《象》曰："饮酒濡首"，亦不知节也。

【译文】

上九：信任别人，安闲饮酒，没有什么灾祸。饮酒逸乐如小狐狸的头被沾湿了，那是过分相信别人，将失去正道。

《象传》说："饮酒逸乐而被酒淋湿了头"，这是不知节制的结果。

【启示】

这一爻告诉我们，要想从未济转变到既济，不能用静止的眼光看问题，因为这样会造成过分相信别人，从而失去正道。

【疑难解析】

濡其尾，吝

初看起来，未济卦的"濡其尾，吝"与既济卦"曳其轮，濡其尾，无咎"

似乎相矛盾。但细细思考一下，它们一点也不矛盾。

“濡其尾”的大意是：小狐狸渡河时，尾巴被沾湿了。而尾巴被沾湿了，就不利于行进。所以，在既济卦中，它的象征意义是：在成功后，不妄动，谨慎守成。在未济卦中，它的象征意义是：未成功，但因受挫而难以继续行进。很显然，成功后，能谨慎守成，是不会有灾害的；未成功，就难以行进，容易遭遇灾害。再说，未济卦的“濡其尾，吝”是初六爻的爻辞，而初六是阴居阳位，这就意味着此时的小狐狸尾巴被沾湿是因为它在自己力量不足时，急功冒进。

有孚于饮酒，无咎。濡其首，有孚失是

“有孚于饮酒，无咎”的大意是：信任别人，安闲饮酒，没有什么灾祸。这就表明一个人十分信任别人，放手让别人为自己办事。这样做是明智的做法吗？

古人说：“用者不疑，疑者不用。”这也告诉我们，不要胡乱猜疑别人。而且，胡乱猜疑别人很可能引起两种结果：一种是别人因他的胡乱猜疑而不能安心为他做事，不能充分发挥自己的才能。因为人一旦遭猜疑，可能就害怕自己的举动引起更多的误解，因此不敢放开手脚干事。另一种是别人因他的猜疑走向与之相对立的一面。因为人遭到了猜疑，就有可能去向自己的领导或朋友表明自己的心迹，当表明了自己的心迹之后，还不能得到信任，他就认为自己认错了人，心里充满了愤恨，不由自主地走向了与之相对立的一面。相反，如充分相信别人，别人就有一种“士为知己者死”的使命感，充分发挥自己的主观能动性，克服困难。

我们常说“做事要有分寸”，相信别人也不例外。因为过分相信势必给我们带来危害。那么怎样避免过分相信呢？一般来说，有意识的过分相信别人发生的概率很小，大部分是无意识地过分相信别人，而静止地看人是造成无意识地过分相信别人的主要原因，所以我们要用发展的眼光看人。

“濡其首，有孚失是”的大意是：饮酒逸乐如小狐狸的头被沾湿了，那是过分相信别人，将失去正道。小狐狸的头被沾湿了，小狐狸是不能行进的，这就

好比一个人用静止的眼光看人。而静止地看人很可能造成无意识地过分相信别人，给自己带来危害。

相信别人包括两个方面的相信：一是相信别人的才能；二是相信别人的人品。从时代的进步性来看，一个人的才能在此时是适合此岗位，如他不随着时代而进步，那么在彼时就不适应此岗位了。再说，引起一个人的人品发生变化的因素很多，特别是在事业还未成功时，小人特别多，被相信的人难免会因小人而变节。更何况，事业还未成功，被相信的人的心迹究竟怎样有待于事实证明。

此时，我们不难看出，过分相信别人的才能，其事业就会因别人不能胜任而以失败告终。过分相信别人的人品，其事业就会因别人的变节而毁于一旦。

所以说，我们不要用静止的眼光看人，而要用发展的眼光看人，即因时而异，因地而异。

【事例】

“贞吉，悔亡。震用伐鬼方，三年有赏于大国”暗示我们，宜将剩勇追穷寇。窦武一夜离宫铸成千古恨，就是因为违背了这一古训。

功亏一篑　铸成千古恨

封建社会中，每次帝王更迭，朝廷中都会产生一些骚动。尤其是年幼的皇帝登基，更容易引起骚动。

东汉永康元年十二月丁丑日（公元 168 年 1 月 26 日），年仅 36 岁的汉桓帝刘志死在德阳前殿，陈蕃、窦武等拥立解渎亭侯刘宏嗣位，是谓灵帝，时年仅 12 岁。

当时的局势是灵帝太小，遇事无主见，事事要依太后，太后又委政于自己的父亲窦武，这样窦武以大将军的身份掌握了朝政。他提拔征召李膺、杜密、刘猛、陈实等名士共掌朝政，志在诛除宦官，踌躇满志，大权在握，形势有利于窦武。窦太后目光短浅，想调和双方，先后封授曹节、王甫等人为官。这样，宫廷内部宦官的势力则大于窦武等人了。

太后不征得窦武、陈蕃的同意就随意授官，而且所授之人，皆是阉党之徒。陈蕃向来疾恶如仇，此时已年近 80，又身担太傅要职，不忍袖手旁观，就去找窦武商量。建议窦武早下决心，千万不要姑息迁就，一旦宦官势力养成，则必然祸乱天下，后果不堪设想。窦武点头称是。陈蕃走后，窦武当即进宫去见太后，要求窦太后诛杀心怀鬼胎的宦官。窦太后优柔小仁，没有答应窦武的请求。

陈蕃知道窦武已经向太后请求要诛杀曹节、王甫几个阉党首恶，等了几天没有动静，又有些忍耐不住，上疏复申窦武的意见，请求诛杀宦官曹节、侯览、王甫、郑飒等人。窦太后则又按下不批。

灵帝元年（公元169年）八月。太白星犯房之上，将入太微天官。侍中刘瑜，颇知天象。借机上奏太后，说天象示警，不利将相，应当紧闭宫门，防备突来的变化。又给窦武、陈蕃写信，略言星象错谬，劝他们早决大计。窦武忙找陈蕃商议，要马上进行部署。先任命朱为司隶校尉，刘祐为河南尹，虞祁为洛阳令，全面地控制京师大权。然后用属于自己一党的小黄门山冰取代原黄门令魏彪，控制了宫廷内的一部分权力。接着窦武又奏请太后收捕了长乐尚书郑飒，送进北寺狱中审问。陈蕃建议窦武不必拷问，一律将作恶的宦官收监处死，窦武不同意，还想按一定程序处理此事。

郑飒受刑不过，招供了同伙们贪赃枉法等罪恶，把曹节、王甫等巨阉牵了进去，而这正是窦武、陈蕃所需要的。窦武见曹节、王甫等人的罪证已拿到手中，心中大喜。当即写好奏章，并郑飒的口供一起拟交太后审批，然后就可名正言顺地大规模诛杀这批作恶多端的阉党。只因当日天晚，窦武觉得从洛阳令到司隶校尉都是自己的人，只要明日早朝公布曹节等人的罪行便可大功告成。便把写好上封的密奏交侍中刘瑜，让他转呈太后。窦武连日操劳，感觉有些疲乏，当晚离开宫廷回府休息。不料这就好像扼住豺狼脖子的手已松开一样，给恶狼以喘息的机会，一场惊心动魄的政治绞杀已接近最高潮。这一天是九月辛亥日（公历10月25日）。

窦武回到家中，吃完晚饭后酣然入睡。宫廷内则忙乱起来。刘瑜把窦武写的奏本交给一名内侍，让他转呈太后。本来这些太监们都感觉到几日来气候不对，郑飒被抓及招供的事他们也有些耳闻，故反应都很敏感。那位送奏疏的小太监并未把奏疏送进宫中，而是先拿着去交给长乐宫内的五官史朱宇看。朱宇也是宦官当中的小头目，自郑飒被捕，心怀疑惧，与曹节、王甫等互相倚托，当然格外留心。一听说窦武有奏疏，忙接过启封偷看。此时也顾不得什么犯法了。看了几行，已经大为恼怒，待阅完全文，早已是怒从心头起，恶向胆边生，因奏章中要诛杀的名单中有他的大名，便立刻大声对周围的几名太监说："陈蕃、窦武奏自太后，要废帝为逆，这还了得，我们一定要保护皇帝。"说罢，忙让人去召集长乐宫的所有太监，共计有张亮、共普等17人，朱宇手持奏疏，慷慨陈词地煽动一番，其他人也无暇去看原文。17人歃血为盟，共同谋杀窦武、陈蕃。接着又去通知曹节、王甫。曹节、王甫负责皇帝宫中事务，听后大惊，连忙带人进入灵帝内室撒谎说："外间喧嚣，恐怕不利圣躬，请速出御口德阳前殿，宣诏平乱！"灵帝刘宏当时才13岁，被人从热被窝中拉起，晕头转向，乳母赵娆也怂恿他快走，他没什么主见，也就跟着众人风风火火地出御前殿。曹节等人见控制了皇

帝，心中有了主意，立刻命人关闭宫门，又命人拿着明晃晃的刀逼着尚书官属起草诏书。王甫带人先去假传圣旨杀了山冰，又到北寺狱放出了郑飒，宦官已控制了整个宫中。王甫放出郑飒后，又进长乐宫劫迫窦太后取走了印绶。

众太监忙乱了大半夜，天亮时派郑飒带人去收捕陈蕃、窦武等大臣。至此，宦官势力已经占绝对优势。他们控制着小皇帝，可以随意写诏书。陈蕃闻宫中有变，带领官属80余人奔尚书省而来，途遇王甫用圣旨调来的御林军，两下力量相差悬殊，80余人大多束手就擒，被押进了郑飒刚刚住过的北寺狱。

窦武闻变，忙骑马驰入步兵营，与窦绍联手拒捕，射死数人，召集北军几千人屯守都亭，当众宣布黄门常侍造反，要求众将士合力除奸。众人半信半疑。不一会儿，王甫矫诏调来张奂及五营兵士前去攻讨窦武。张奂在当时也是较有声望的名将，王甫又确实带着圣旨。窦武一方的官兵见状，先已夺气，纷纷逃出。窦武、窦绍父子逃到洛阳都亭时被追兵围住，惶恐万分，先后拔剑自杀。至此，窦武、陈蕃发动的诛讨宦官的斗争彻底失败了。

窦武诛杀宦官失败的主要原因是他在最后的关键时刻离开宫殿，给了敌人以反扑的机会。

系辞上传

天尊地卑，乾坤定矣。卑高以陈，贵贱位矣。动静有常，刚柔断矣。方以类聚，物以群分，吉凶生矣。在天成象，在地成形，变化见矣。是故刚柔相摩，八卦相荡。鼓之以雷霆，润之以风雨；日月运行，一寒一暑。乾道成男，坤道成女。乾知大始，坤作成物。乾以易知，坤以简能；易则易知，简则易从；易知则有亲，易从则有功；有亲则可久，有功则可大；可久则贤人之德，可大则贤人之业。易简，而天下之理得矣；天下之理得，而成位乎其中矣。

圣人设卦观象，系辞焉而明吉凶，刚柔相推而生变化。是故吉凶者，失得之象也；悔吝者，忧虞之象也。变化者，进退之象也。刚柔者，昼夜之象也。六爻之动，三极之道也。是故君子所居而安者，《易》之序也。所乐而玩者，爻之辞也。是故君子居则观其象而玩其辞，动则观其变而玩其占，是以“自天之，吉无不利”。

彖者，言乎象者也；爻者，言乎变者也。吉凶者，言乎其失得也；悔吝者，言乎其小疵也。无咎者，善补过也。是故列贵贱者存乎位，齐小大者存乎卦，辩吉凶者存乎辞，忧悔吝者存乎介，震无咎者存乎悔。是故卦有小大，辞有险易；辞也者，各指其所之。

《易》与天地准，故能弥纶天地之道。仰以观于天文，俯以察于地理，是故知幽明之故；原始反终，故知死生之说；精气为物，游魂为变，是故知鬼神之情状。与天地相似，故不违；知周乎万物而道济天下，故不过；旁行而不流，乐天知命，故不忧；安土敦乎仁，故能爱。范围天地之化而不过，曲成万物而不遗，通乎昼夜之道而知，故神无方而《易》无体。

一阴一阳之谓道。继之者善也，成之者性也。仁者见之谓之仁，知者见之谓之知，百姓日用而不知，故君子之道鲜矣。显诸仁，藏诸用，鼓万物而不与圣人同忧。盛德大业至矣哉！富有之谓大业，日新之谓盛德。生生之谓易，成象之谓乾，效法之谓坤，极数知来之谓占，通变之谓事，阴阳不测之谓神。

夫《易》广矣大矣！以言乎远则不御，以言乎迩则静而正，以言乎天地之间则备矣。夫乾，其静也专，其动也直，是以大生焉；夫坤，其静也翕，其动也辟，是以广生焉。广大配天地，变通配四时，阴阳之义配日月，易简之善配至德。

子曰："《易》其至矣乎！夫《易》，圣人所以崇德而广业也。知崇礼卑，崇效天，卑法地。天地设位，而《易》行乎其中矣。成性存存，道义之门。"

圣人有以见天下之赜，而拟诸其形容，象其物宜，是故谓之象。圣人有以见天下之动，而观其会通，以行其典礼，系辞焉以断其吉凶，是故谓之爻。言天下之至赜，而不可恶也；言天下之至动，而不可乱也。拟之而后言，议之而后动，拟议以成其变化。"鸣鹤在阴，其子和之；我有好爵，吾与尔靡之。"子曰："君子居其室，出其言善，则千里之外应之，况其迩者乎？居其室，出其言不善，则千里之外违之，况其迩者乎？言出乎身，加乎民；行发乎迩，见乎远；言行，君子之枢机。枢机之发，荣辱之主也；言行，君子之所以动天地也，可不慎乎？""同人，先号而后笑。"子曰："君子之道，或出或处，或默或语。二人同心，其利断金；同心之言，其臭如兰。""初六，藉用白茅，无咎。"子曰："苟错诸地而可矣，藉之用茅，何咎之有？慎之至也。夫茅之为物薄，而用可重也。慎斯术也以往，其无所失矣。""劳谦，君子有终，吉。"子曰："劳而不伐，有功而不德，厚之至也。语以其功下人者也。德言盛，

礼言恭；谦也者，致恭以存其位者也。”“亢龙有悔。”子曰：“贵而无位，高而无民，贤人在下位而无辅，是以动而有悔也。”“不出户庭，无咎。”子曰：“乱之所生也，则言语以为阶。君不密则失臣，臣不密则失身，几事不密则害成。是以君子慎密而不出也。”子曰：“作《易》者其知盗乎？《易》曰‘负且乘，致寇至。’负也者，小人之事也；乘也者，君子之器也。小人而乘君子之器，盗思夺之矣；上慢下暴，盗思伐之矣。慢藏诲盗，冶容诲淫。《易》曰‘负且乘，致寇至’，盗之招也。”

大衍之数五十，其用四十有九。分而为二以象两，挂一以象三，揲之以四以象四时，归奇于以象闰；五岁再闰，故再而后挂。天一，地二；天三，地四；天五，地六；天七，地八；天九，地十。天数五，地数五，五位相得而各有合。天数二十有五，地数三十，凡天地之数五十有五。此所以成变化而行鬼神也。《乾》之策二百一十有六，《坤》之策一百四十有四，凡三百有六十，当期之日。二篇之策，万有一千五百二十，当万物之数也。是故四营而成《易》，十有八变而成卦，八卦而小成。引而伸之，触类而长之，天下之能事毕矣。显道神德行，是故可与酬酢，可与神矣。子曰：“知变化之道者，其知神之所为乎？”

《易》有圣人之道四焉：以言者尚其辞，以动者尚其变，以制器者尚其象，以卜筮者尚其占。是以君子将有为也，将有行也，问焉而以言，其受命也如响，无有远近幽深，遂知来物。非天下之至精，其孰能与于此？参伍以变，错综其数：通其变，遂成天地之文；极其数，遂定天下之象。非天下之至变，其孰能与于此？《易》无思也，无为也，寂然不动，感而遂通天下之故。非天下之至神，其孰能与于此？夫《易》，圣人之所以极深而研几也。唯深也，故能通天下之志；唯几也，故能成天下之务；唯神也，故不疾而速，不行而至。子曰“《易》有圣人之道四焉”者，此之谓也。

子曰：“夫《易》何为者也？夫《易》开物成务，冒天下之道，如斯而已者也。”是故圣人以通天下之志，以定天下之业，以断天下之疑。是故蓍之德圆而神，卦之德方以知，六爻之义易以贡。圣人以此洗心，退藏于密，吉凶与民同患；神以知来，知以藏往。其孰能与此哉？古之聪明睿知，神武而不杀者夫。是以明于天之道，而察于民之故，是兴神物以前民用。圣人以此齐戒，以神明其德夫。是故阖户谓之坤，辟户谓之乾，一阖一辟谓之变，往来不穷谓之通；见乃谓之象，形乃谓之器，制而用之谓之法，利用出入，民咸用之谓之神。是故《易》有太极，是生两仪，两仪生四象，四象生八卦，八卦定吉凶，吉凶生大业。是故法象莫大乎天地；变通莫大乎四时；县象著明莫大乎日月；崇高莫大乎富贵；备物致用，立功成器以为天下利，莫大乎圣人；探赜索隐，钩深致远，以定天下之吉凶，成天下之者，莫大乎蓍龟。是故天生神物，圣人则之；天地变化，圣人效之；天垂象，见吉凶，圣人象之；河出图，洛出书，圣人则之。《易》有四象，所以示也；系辞焉，所以告也；定之以吉凶，所以断也。

《易》曰：“自天佑之，吉无不利。”子曰：“佑者，助也。天之所助者，顺也；人之所助者，信也。履信思乎顺，又以尚贤也，是以‘自天祐之，吉无不利’也。”子曰：“书不尽言，言不尽意。”然则圣人之意其不可见乎？子曰：“圣人立象以尽意，设卦以尽情伪，系辞焉以尽其言，变而通之以尽利，鼓之舞之以尽神。”乾坤，其《易》之　邪？乾坤成列，而《易》立乎其中矣；乾坤毁，则无以见《易》；《易》不可见，则乾坤或几乎息矣。是故形而上者谓之道，形而下者谓之器，化而裁之谓之变，推而行之谓之通，举而错之天下之民谓之事业。是故夫象，圣人有以见天下之赜，而拟诸其形容，象其物宜，是故谓之象。圣人有以见天下之动，而观其会通，以行其典礼，系辞焉以断其吉凶，是故谓之爻。极天下之赜者存乎卦；鼓天下之动者存乎辞；化而裁之存乎变；推而行之存乎通；神而明之存乎其人；默而成之，不言而信，存乎德行。

系辞下传

八卦成列，象在其中矣；因而重之，爻在其中矣；刚柔相推，变在其中矣；系辞焉而命之，动在其中矣。吉凶悔吝者，生乎动者也；刚柔者，立本者也；变通者，趣时者也。吉凶者，贞胜者也；天地之道，贞观者也；日月之道，贞明者也；天下之动，贞夫一者也。夫乾，确然示人易矣；夫坤，隤然示人简矣。爻也者，效此者也；象也者，像此者也。爻象动乎内，吉凶见乎外；功业见乎变，圣人之情见乎辞。天地之大德曰生，圣人之大宝曰位。何以守位？曰仁。何以聚人？曰财。理财正辞、禁民为非曰义。

古者包牺氏之王天下也，仰则观象于天，俯则观法于地，观鸟兽之文，与地之宜，近取诸身，远取诸物，于是始作八卦，以通神明之德，以类万物之情。作结绳而为罔罟，以佃以渔，盖取诸《离》。包牺氏没，神农氏作，斲木为耜，揉木为耒，耒耨之利，以教天下，盖取诸《益》。日中为市，致天下之民，聚天下之货，交易而退，各得其所，盖取诸《噬嗑》。神农氏没，黄帝、尧、舜氏作，通其变，使民不倦；神而化之，使民宜之。《易》穷则变，变则通，通则久，是以“自天佑之，吉无不利”。黄帝、尧、舜垂衣裳而天下治，盖取诸《乾》、

《坤》。刳木为舟，剡木为楫，舟楫之利以济不通，致远以利天下，盖取诸《涣》。服牛乘马，引重致远，以利天下，盖取诸《随》。重门击柝，以待暴客，盖取诸《豫》。断木为杵，掘地为臼，臼杵之利，万民以济，盖取诸《小过》。弦木为弧，剡木为矢，弧矢之利，以威天下，盖取诸《睽》。上古穴居而野处，后世圣人易之以宫室，上栋下宇，以待风雨，盖取诸《大壮》。古之葬者，厚衣之以薪，葬之中野，不封不树，丧期无数，后世圣人易之以棺椁，盖取诸《大过》。上古结绳而治，后世圣人易之以书契，百官以治，万民以察，盖取诸《夬》。

是故《易》者，象也；象也者，像也。彖者，材也；爻也者，效天下之动者也。是故吉凶生而悔吝著也。

阳卦多阴，阴卦多阳。其故何也？阳卦奇，阴卦耦。其德行何也？阳一君而二民，君子之道也；阴二君而一民，小人之道也。

《易》曰："憧憧往来，朋从尔思。"子曰："天下何思何虑？天下同归而殊途，一致而百虑，天下何思何虑？日往则月来，月往则日来，日月相推而明生焉；寒往则暑来，暑往则寒来，寒暑相推而岁成焉。往者屈也，来者信也，屈信相感而利生焉。尺蠖之屈，以求信也；龙蛇之蛰，以存身也。精义入神，以致用也；利用安身，以崇德也。过此以往，未之或知也；穷神知化，德之盛也。"《易》曰："困于石，据于蒺藜，入于其宫，不见其妻，凶。"子曰："非所困而困焉，名必辱；非所据而据焉，身必危。既辱且危，死期将至，妻其可得见邪？"《易》曰："公用射隼于高墉之上，获之，无不利。"子曰："隼者，禽也；弓矢者，器也；射之者，人也。君子藏器于身，待时而动，何不利之有？动而不括，是以出而有获。语成器而动者也。"子曰："小人不耻不仁，不畏不义，不见利不劝，不威不惩。小惩而大诫，此小人之福也。《易》曰'屦校灭趾，无咎'，此之谓也。""善不积不足以成名，恶不积不足以灭身。小人以小善为无益而弗为也，以小恶为无伤而弗去也，故恶积而不可掩，罪大而不可解。《易》曰：'何校灭耳，凶。'"子曰："危者，安其位者也；亡者，保其存者也；乱者，有其治者也。是故君子安而不忘危，存而不忘亡，治而不忘乱。是以身安而国家可保也。《易》曰：'其亡其亡，系于苞桑。'"子曰："德薄而位尊，知小而谋大，力小而任重，鲜不及矣！《易》曰：'鼎折足，覆公𫗧，其形渥，凶。'言不胜其任也。"子曰："知几其神乎？君子上交不谄，下交不渎，其知几乎！几者，动之微，吉之先见者也。君子见几而作，不俟终日，《易》曰：'介于石，不终日，贞吉。'介如石焉，宁用终日？断可识矣！君子知微知彰，知柔知刚，万夫之望。"子曰："颜氏之子，其殆庶几乎？有不善，未尝不知；知之，未尝复行也。《易》曰：'不远复，无祇悔，元吉。'""天地絪缊，万物化醇；男女构精，万物化生。《易》曰：‘三人行，则损一人；一人行，则得其友。’言致一也。”子曰：“君子安其身而后动，易其心而后语，定其交而后求：君子修此三者，故全也。危以动，则民不与也；惧以语，则民不应也。无交而求，则民不与也。莫之与，则伤之者至矣。《易》曰：‘莫益之，或击之，立心勿恒，凶。’”

子曰：“乾、坤，其《易》之门邪？”乾，阳物也；坤，阴物也。阴阳合德而刚柔有体，以体天地之撰，以通神明之德。其称名也，杂而不越，于稽其类，其衰世之意邪？夫《易》，彰往而察来，而微显阐幽。开而当名辨物，正言断辞则备矣。其称名也小，其取类也大，其旨远，其辞文，其言曲而中，其事肆而隐。因贰以济民行，以明失得之报。

《易》之兴也，其于中古乎？作《易》者，其有忧患乎？是故《履》，德之基也；《谦》，德之柄也；《复》，德之本也；《恒》，德之固也；《损》，德之修也；《益》，德之裕也；《困》，德之辨也；《井》，德之地也；《巽》，德之制也。《履》，和而至；《谦》，尊而光；《复》，小而辨于物；《恒》，杂而不厌；《损》，先难而后易；《益》，长裕而不设；《困》，穷而通；《井》，居其所而迁；《巽》，称而隐。《履》以和行，《谦》以制礼，《复》以自知，《恒》以一德，《损》以远害，《益》以兴利，《困》以寡怨，《井》以辩义，《巽》以行权。

《易》之为书也，不可远。为道也屡迁，变动不居，周流六虚，上下无常，刚柔相易，不可为典要，唯变所适。其出入以度，外内使知惧。又明于忧患与故，无有师保，如临父母。初率其辞，而揆其方，既有典常。苟非其人，道不虚行。

《易》之为书也，原始要终，以为质也。六爻相杂，唯其时物也。其初难知，其上易知：本末也，初辞拟之，卒成之终。若夫杂物撰德，辩是与非，则非其中爻不备。噫！亦要存亡吉凶，则居可知矣。知者观其彖辞，则思过半矣。二与四同功而异位，其善不同；二多誉，四多惧，近也。柔之为道，不利远者；其要无咎，其用柔中也。三与五同功而异位，三多凶，五多功，贵贱之等也。其柔危，其刚胜邪？

《易》之为书也，广大悉备：有天道焉，有人道焉，有地道焉。兼三才而两之，故六；六者，非它也，三才之道也。道有变动，故曰爻；爻有等，故曰物；物相杂，故曰文；文不当，故吉凶生焉。

《易》之兴也，其当殷之末世，周之盛德邪？当文王与纣之事邪？是故其辞危。危者使平，易者使倾；其道甚大，百物不废。惧以终始，其要无咎，此之谓《易》之道也。

夫乾，天下之至健也，德行恒易以知险；夫坤，天下之至顺也，德行恒简以

知阻。能说诸心，能研诸（侯之）虑，定天下之吉凶，成天下之亹亹者。是故变化云为，吉事有祥；象事知器，占事知来。天地设位，圣人成能；人谋鬼谋，百姓与能。八卦以象告，爻彖以情言；刚柔杂居，而吉凶可见矣。变动以利言，吉凶以情迁；是故爱恶相攻而吉凶生，远近相取而悔吝生，情伪相感而利害生。凡《易》之情，近而不相得则凶；或害之，悔且吝。将叛者其辞惭，中心疑者其辞枝，吉人之辞寡，躁人之辞多，诬善之人其辞游，失其守者其辞屈。

说卦传

昔者圣人之作《易》也，幽赞于神明而生蓍，参天两地而倚数，观变于阴阳而立卦，发挥于刚柔而生爻，和顺于道德而理于义，穷理尽性以至于命。

昔者圣人之作《易》也，将以顺性命之理。是以立天之道曰阴与阳，立地之道曰柔与刚，立人之道曰仁与义。兼三才而两之，故《易》六画而成卦；分阴分阳，迭用柔刚，故《易》六位而成章。

天地定位，山泽通气，雷风相薄，水火不相射；八卦相错。数往者顺，知来者逆，是故《易》逆数也。

雷以动之，风以散之；雨以润之，日以之；艮以止之，兑以说之；乾以君之，坤以藏之。

帝出乎震，齐乎巽，相见乎离，致役乎坤，说言乎兑，战乎乾，劳乎坎，成言乎艮。万物出乎震，震东方也。齐乎巽，巽东南也；齐也者，言万物之齐也。离也者，明也，万物皆相见，南方之卦也；圣人南面而听天下，向明而治，盖取诸此也。坤也者，地也，万物皆致养焉，故曰致役乎坤。兑，正秋也，万物之所说也，故曰说言乎兑。战乎乾，乾西北之卦也，言阴阳相薄也。坎者，水也，正北方之卦也，劳卦也，万物之所归也，故曰劳乎坎。艮东北之卦也，万物之所成终而成始也，故曰成言乎艮。

神也者，妙万物而为言者也。动万物者莫疾乎雷，桡万物者莫疾乎风，燥万物者莫熯乎火，说万物者莫说乎泽，润万物者莫润乎水，终万物始万物者莫盛乎艮。故水火相逮，雷风不相悖，山泽通气，然后能变化既成万物也。

乾，健也；坤，顺也；震，动也；巽，入也；坎，陷也；离，丽也；艮，止也；兑，说也。

乾为马，坤为牛，震为龙，巽为鸡，坎为豕，离为雉，艮为狗，兑为羊。

乾为首，坤为腹，震为足，巽为股，坎为耳，离为目，艮为手，兑为口。

乾，天也，故称乎父；坤，地也，故称乎母；震一索而得男，故谓之长男；巽一索而得女，故谓之长女；坎再索而得男，故谓之中男；离再索而得女，故谓之中女；艮三索而得男，故谓之少男；兑三索而得女，故谓之少女。

乾为天，为圜，为君，为父，为玉，为金，为寒，为冰，为大赤，为良马，为老马，为瘠马，为驳马，为木果。

坤为地，为母，为布，为釜，为吝啬，为均，为子母牛，为大舆，为文，为众，为柄，其于地也为黑。

震为雷，为龙，为玄黄，为旉，为大途，为长子，为决躁，为苍竹，为萑苇，其于马也为善鸣，为足，为作馵足，为的颡，其于稼也为反生，其究为健，为蕃鲜。

巽为木，为风，为长女，为绳直，为工，为白，为长，为高，为进退，为不果，为臭，其于人也为寡发，为广颡，为多白眼，为近利市三倍，其究为躁卦。

坎为水，为沟渎，为隐伏，为矫輮，为弓轮，其于人也为加忧，为心病，为耳痛，为血卦，为赤，其于马也为美脊，为亟心，为下首，为薄蹄，为曳。其于舆也为多眚，为通，为月，为盗，其于木也为坚多心。

离为火，为日，为龟，为中女，为甲胄，为戈兵。其于人也为大腹，为乾卦，为鳖，为蟹，为，为蚌，为龟，其于木也为科上槁。

艮为山，为径路，为小石，为门阙，为果蓏，为阍寺，为指，为狗，为鼠，为黔喙之属，其于木也为坚多节。

兑为泽，为少女，为巫，为口舌，为毁折，为附决，其于地也为刚卤，为妾，为羊。

序卦传

有天地，然后万物生焉。盈天地之间者唯万物，故受之以《屯》；屯者盈也，屯者物之始生也。物生必蒙，故受之以《蒙》；蒙者，蒙也，物之稚也。物

稚不可不养也，故受之以《需》；需者饮食之道也。饮食必有讼，故受之以《讼》。讼必有众起，故受之以《师》；师者，众也。众必有所比，故受之以《比》；比者，比也。比必有所畜，故受之以《小畜》。物畜然后有礼，故受之以《履》。《履》者，礼也。履而泰，然后安，故受之以《泰》；泰者通也。物不可以终通，故受之以《否》。物不可以终否，故受之以《同人》。与人同者，物必归焉，故受之以《大有》。有大者不可以盈，故受之以《谦》。有大而能谦必豫，故受之以《豫》。豫必有随，故受之以《随》。以喜随人者必有事，故受之以《蛊》；蛊者事也。有事而后可大，故受之以《临》；临者大也。物大然后可观，故受之以《观》。可观而后有所合，故受之以《噬嗑》；嗑者合也。物不可以苟合而已，故受之以《贲》；贲者，饰也。致饰然后亨则尽矣，故受之以《剥》；剥者剥也。物不可以终尽，剥穷上反下，故受之以《复》。复则不妄矣，故受之以《无妄》。有无妄，物然后可畜，故受之以《大畜》。物畜然后可养，故受之以《颐》；颐者，养也。不养则不可动，故受之以《大过》。物不可以终过，故受之以《坎》；坎者，陷也。陷必有所丽，故受之以《离》；离者丽也。

有天地然后有万物，有万物然后有男女，有男女然后有夫妇，有夫妇然后有父子，有父子然后有君臣，有君臣然后有上下，有上下然后礼义有所错。夫妇之道不可以不久也，故受之以《恒》；恒者，久也。物不可以久居其所，故受之以《遁》；遁者，退也。物不可以终遁，故受之以《大壮》。物不可以终壮，故受之以《晋》；晋者，进也。进必有所伤，故受之以《明夷》；夷者，伤也。伤于外者必反其家，故受之以《家人》。家道穷必乖，故受之以《睽》；睽者乖也。乖必有难，故受之以《蹇》；蹇者难也。物不可以终难，故受之以《解》；解者，缓也。缓必有所失，故受之以《损》。损而不已必益，故受之以《益》。益而不已必决，故受之以《夬》；夬者，决也。决必有所遇，故受之以《姤》；姤者遇也。物相遇而后聚，故受之以《萃》；萃者聚也。聚而上者谓之升，故受之以《升》。升而不已必困，故受之以《困》。困乎上者必反下，故受之以《井》。井道不可不革，故受之以《革》。革物者莫若鼎，故受之以《鼎》。主器者莫若长子，故受之以《震》；震者动也。物不可以终动，止之，故受之以《艮》；艮者止也。物不可以终止，故受之以《渐》；渐者，进也。进必有所归，故受之以《归妹》。得其所归者必大，故受之以《丰》；丰者，大也。穷大者必失其居，故受之以《旅》。旅而无所容，故受之以《巽》；巽者，入也。入而后说之，故受之以《兑》；兑者说也。说而后散之，故受之以《涣》；涣者离也。物不可以终离，故受之以《节》。节而信之，故受之以《中孚》。有其信者必行之，故受之以《小过》。有过物者必济，故受之以《既济》。物不可穷也，故受之以《未济》终焉。

杂卦传

《乾》刚《坤》柔，《比》乐《师》忧；《临》、《观》之义，或与或求。《屯》见而不失其居，《蒙》杂而著。《震》起也，《艮》止也；《损》、《益》盛衰之始也。《大畜》时也，《无妄》灾也。《萃》聚而《升》不来也，《谦》轻而《豫》怠也。《噬嗑》，食也，《贲》，无色也；《兑》见而《巽》伏也。《随》无故也，《蛊》则饬也。《剥》，烂也，《复》，反也。《晋》昼也，《明夷》诛也；《井》通而《困》相遇也。《咸》，速也，《恒》，久也；《涣》，离也，《节》，止也。《解》，缓也，《蹇》，难也。《睽》，外也，《家人》，内也；《否》、《泰》反其类也。《大壮》则止，《遁》则退也。《大有》，众也，《同人》，亲也；《革》，去故也，《鼎》，取新也；《小过》，过也，《中孚》，信也。《丰》多故也，亲寡《旅》也；《离》上而《坎》下也。《小畜》，寡也，《履》，不处也。《需》，不进也，《讼》，不亲也。《大过》，颠也，《姤》，遇也，柔遇刚也。《渐》女归待男行也。《颐》，养正也，《既济》，定也。《归妹》女之终也，《未济》男之穷也。《夬》，决也，刚决柔也；君子道长，小人道忧也。

参考文献

[1] 王辉．易经图文珍藏本［M］．北京：时代文艺出版社，2003.

[2] 戴欢．周易智慧与经营决策［M］．北京：中国物资出版社，2005.

[3] 郑元森．易经的哲学与智慧［M］．北京：中国旅游出版社，2005.

[4] 郭彧．周易［M］．北京：中华书局，2006.

[5] 金景芳，吕绍刚．周易全解（修订本）［M］．上海：上海古籍出版社，2005.

[6] 周振甫．周易译注［M］．北京：中华书局，2012.